Sigue caminando

MEDITACIONES DE UN PEREGRINO SOBRE EL SALMO 119

SAMUEL H. MALDONADO

Sigue caminando

MEDITACIONES DE UN PEREGRINO SOBRE EL SALMO 119

SAMUEL H. MALDONADO

B&H
ESPAÑOL®
BRENTWOOD, TENNESSEE

Sigue caminando: Meditaciones de un
peregrino sobre el Salmo 119

B&H Publishing Group
Brentwood TN, 37027

Diseño de portada: B&H español e Inger Castro

Clasificación: 223.2
Clasifíquese: BIBLIA A.T. SALMO 119
\ VIDA ESPIRITUAL \ FE

ISBN: 978-1-0877-6852-6
Impreso en EE. UU.
1 2 3 4 5 * 28 27 26 25

ÍNDICE

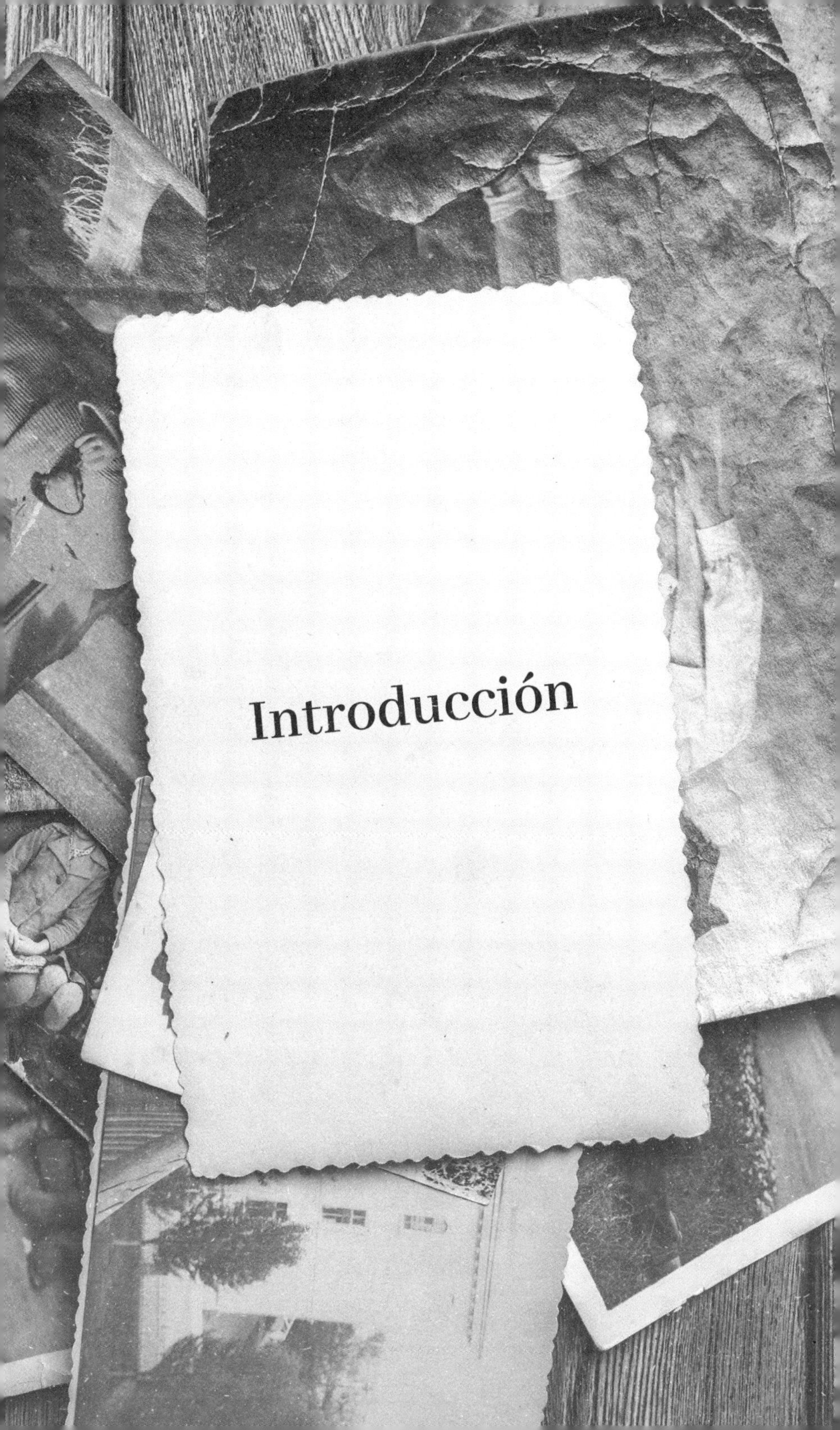

Introducción

Abrazando el viaje

Es posible que estés familiarizado con la frase proverbial: «Un viaje de mil millas comienza con un solo paso». Sin embargo, de la misma manera, es cierto que si queremos terminar el viaje, debemos recorrer con éxito los muchos pasos necesarios para llegar al destino. No todos esos pasos son fáciles ni conducen siempre por caminos seguros; sin embargo, el destino provoca el viaje. Dicho de otro modo, ni tú ni yo emprenderíamos un viaje difícil si el destino no mereciera las inevitables dificultades que se encuentran en el camino.

El destino hace que el viaje valga la pena. Por eso emprendemos viajes. Pero, como pronto veremos, a veces la dificultad y las penurias del viaje eclipsan la belleza del destino. Si algo no mantiene nuestra atención en el destino durante los contratiempos prolongados, los peligros temibles y los espacios oscuros que encontramos en el camino, nuestro anhelo por el destino se desvanecerá y nuestra esperanza de llegar sanos y salvos al final se debilitará lentamente hasta que no nos queden fuerzas y, por ende, o damos media vuelta y volvemos dando tumbos al punto de partida, o simplemente encontramos algún lugar amplio a lo largo del camino y construimos una pequeña vida vivida para nuestros propios fines y para la escasa y fugaz felicidad que podamos arrancar de ese terreno duro.

La Biblia es la historia de un viaje. Un antiguo viaje que comenzó en los primeros días de nuestra historia como raza. Un viaje con un destino tan asombroso que todas las dificultades y pruebas del viaje son absorbidas por la inmensa belleza inmarcesible, el placer sin fin y el gozo incomparable que experimenta cada peregrino que llega.

La historia comienza en un jardín creado por Dios y confiado a dos seres magníficos que Él creó a Su imagen, dotados de Su autoridad y a los que encomendó gobernar y cuidar toda Su creación que se extendía mucho más allá de los límites del jardín. ¿Cómo era este jardín cuando Dios se lo confió a nuestros primeros padres Adán y Eva? De las muchas ideas bíblicas que describen este jardín, dos son importantes para nosotros al considerar el viaje que estamos a punto de emprender.

Lo primero que Dios quiere que sepamos sobre el jardín que hizo para Adán y Eva es que era muy «bueno». La palabra utilizada para «bueno» significa mucho más que algo que es útil (bueno para algo), beneficioso (bueno para la salud) o placentero (que era un buen café). Cuando Dios terminó de crear el universo, la tierra, el jardín en su centro y todo lo que habitaba esos espacios, observó que era «muy bueno». En otras palabras, todo estaba exactamente como debía estar; nada estaba fuera de lugar o fuera de orden. Todo lo que Dios hizo era en todos los sentidos agradable a Dios. Y como era agradable a Él, era bueno para Adán y Eva.

La segunda cosa que Dios quiere que sepamos sobre el jardín donde comenzó el viaje es que también era un lugar de paz (*shalóm*). Cuando leemos detenidamente los cinco primeros libros de nuestra Biblia, descubrimos una revelación asombrosa: el viaje nos lleva de vuelta a este jardín perdido. Cuando leemos sobre el maravilloso tabernáculo que Dios diseñó para Moisés e Israel con el fin de que Él pudiera habitar con ellos y ellos pudieran habitar con Él con seguridad y gozo, nos damos cuenta de que este tabernáculo tiene la intención de replicar un lugar sagrado anterior, el Jardín del Edén. En otras palabras, el jardín que Dios diseñó era el lugar en la tierra donde Él moraría en comunión abierta, adoración sin mancha y gozo sin restricciones con Adán y Eva. El Edén fue el primer templo establecido en la tierra y su creador y hacedor es Dios. Su impresionante belleza superó con creces la del tabernáculo que construyó Moisés y, más tarde, la del templo construido por Salomón. Ahí es donde este difícil y gozoso viaje conduce a los peregrinos cansados: de vuelta al Edén.

Vida y esperanza en el camino

Este antiguo viaje comienza en un lugar donde Dios habitaba con nosotros en armonía ininterrumpida y en plenitud de bendiciones, donde reinaba un *shalóm* pleno y multiforme. Lamentablemente, ese glorioso *shalóm* no duraría. La belleza del jardín se vio empañada por el pecado. La paz de Dios y con Dios se hizo añicos por la deslealtad. La bondad de la creación fue arruinada por la rebelión. Se perdió la inocencia. Se rompió la comunión. La paz se hizo pedazos. La belleza se estropeó irreparablemente. Los antiguos amigos se convirtieron en enemigos mortales cuando las majestuosas criaturas que llevaban la imagen de Dios cayeron de su maravilloso estado y finalmente fueron expulsadas del hermoso templo-jardín para vivir en un mundo roto y estropeado por el pecado que, trágicamente, ellos introdujeron en el mundo y que tocaría cada alma y traería una pena y un dolor insoportables a cada uno de los descendientes de Adán y Eva.

Cada día se nos recuerda esta ruptura. En casi todos los momentos de nuestro camino saboreamos el dolor del pecado y de la muerte que ahora marca a la creación que una vez fue «buena». Puede llegar cuando el matrimonio en el que invertimos se rompe a causa del pecado. Saboreamos el dolor y la pena de la maldición cuando el embarazo que anhelábamos termina inesperadamente o el bebé al que le damos la bienvenida al mundo tiene una malformación mental o física. Regamos el suelo espinoso de las tumbas de nuestros seres queridos cuando mueren. E instintivamente sabemos que este viaje no debía ser así. En nuestros corazones esperamos contra toda esperanza que el viaje no termine aquí, en este lugar estéril. Tiene que haber algo más en la historia. En algún lugar, de algún modo, tiene que haber un camino de vuelta al lugar donde la vida era como debía ser y donde podíamos volver a morar con Dios en *shalóm*.

En realidad, la Biblia afirma esos deseos y confirma nuestra esperanza de un destino mejor al final de nuestra peregrinación. Así como el tabernáculo y más tarde el templo eran réplicas temporales, pero maravillosas, de lo que Adán y Eva experimentaron en el jardín, el Edén era también una réplica gloriosa de una realidad aún más gloriosa, una realidad que Dios va revelando progresivamente a lo largo de nuestra Biblia hasta que aparece a plena vista en Apocalipsis 21-22 en forma de ¡una ciudad espectacular cuyo creador y hacedor es Dios! En esta ciudad se recuperará todo lo que se había perdido. Todo lo que se describió en el Edén puede encontrarse en abundancia en esta gloriosa ciudad. Rebosante de vida; llena de bondad; marcada por la celebración gozosa; blasonada de belleza y luz; la gloria de esta ciudad superará con creces la de incluso las ciudades más grandes y magníficas que se encuentran en la tierra. Allí, en ese lugar, Dios morará en comunión ininterrumpida con el pueblo que ha redimido y restaurado por obra de Su Hijo. Lo que nos lleva a un punto importante de nuestra narración.

Ahora que sabemos dónde empezó el viaje, cómo nos extraviamos y cómo sabemos que no todo está perdido; mientras consideramos la ciudad venidera cuyo creador y hacedor es Dios, la pregunta que implora una respuesta es la siguiente: ¿cómo llegamos allí desde aquí? ¿Y quién nos mostrará el camino?

Un campeón para el viaje

Desde el momento en que nuestros primeros padres eligieron escuchar la falsa sabiduría de Satanás en lugar de la sabiduría que les había sido dada desde arriba, Dios tuvo la intención de rescatarlos de la muerte, redimirlos del pecado y devolverles lo que el pecado les había robado. Este deseo de Dios es evidente inmediatamente después de la caída de Adán y Eva, cuando Él se puso a buscar y salvar lo que se había perdido, ¡es decir, a ellos! Incluso en el acto de expulsarlos del Edén hay una profunda misericordia destinada a restaurarlos un día en el hogar que ahora abandonaban.

Usted y yo podríamos preguntarnos cómo la expulsión de Adán y Eva del Edén fue de algún modo una misericordia de la mano de Dios. Y hay una poderosa lección para nosotros cuando luchamos por ver misericordia en este severo juicio. Y necesitaremos esta lección a lo largo de nuestro propio camino cuando la severidad que Dios permite en nuestra vida ensombrezca y oculte la presencia de Su misericordia en nuestras vidas. El profeta nos recuerda en esos momentos oscuros que las misericordias de Dios son nuevas y frescas cada mañana:

> *Acuérdate de mi aflicción y de mi vagar, del ajenjo y de la amargura. Ciertamente mi alma lo recuerda y se abate mi alma dentro de mí. Esto traigo a mi corazón, por esto tengo esperanza: que las misericordias del* Señor *jamás terminan, pues nunca fallan Sus bondades; son nuevas cada mañana; ¡grande es Tu fidelidad! «El* Señor *es mi porción», dice mi alma, «por tanto en Él espero»* (Lm. 3:19-24).

Jeremías confirma lo que cada uno de nosotros ha experimentado: el viaje que emprendemos es a menudo doloroso. Las experiencias que probamos a lo largo del camino serán amargas y estarán marcadas por la aflicción mientras vagamos lejos de casa en busca de la ciudad que Dios prometió construir para Su pueblo.

Desde el principio del viaje, incluso antes de que Adán y Eva dieran el primero de los miles de pasos, en un mundo roto y estropeado por el pecado, Dios prometió enviar a un campeón ungido y designado que invertiría la maldición, rescataría a la humanidad caída y derrotaría al antiguo enemigo de Dios, Satanás. Lo haría obedeciendo plenamente la Palabra de Dios que Adán no obedeció. Nos redimiría del castigo de la desobediencia convirtiéndose en nuestro sustituto y muriendo en nuestro lugar. Y para cumplir esta increíble misión, tendría que descender de padres que eran mortales para que este campeón pudiera un día dar Su vida para que Adán y todos sus descendientes pudieran vivir para siempre en la ciudad que Dios prometió construir para Su pueblo.

Toda la primera mitad de la Biblia nos prepara para la llegada de este campeón, recordándonos oportunamente la fidelidad de Dios para cumplir Su Palabra, llevar a cabo Su plan y redimir a Su pueblo. La segunda mitad de la Biblia presenta a Jesús de Nazaret como el campeón largamente esperado. Su llegada y su ministerio se describen en los cuatro Evangelios. Su obra continua en el mundo se documenta en los Hechos. Su evangelio se explica en libros como Romanos; se defiende en libros como Gálatas y Judas; y se aplica en libros como 1 y 2 Corintios, Santiago y las epístolas de Juan. Hebreos revela la superioridad de Jesús como un sumo sacerdote mejor, quien ofreció un sacrificio mejor, en un templo mejor, para las personas que Él santificó y apartó para ser un reino de sacerdotes gobernantes.

Apocalipsis revela el cumplimiento de la misión cósmica universal de Jesús al anunciar que los reinos del mundo se han convertido en el reino prometido por el Anciano de Días al Hijo del Hombre (Dn. 7). El Apocalipsis culmina invitando al universo a celebrar lo que el Campeón de Dios ha hecho al abrir el camino para que Dios habite de nuevo con Su pueblo en una nueva Jerusalén y, desde allí, reine con Cristo sobre una tierra nueva bajo un cielo nuevo. Y para que no pensemos que acabamos de volver al punto de partida y estamos de nuevo en el primer templo del jardín del Edén, Juan nos recuerda que hemos llegado a un destino que es exponencialmente mejor. «Yo hago nuevas todas las cosas» (Ap. 21:1-8).

Entonces, ¿por qué necesitamos un campeón? Porque necesitamos a alguien que conozca el camino hacia el Padre para que nos abra ese camino y nos guíe con seguridad en el viaje hacia esa gran ciudad prometida a todos aquellos a los que Dios ha redimido. Jesús conoce el camino del Padre. Más que eso, Él mismo abrió el camino como autor y consumador de nuestra fe. Y en una sorprendente revelación inesperada, descubrimos que Él mismo es el camino, la verdad y la vida. Jesús es nuestro hacedor de caminos. Él abrió un camino a la ciudad para que todos lo siguiéramos. Y lo que es más importante, prometió no dejarnos ni abandonarnos nunca cuando ese camino atraviese lugares oscuros o espacios difíciles. Él da luz para el camino, esperanza para el viaje, fuerza para el cansado y consuelo para el afligido. Nos protege de nuestros enemigos. Nos proporciona una mesa en el desierto. Nos restaura cuando caemos y nos refresca cuando fracasamos. Nos busca cuando andamos errantes. Cuando somos débiles, ¡Él es fuerte! ¡Y nos llevará a casa!

Una promesa sobre el viaje

Los viajes son especialmente desalentadores cuando el destino es desconocido y el camino no nos resulta familiar. Esto es precisamente lo que produjo una respuesta tan temerosa por parte de Tomás cuando Jesús anunció Su inminente partida. Escucha cómo describe Juan el intercambio entre Jesús y su temeroso discípulo:

> *«No se turbe su corazón; crean en Dios, crean también en Mí. En la casa de Mi Padre hay muchas moradas; si no fuera así, se lo hubiera dicho; porque voy a preparar un lugar para ustedes. Y si me voy y les preparo un lugar, vendré otra vez y los tomaré adonde Yo voy; para que donde Yo esté, allí estén ustedes también. Y conocen el camino adonde voy». «Señor, si no sabemos adónde vas, ¿cómo vamos a conocer el camino?», le dijo Tomás* (Jn. 14:1-5).

Fíjate cómo empezó Jesús este intercambio y no te pierdas la reacción inmediata de Tomás. Jesús comenzó pidiendo a sus discípulos que creyeran en Él, igual que ellos creían en Dios. Tras este llamamiento a creer con confianza, Jesús reveló una de las realidades más asombrosas del Nuevo Testamento: que Él regresaba al Padre para preparar el camino para que se reunieran con Él en la casa del Padre. Y como parte de esta asombrosa comunicación, Jesús recordó a Sus discípulos creyentes que ellos conocían el camino a este increíble destino. Fíjate en la respuesta de Tomás. *«Señor, si no sabemos adónde vas, ¿cómo vamos a conocer el camino?»*. Jesús respondió al temor de Tomás con lo que se ha convertido en una de sus autodescripciones más famosas: *«Yo soy el camino, la verdad y la vida; nadie viene al Padre sino por Mí»*.

¿Qué quiso decir Jesús con esta afirmación y cómo ayuda a los peregrinos cansados y temerosos que desean desesperadamente llegar sanos y salvos a su destino? Jesús no solo está diciendo que Él conoce el camino correcto hacia el destino y que guiará y dirigirá nuestros pasos en el viaje. ¡Está diciendo algo mucho más grande! Él se revela como el camino. En otras palabras, nuestra relación con Él es una unión dinámica e inquebrantable en la que todo lo que le sucede a Jesús nos sucede a nosotros. Esto tiene implicaciones masivas en cuanto a cómo obtuvimos la justicia de Dios (Ro. 5). Sin embargo, también tiene importantes ramificaciones para nuestro viaje a la casa del Padre. No estamos abandonados a nosotros mismos para encontrar el camino. No tenemos que reunir nuestras propias fuerzas para soportar el viaje. Porque estamos en Cristo, quien es el camino, llegaremos sanos y salvos a la casa del Padre, porque se nos ha dado una unión inseparable con Él, de modo que donde Él está, ¡allí estamos también nosotros! Esta realidad nos da una gran seguridad y confianza para esos momentos en que el camino parece oscuro y solitario: ¡Jesús, verdaderamente, está allí con nosotros! Nuestra relación permanente con Él es como llegamos al destino donde, con Jesús, nos deleitaremos para siempre en la presencia del Padre, así como Adán y Eva se deleitaron en esa misma presencia en el Edén antes de desobedecer.

Provisiones para el viaje (Un mapa seguro y un guía digno de confianza)

Los viajes largos requieren una planificación meditada e intencionada para tener éxito. El objetivo de la planificación es determinar una ruta confiable, conseguir la ayuda de un guía de confianza y unirse a otros viajeros que se dirigen al mismo destino.

El Salmo 119 es uno de los tres salmos importantes dados para ayudar a los peregrinos a navegar con seguridad en el viaje a la casa del Padre. Los tres salmos se llaman salmos de la «Torá» porque tienen como tema la ley del Señor. Uno de los significados de la palabra hebrea «Torá» es instrucción. Estos salmos son guías poderosas y confiables porque proporcionan verdades importantes dadas por Dios para instruir a los peregrinos fieles. Analizaremos más detenidamente estos tres salmos en el próximo capítulo. Sin embargo, proporcionan el fundamento, la dirección y un modelo por el que los peregrinos pueden navegar con éxito en este viaje. En otras palabras, funcionan como un mapa que traza el camino y señala los peligros que encontraremos en el sendero.

Podemos confiar en este «mapa» porque fue escrito por un guía confiable, el Espíritu Santo que inspiró estos salmos. El Espíritu Santo no solo inspiró las palabras que componen estos salmos, sino que ilumina a los que están de viaje para que entiendan correctamente y apliquen con precisión estos salmos a sí mismos por muy oscuro que sea el camino. Él capacita a los peregrinos en el camino dándoles la fortaleza espiritual por muy difícil que sea la senda. Y recogen el testimonio fiel de los peregrinos que han hecho el camino antes que nosotros.

Peregrinos en camino

Imagina un largo viaje a través de un territorio desconocido, famoso tanto por su dificultad como por su peligro, y pregúntate qué preferirías tener si te dieran a elegir entre un mapa o un guía. Afortunadamente, el peregrino del Salmo 119 tiene un mapa seguro y un guía digno de confianza, y no está solo. Hebreos 12:1 anima a los peregrinos de hoy y les recuerda que hay un gran grupo de «testigos» que han llegado con éxito al destino al que nos dirigimos. Estos testigos han recorrido el camino que nos precede y se han enfrentado a las mismas dificultades que nosotros. ¿Quiénes son estos «testigos»? ¡Algunos de ellos se mencionan por su nombre en el gran «Salón de la Fe» y sus historias se relatan en Hebreos 11! Han llegado sanos y salvos a través de muchos peligros, dificultades, pruebas e incluso persecuciones. Y sus historias transmiten confianza a nuestro temeroso corazón, asegurándonos que, como ellos, también nosotros llegaremos sanos y salvos a reunirnos con ellos en la casa del Padre.

Uno de esos «dignos» mencionados en este gran capítulo es David (He. 11:32). Y la razón por la que es importante para nosotros hoy es que describe su viaje con gran detalle en el Salmo 119. En otras palabras, David nos dejó un diario personalizado que registra lo que experimentó, lo que encontró, y cómo se sintió a veces a lo largo del camino; ¡todo lo que nosotros mismos encontraremos cuando decidamos emprender el mismo viaje y caminar en el camino de la Palabra!

Orientación para el viaje

Al comienzo de un largo viaje, suele ser útil que alguien familiarizado con el camino nos ofrezca una visión general de lo que encontraremos y experimentaremos en el trayecto. He tenido el privilegio de participar en varios viajes de estudios a la tierra de Israel. He aprendido que los viajes más provechosos fueron aquellos en los que recibí una orientación exhaustiva del responsable del viaje incluso antes de comenzarlo.

Si deseamos recorrer con éxito el viaje descrito por el peregrino en el Salmo 119, debemos orientarnos hacia el panorama más amplio que se describe en este Salmo del peregrino. Y esa orientación comienza en Génesis 3, donde Dios nos cuenta la historia de los dos peregrinos originales. En el centro de su historia está la promesa que Dios les hizo de que enviaría a un campeón para abrirles el camino de regreso al Jardín que ahora les estaba vedado por su desobediente elección de escuchar la sabiduría de la serpiente en lugar de la sabiduría que Dios les había dado en Sus palabras. Las primeras palabras registradas que Dios dirigió a Adán y Eva fueron palabras de abundante bendición y provisión diseñadas para hacerlos prosperar y ser fructíferos en el maravilloso entorno que Él les había proporcionado (Gn. 1:28-31). Sin embargo, el disfrute de Su abundante provisión estaba condicionado a que ellos obedecieran a Sus sabias palabras de instrucción con respecto a lo que podían y no podían comer (Gn. 2:16-17). Las palabras que Dios le dio a Adán sirvieron como instrucción divina que, si se obedecía, conduciría a una abundante plenitud de vida y comunión con Dios.

Estas palabras y este mandamiento sirvieron como instrucción divina de Dios. Estas palabras divinas expresaban la «ley del Señor» que más tarde sería ampliada y preservada en forma escrita en las palabras que Dios dio a Moisés en el Pentateuco. El término usado a menudo para describir estos cinco libros es «Torá». Aunque este término puede significar «ley», también puede referirse al concepto de «instrucción». Estos cinco libros contienen la instrucción oficial y autoritativa de Dios mediante la cual Su pueblo puede vivir vidas que le agraden.

Génesis 3:1-7 recoge la triste historia de cómo nuestros primeros padres decidieron desoír las bondadosas instrucciones de Dios y abrazar la falsa sabiduría que Satanás les presentó a través de la serpiente. Los resultados de seguir la sabiduría equivocada trajeron daños catastróficos que se extendieron más allá de Adán y Eva a toda la creación. Años más tarde, Salomón describiría los efectos de su elección en cada uno de sus descendientes cuando se lamentó:

> «*Tarea dolorosa dada por Dios a los hijos de los hombres para ser afligidos con ella. He visto todas las obras que se han hecho bajo el sol, y he observado que todo es vanidad y correr tras el viento* (Ecl. 1:13-14).

Afortunadamente, Dios decidió bondadosamente rescatar a Sus portadores de imagen caídos, redimiéndolos de la pena del pecado, rescatándolos de la esclavitud del pecado y restaurándolos al paraíso que habían perdido a causa del pecado. Todo esto se haría a través de un hijo que Dios prometió, el cual procedería de Eva, la madre de toda vida (Gn. 3:20). Este campeón sería un descendiente de Eva que revertiría una antigua maldición, rescataría y redimiría a una antigua raza, destruiría y eliminaría a un antiguo enemigo y devolvería a la creación su gloria original. Esta promesa se convirtió en el fundamento de todas las demás promesas o pactos que Dios hizo más tarde con la gente. Si se sabe lo que hay que buscar, esta promesa fundacional de un ungido venidero, un campeón designado, puede verse en el resto de la Biblia. Sin embargo, debido a que esta promesa está oculta a plena vista, es fácil pasarla por alto. Uno de los lugares donde esta promesa está escondida a plena vista es el libro de los Salmos, donde Dios cuenta la historia de un prototipo primitivo del campeón venidero: el rey David.

La estructura del salterio apunta a la promesa mesiánica hecha a Adán y Eva en Génesis 3:15. El Salmo 1 inicia con la descripción de un individuo al que Dios aprueba (Sal. 1:1) y al que ha concedido un estatus espiritual particular: bendito. En otras palabras, el salmo nos presenta a un campeón que goza del favor, la bendición y el poder de Dios. Su carácter está moldeado por la sabiduría de lo alto, en contraste con aquellos cuyas vidas están moldeadas por la sabiduría de lo bajo. Su determinación de moldear su vida, orientar sus caminos y establecer sus valores mediante la Torá de Dios describe un vínculo inseparable entre su carácter y la Torá de Dios como la razón de la bendición de Dios sobre él, así como del éxito de su misión.

El Salmo 2 describe en términos grandiosos la naturaleza y el alcance de la misión que Dios ha asignado a este campeón entre las naciones. Así pues, el libro de los Salmos inicia con dos salmos que nos presentan a la persona y la misión de este campeón mesiánico. Cuando llegamos a los últimos cinco salmos que componen el salterio, toda la creación está siendo convocada para unirse a un poderoso coro universal que grita las alabanzas del Señor que ha ayudado a su campeón a cumplir la misión que se le ha encomendado. Entre la introducción y el postludio, la historia de este campeón y su viaje se narra en cinco entregas. Dado que la historia que se cuenta en los Salmos forma parte de una historia más amplia, tenemos que fijarnos en esa historia más amplia para encontrar sentido a lo que sigue en los Salmos y, más concretamente, en el Salmo 119.

¿Quién es este campeón? ¿Cómo será? ¿Cuál es su misión y cómo la llevará a cabo? Y lo más importante, ¿qué experimentará en el camino y qué lo sostendrá en su misión?

La respuesta a todas estas preguntas está en la Torá que Dios entregó a Israel a través de Moisés. La promesa de este campeón aparece en los párrafos iniciales de la Torá (Gn. 3:15). Su vida y su carácter se comparan en el Pentateuco con campeones menores utilizados por Dios de forma más restringida. ¡Su carácter será mayor que el de Noé, Abraham e incluso Moisés! Su nacimiento será aún más milagroso que el de Isaac. Bajará del cielo y hará su tabernáculo entre los hombres de una manera mayor que la que experimentó Jacob cuando soñó con una escalera que bajaba a la tierra desde el Cielo. Como José, salvará al mundo. A diferencia de José, la salvación que traerá será mayor y más permanente que la salvación temporal de la hambruna otorgada por José.

Este campeón encarnará el gran *Shemá* de Israel más que ningún otro ser humano que haya vivido jamás. Amará verdaderamente a Dios con todo su corazón, su mente y sus fuerzas. Tendrá cuidado de hacer todo lo que se le ordena en los maravillosos estatutos y preceptos de la Torá. Y, aunque su camino estará plagado de peligros, oposición, sufrimiento, pruebas y tentaciones, será como un árbol plantado junto a ríos de agua cuya hoja no se marchita y cuyo fruto es fiel en cada estación. Porque medita cuidadosa y gozosamente en la Torá de Dios, todo lo que haga prosperará. Y lo que ha venido a hacer es rescatar a los hombres de la esclavitud del pecado, revertir la antigua maldición sobre la creación ¡y derrotar al antiguo enemigo de nuestras almas!

La historia de este campeón se narra de forma emblemática a través de la historia de un campeón menor, su antepasado David. Los cinco libros que componen el Salterio cuentan la historia del ascenso (Libro 1), el establecimiento (Libro 2), el declive (Libro 3), la caída (Libro 4) ¡y el restablecimiento de la dinastía de David, el trono de David y la ciudad de David! Y en el centro de esta asombrosa historia está la llegada del tan esperado descendiente de David para habitar no solo en la ciudad reconstruida de David, sino en un templo más glorioso que el que construyó Salomón.

Y todo esto sucederá porque este campeón ama a Dios y cumple Sus mandamientos. Su vida, su misión, sus pasos, sus gustos y sus deleites están moldeados por la instrucción que Dios dio en la Torá. Por lo tanto, no sorprende descubrir que los tres Salmos de la Torá en el Salterio sirven como enormes pilares fundacionales sobre los que se presentan la historia y la misión del Mesías, así como de sus seguidores.

El primer gran salmo de la Torá, el Salmo 1, presenta la Torá como el fundamento esencial para la formación del carácter piadoso, el desarrollo de una vida de éxito y la obtención y disfrute de la bendición y la aprobación divinas. En otras palabras, este salmo nos ayuda a entender por qué este campeón ha encontrado el favor a los ojos de Dios. Este salmo también revela que este campeón vivirá de manera muy diferente a la masa de gente que vive a su alrededor. El Salmo uno describe a toda una nación de personas que tienen acceso a la «ley del Señor», pero que han optado por hacer caso omiso de Su sabiduría y desobedecer Sus mandamientos. Dado que estas personas tienen acceso a esta «Torá» de Dios, parece claro que son israelitas. Entre ellos, hay una persona que ha hecho una elección intencional de vivir de manera diferente y distinta, formando su carácter y gobernando su vida interiorizando, deleitándose y obedeciendo la ley del Señor.

El segundo gran salmo de la Torá, el Salmo 19, explica por qué la Torá tiene esta asombrosa capacidad. Poseedora de un esplendor y un poder revelador incluso mayores que los de la creación original, la belleza polifacética de la Torá y su función distinta y variada apuntan a la asombrosa capacidad de la Torá no solo de impartir y sostener la vida, sino de moldearla para que cumpla todo lo que Dios se propone. La primera parte del salmo ensalza el poderoso mensaje que la Creación anuncia a todos los que viven bajo el Sol. La Creación anuncia la presencia, el poder y la autoridad del Creador sobre toda Su creación (19:1-6). Sin embargo, si queremos conocer personalmente a este Creador, es necesaria una revelación mayor que la de la Creación. Y esa revelación mayor la encontramos en la segunda mitad del salmo (19:1-14). Estos versículos anuncian la autorrevelación de Dios y Su poder para cambiar el carácter y el destino eterno de quienes abrazan y obedecen esa revelación que el salmista describe como la «ley del Señor» que, como hemos visto, es la Torá de Dios.

Esta revelación especial de Dios es multifacética por naturaleza, como se ve en los diversos nombres utilizados por Dios para describir Su autorrevelación. El salmista también describe este maravilloso efecto e impacto que la autorrevelación de Dios tiene en la vida de aquellos que la abrazan y la hacen suya. Esta revelación puede convertir o dar vida al alma de un hombre (19:7). Puede hacer al simple sabio, más allá de toda otra sabiduría terrenal (19:7). El guardar esta revelación traerá gran gozo y deleite interior (19:8). Aportará claridad a la vida al iluminar el entendimiento espiritual (19:8). Esta revelación es sumamente pura porque no está adulterada por la sabiduría que viene de abajo y que marca el mundo (19:9).

Quizás el efecto más importante que se produce en la vida de un peregrino que abraza esta revelación es el temor del Señor que esta revelación produce en la vida de una persona (19:9). En el Nuevo Testamento, a una persona que se arrepiente y cree en Jesús se la describe como un auténtico discípulo justificado de Cristo. En el Antiguo Testamento, una persona que verdaderamente creía en Dios y había recibido justicia a causa de su creencia era descrita como alguien que «temía al Señor». En otras palabras, una relación correcta con Dios era fundamental para vivir una vida que agradara al Señor, porque una persona así anhelaría ajustarse a los justos juicios que Dios había pronunciado sobre lo que le agradaba (19:9).

El segundo gran salmo de la Torá describe el gran beneficio que la autorrevelación de Dios tiene para un creyente de dos maneras importantes: en primer lugar, esta revelación advertirá al pueblo de Dios y evitará que se extravíe en el camino; y, en segundo lugar, esta revelación sostendrá a esos peregrinos en su viaje recordándoles constantemente la gran recompensa que les espera al final del camino (19:11).

El tercer y último salmo de la Torá, el Salmo 119, describe la plena aplicación de la Torá (instrucción) de Dios a la experiencia global de vivir fielmente para Dios en un mundo roto. Para que esta sabiduría surta pleno efecto, no basta con poseer la Torá, afirmar su veracidad o incluso tener afinidad con su contenido. La Torá debe ser obedecida por quienes deseen experimentar la bendición que Dios promete a quienes cumplen Sus mandamientos. Esta obediencia sincera no es fácil. Tampoco permanecerá por mucho tiempo con aquellos cuyo corazón no está completamente dedicado a Aquel que dio esta ley. Amar a Dios debe preceder a amar Su Palabra (aunque existe un vínculo inseparable entre amar a Dios y amar Su Palabra). Y la clase de amor que el Salmo 119 describe resulta en una vida de meditación constante y ansiosa en la Palabra de Dios con el propósito de entender la voluntad de Dios y practicarla en la vida.

El Salmo 119 es el cuaderno de viaje de un peregrino que abrazó las exigencias y expectativas expuestas en el Salmo 1, experimentó el maravilloso poder de la Palabra de Dios descrito en el Salmo 19 y tuvo como resultado el deseo de que las palabras de su boca y la meditación de su corazón fueran aceptables (benditas) a los ojos de Dios. El Salmo 119 es la historia de cómo su meditación dio forma a su camino, guió sus pasos y sostuvo su corazón en todos sus caminos y durante todos sus días. Por eso el Salmo 119 tiene un valor inestimable para nuestras propias vidas, si seguimos los pasos del peregrino que encontramos en este gran salmo.

Preparación para el viaje

El Salmo 119 es tal vez el salmo más conocido y al mismo tiempo el menos entendido del salterio. La mayoría de los creyentes familiarizados con su Biblia reconocen el Salmo 119 como el capítulo más largo de las Escrituras. Algunos recordarán porciones que han memorizado como los vv. 9-11: «*¿Cómo puede el joven guardar puro su camino? Guardando Tu palabra. Con todo mi corazón te he buscado; no dejes que me desvíe de Tus mandamientos. En mi corazón he atesorado Tu palabra, para no pecar contra Ti*». Tal vez hayan orado con el salmista del v. 18: «*Abre mis ojos, para que vea las maravillas de Tu ley*».

Algunos incluso pueden haber exclamado con gozo las palabras del v. 24: «*También* tus *testimonios son mi deleite; ellos son mis consejeros*». En tiempos de profunda angustia y oscuridad inquebrantable algunos pueden incluso haber clamado con el salmista en el v. 28: «*De tristeza llora mi alma; fortaléceme conforme a tu palabra*». Durante un tiempo de refrigerio del Señor, después de una temporada de aflicción, un santo sufriente puede dar el testimonio agradecido de los vv. 71-72: «*Bueno es para mí ser afligido, para que aprenda tus estatutos. Mejor es para mí la ley de Tu boca que millares de monedas de oro y de plata*».

Otros afirman con el salmista cuando exclama en el v. 97: «*¡Cuánto amo tu ley! Todo el día es ella mi meditación*. Quizás los más familiarizados con el Pentateuco reconozcan la bendición aarónica (Nm. 6:22-27) mencionada en el v. 135 y pidan a Dios: «*Haz resplandecer Tu rostro sobre tu siervo, y enséñame Tus estatutos*». Sin embargo, más allá de estos versículos concocidos, la mayoría de los creyentes están relativamente poco familiarizados con el contenido general, el desarrollo temático y el propósito espiritual que Dios tiene al dar este salmo a Su pueblo. La gran extensión del salmo, la complejidad y la repetición temática de los 176 versículos, el anonimato de su autor y la falta de contexto y trasfondo histórico han contribuido a la falta de familiaridad con este conocido salmo.[1] Esta falta de familiaridad ha empobrecido a la Iglesia y ha privado a los cristianos de un importante componente de vitalidad espiritual que Dios ha proporcionado en la sabiduría que se encuentra en este salmo. La intención de este libro es hacer que esta sabiduría sea accesible y esté disponible para los creyentes de cada día, de modo que su riqueza nos enriquezca, su verdad nos sostenga y su mensaje fortalezca nuestra resolución de vivir con gozo y redención mientras perseveramos en las mismas pruebas y aflicciones que el salmista encontró en el camino que le marcó la Palabra de Dios.

Una de las primeras cosas que observamos en este salmo es la cuidadosa disposición de su contenido en una estructura acróstica. El salmo está meticulosamente ordenado en veintidós estrofas de ocho versos cada una. Cada estrofa se identifica con una de las veintidós letras del alfabeto hebreo. Además, la primera palabra de cada estrofa comienza con la letra hebrea asignada a esa estrofa. Por ejemplo, todos los versículos de la primera estrofa (vv. 1-8) comienzan con la primera letra del alfabeto hebreo, *Aleph*. El Salmo 111, el 112 y Lamentaciones 3 son otros ejemplos de estructura acróstica. Sin embargo, el Salmo 119 es, por mucho, el acróstico más extenso de nuestra Biblia. Una de las razones por las que el salmista pudo haber utilizado este diseño fue para que el salmo fuera más fácil de memorizar, de modo que su contenido fuera portátil, inolvidable y asequible a lo largo de la vida diaria del lector. Su disposición alfabética ayudaría al lector a darse cuenta de que este salmo contenía las verdades fundamentales, el «A-B-C» para vivir con éxito a los ojos de Dios.

Otra razón importante puede haber sido su deseo de comunicar lo completo de lo que tenía que decir sobre su tema. En otras palabras, el Salmo 119 fue diseñado para comunicar de la «A a la Z» sobre el tema de la Palabra de Dios como el componente esencial para agradar a Dios y vivir de manera que fuera espiritualmente significativa y no solo exitosa a los ojos de la comunidad circundante.

Sin duda, este tipo de reflexión cuidadosa y deliberada nos alerta sobre la importancia y el significado del mensaje contenido en el salmo. La estructura del salmo revela que el tema es la importancia de la Palabra de Dios para la vida y la piedad. A lo largo del salmo se utilizan ocho palabras diferentes que se refieren a la Palabra de Dios. En la mayoría de los casos, las ocho palabras aparecen al menos una vez en cada una de las 22 estrofas. Cuatro de las estrofas centran la atención en la importancia de la Palabra de Dios utilizando los ocho términos (estrofa *Het*, vv. 57-64; estrofa *Yod*, vv. 81-88; estrofa *Kaph*, vv. 81-88, y estrofa *Pe'*, vv. 129-136). Derek Kidner tiene una descripción maravillosa de cómo estos ocho términos trabajan juntos para presentar un retrato multifacético de la belleza y el valor de la Palabra de Dios.

> «Como un tañido de ocho campanas, ocho sinónimos de la Escritura dominan el salmo, y las veintidós estrofas harán sonar los cambios en ellas. Lo harán libremente, no con las fórmulas elaboradas de un campanero, e introducirán de vez en cuando un término extra. Pero los sinónimos van juntos, y probablemente no deberíamos buscar que cada uno muestre su carácter distinto en cada ocurrencia, sino que contribuya, por su frecuente llegada, a nuestra comprensión total de lo que es la Escritura».[2]

La primera palabra, *ley* (Torá), es la principal utilizada en este salmo para referirse a la Palabra de Dios. En su sentido más amplio, «ley» se refiere a cualquier instrucción revelada por Dios como base para la vida y la acción. Willem VanGemeren señala en su maravilloso comentario sobre este salmo que, en su sentido más restringido, «ley» puede referirse a la ley mosaica, el Pentateuco o la ley deuteronómica.[3] En su sentido más general, este término presenta la ley de Dios como Su instrucción y dirección generales por las que Su pueblo puede encontrar vida, bendición y éxito. El autor de este salmo señala a sus lectores la importancia de la instrucción de Dios como esencial para vivir bajo la aprobación divina. Para el salmista, esta instrucción puede encontrarse en dos lugares principales. En primer lugar, la «enseñanza del Señor» puede encontrarse en los cinco libros que Moisés dio a Israel como su «sabiduría a los ojos de las naciones» (Dt. 4:6). En segundo lugar, esta sabiduría para la vida bajo presión está contenida en los cinco libros que componen el Salterio.[4] Curiosamente, el Salmo 119 es el último salmo de la Torá en el Salterio (los otros dos son el Salmo 1 y el 19).

El segundo término, *testimonios (edot)*, tiene la idea de «testigo». Este término es una descripción adecuada de la Palabra de Dios porque lo describe fielmente tal como es en su carácter intachable y su naturaleza inmutable. También es un registro fidedigno de las decisiones, acciones y respuestas de Dios a todo lo que sucede en su mundo. En consecuencia, la Palabra de Dios da testimonio de lo que Él desea, espera y ordena a Su pueblo. La Palabra de Dios hace a los hombres responsables ante el Dios de la Palabra y testifica contra ellos cuando no cumplen las normas contenidas en ella (Dt. 31:26).

La tercera palabra, *preceptos (piqquidim)*, procede de la imagen de un oficial o supervisor que da instrucciones específicas para que otros las lleven a cabo. Las Escrituras articulan las instrucciones específicas y las expectativas que Dios tiene para Su pueblo, y de las que tendrán que rendir cuentas. Cuando se utiliza en el Salmo 119, este término apunta a las declaraciones orales o escritas de Dios que expresan sus expectativas claras y detalladas para sus siervos fieles.[5]

El siguiente término, *estatutos/decretos (huqqim)*, habla de la permanencia y la naturaleza obligatoria de la Palabra de Dios. La forma verbal de este término significa grabar, tallar o inscribir. Este término habla de un mensaje o palabra que se establece y preserva permanentemente. Los estatutos de Dios han sido escritos y preservados porque Él desea que Su pueblo los obedezca siempre y sin excepción. Las palabras de Dios son siempre válidas y relevantes. Para estar seguros, el pueblo de Dios debe dar atención cuidadosa a cómo ciertas partes de la Palabra de Dios deben ser aplicadas en su contexto cultural pero al final del día, Dios ha hablado clara y permanentemente, por lo tanto debemos dar obediencia gozosa y consistente a Su Palabra.

El término *mandamiento(s) (miswa/miswot)*, se relaciona en pensamiento con los estatutos del Señor. Sin embargo, este término centra la atención en la autoridad legal que hay detrás de las palabras. Los estatutos de Dios son obligatorios porque son Sus mandamientos y, como tales, están respaldados por Su autoridad como legislador supremo, soberano y moral. Kidner llega a la esencia de este término al observar que «esta palabra enfatiza la autoridad recta de lo que se dice; no meramente el poder de convencer o persuadir, sino el derecho de dar órdenes».[6] Porque Dios es el creador de todo, Él tiene el derecho de establecer las leyes naturales y morales para Su universo. Su relación de pacto con su pueblo acentúa aún más su derecho a establecer las directrices morales y los límites que deben marcar su relación con Él y con los demás.

Otro término utilizado por el salmista para describir la Palabra de Dios es ordenanzas *o sentencias* (*mispatim*). Una ordenanza es una decisión o sentencia legal dictada por un juez en un tribunal de justicia o por un gobernante que resuelve una disputa entre sus súbditos. El salmista utiliza este término para describir los juicios y decisiones de Dios sobre asuntos relacionados con Su pueblo. En términos generales, una ordenanza es la voluntad o decisión revelada de Dios sobre un asunto relacionado con situaciones humanas comunes. En particular, las ordenanzas de Dios en el Antiguo Testamento eran Sus mandamientos que formaban la base del sistema legal de Israel.

Los dos últimos términos son *palabra (dabar)* y *promesas ('imra)*. El primero es el término más general para referirse a la Palabra de Dios y abarca la suma total de la verdad de Dios en cualquier forma, ya sea declarada, prometida u ordenada. La segunda palabra puede tener este significado más amplio, pero más a menudo se refiere a una declaración específica hecha por Dios donde Él tiene la intención de cumplir y en la cual Su pueblo puede depender al ordenar y organizar sus vidas respectivamente.

En el corazón de este salmo está la verdad de que la Palabra de Dios es necesaria para vivir una vida que agrade a Dios. Además, el salmista reconoce que, sin la ayuda de Dios, es incapaz de entender u obedecer lo que Dios ha dicho. Por eso, como observó un comentarista: «Este hombre de Dios nunca suplicó a Dios simplemente que le enseñara Su Palabra, sino que formara en él el camino de esa Palabra».[7] Quienquiera que fuera el salmista, comprendía que el fin último de la Palabra de Dios era modelar su vida y veía que el medio para hacerlo era una obediencia de todo corazón que surgiera de actitudes y motivos adecuados hacia Dios y Su Palabra. Y su obediencia debía manifestarse en todos los caminos de la vida y durante todos los días del salmista.[8]

Es manifiesto por la evidencia interna de este salmo, que su escritor conocía la lucha de vivir para Dios en un mundo que lo había abandonado. Un escritor observó: «El salmista conoce de primera mano la opresión del mal. Ha estado rodeado de maldad, perseguido por los arrogantes y orgullosos, humillado por el dolor y la desgracia; sin embargo, su refugio está en Dios. Constantemente clama a Dios, se refugia a Su sombra y encuentra consuelo en Su fuerza. Este es un salmo no solo de ley, sino de amor; no solo de estatuto, sino de fuerza espiritual; no solo de devoción al precepto, sino de lealtad al camino del Señor. La belleza en este salmo resuena de la relación del salmista y su Dios».[9]

Cuando conocimos a nuestro guía, era un joven lleno de deseo apasionado y determinación de seguir con ahínco a Dios según Su Palabra. Cuando dejamos a nuestro guía, es un hombre mayor, más sabio, que ha caminado en el camino de la Palabra durante muchos años. Ha sido ayudado a lo largo del camino y enseñado por Dios mismo. Ha aprendido a confiar y a obedecer, a seguir sin vacilar y a perseverar sin desviarse ni abandonar el camino. De alguna manera, a pesar de la dificultad del camino y de los dolorosos encuentros a lo largo del viaje, ha encontrado verdades que dan vida, dan fuerza, sostienen el gozo, moldean el corazón y orientan la dirección, que ahora nos transmite a nosotros, sus lectores, para que podamos recorrer el camino con gozo y seguridad.

La primera mitad del salmo consta de estrofas que describen tanto su intención y aspiración como las dificultades que encuentra en el camino. En esencia, su compromiso lleno de esperanza de seguir a Dios es mucho más difícil de lo que había previsto inicialmente. Al final de la primera mitad del salmo, nuestro salmista está sobrio por la dificultad de la vida, golpeado y magullado por la aflicción de la vida, y bien familiarizado con sus propias debilidades y fracasos a lo largo del camino.

Sin embargo, el viaje ha fortalecido su determinación y ha profundizado su compromiso de perseguir una vida fiel, por dura o solitaria que sea esta búsqueda o por alto que sea el coste. Lo que le ha sostenido es su progresiva dependencia del Señor, fruto de su constante meditación de la Palabra de Dios y de las promesas que contiene. En la segunda mitad del salmo, el camino se hace aún más duro; pero su fe y su confianza en Dios brillan aún más. Dios ciertamente le ha abierto los ojos y ha llegado a ver y comprender realidades impresionantes y asombrosas en las promesas y la sabiduría de la Palabra de Dios. Dios ha sido su instructor, protector, guía y compañero en el camino. La bondad y la misericordia caminan con él a lo largo del camino. En verdad, Dios ha preparado una mesa de provisión y protección celestial para nuestro peregrino en el desierto por el cual camina y en presencia de muchos oponentes poderosos y enemigos feroces. Mientras se dirige a la casa del Padre, aunque sus luchas aun permanezcan tanto interna como externamente, puede proclamar con gozo: «¡Anhelo tu salvación, Señor, y tu ley es mi delicia!».

Entonces, ¿quién era este hombre? ¿Cuáles fueron las circunstancias que produjeron tan poderosas y maravillosas palabras del Señor? Algunos han argumentado que estas fueron las palabras de David escritas hacia el final de su vida como un testimonio tanto del valor de la Palabra de Dios para guiar la vida de uno como del poder de la Palabra de Dios para limpiar la vida de este mismo del pecado y del error. Otros creen que este salmo salió de la pluma de Esdras, el escriba preparado en la ley de Moisés. Otros opinan que este salmo fue escrito durante el tiempo del largo exilio de Israel en Babilonia y que su autor fue, con mayor probabilidad, el profeta Daniel. Es interesante que el autor afirme que hablará de los testimonios de Dios ante los reyes sin avergonzarse ante ellos (119:46), algo que Daniel hizo, al menos, ante dos monarcas babilonios y ante Ciro, rey de Persia. Un comentarista que defiende la autoría de Daniel expone este argumento:

> Él, por encima de todos los hombres cuyas vidas están registradas en el Antiguo Testamento, había limpiado su camino en su juventud, guardándolo según la palabra

> de Dios (comp. v. 9). Expulsado como extranjero y peregrino en tierra ajena (vv. 19, 54), pero seguro de que las misericordias de Dios serían concedidas a sus siervos en cualquier lugar de la tierra donde morasen (v. 64), había encontrado los testimonios de Dios mucho más valiosos para él que toda clase de riquezas mundanas (vv. 14, 36, 37, 72, 127). Reprochado (vv. 22, 23), escarnecido (v. 51), calumniado (v. 69), y contra quien conspiraron (vv. 78, 85, 86, 95, 110, 161) los príncipes orgullosos a quienes nunca había agraviado... había hablado de los testimonios de Dios incluso delante de los reyes, y no se había avergonzado (v. 46)... Todo el salmo muestra el carácter de alguien que, como Daniel, vivía en comunión estrecha y habitual con Dios; alguien quien desde su juventud fue entrenado con regularidad en la autodisciplina secreta, el flujo pacífico de toda su carrera santa no estuvo marcado por la aspereza que generalmente fluye, como en el caso de Pablo, de una conversión repentina, o por la inestabilidad que acompaña a las vidas que, como la de David, alguna vez fueron desordenadas por actos de transgresión atroz; alguien que no estaba libre de mancha, que confesó su pecado, que solo confiaba en la gracia de Dios para rescatarlo de los muchos extravíos de los que era consciente (v. 176); pero «un hombre muy amado», uno de los puros de corazón que podían ver a Dios, y a quien, por tanto, Dios contó, junto con el patriarca José y el evangelista Juan, entre los pocos especiales a quienes reveló parcialmente los secretos de los tiempos y las estaciones del futuro.[10]

Tal vez Dios haya decidido ocultar la identidad del autor para que nosotros, los lectores, podamos centrarnos en la aplicabilidad del salmo a las circunstancias de la vida que son comunes a todo el pueblo de Dios. El Salmo 119 es un comentario ampliado sobre lo que significa ser un hombre «bienaventurado... que en la ley del SEÑOR está su deleite» (Sal. 1:1-2). Nos dice cómo es la vida de un creyente que abraza plenamente la instrucción de no seguir el consejo de los que viven como si Dios no existiera (los impíos). El Salmo 119 revela lo que le espera a un hombre que decide adoptar posturas y prácticas diferentes a las de quienes no cumplen las expectativas justas de Dios (pecadores) o adoptar la perspectiva, los valores y la mentalidad de quienes se rebelan intencionadamente contra las exigencias morales, éticas y espirituales de Dios y se burlan de ellas (escarnecedores). ¿Qué le ocurrirá a un hombre así? ¿Qué encontrará en el camino? ¿Florecerá de verdad como el árbol plantado junto al agua que da vida? ¿Qué le impedirá marchitarse bajo el calor abrasador de la persecución y la aflicción? ¿Qué le sostendrá durante las largas temporadas en las que Dios parece ausente y silencioso? El Salmo 119 es un extenso comentario sobre lo que significa encontrar sustento, vida, vitalidad espiritual y gozo profundo que solo proceden de una fuente: la contemplación cuidadosa y constante de porciones específicas de la Palabra de Dios.

¿Cómo podemos beneficiarnos de este salmo? ¿Cómo debemos utilizarlo para la vida y la piedad?

Léelo con regularidad. Para que la Palabra impacte en nuestros corazones, debe ser ingerida mediante una lectura regular. Una forma de hacerlo con este salmo es leer cada sección diariamente durante una semana. Si se repite la lectura de este modo, es posible familiarizarse a fondo con el contenido del salmo en menos de seis meses: una breve inversión de tiempo que reportará enormes dividendos espirituales. Tanto la brevedad como el contenido de cada sección hacen de este un salmo ideal para utilizarlo en devocionales personales o familiares.

Medítalo detenidamente. Uno de los mejores comentarios sobre este salmo se titula «La Palabra de Dios en el hijo de Dios». Hay que ir más allá de la mera familiaridad para que este salmo tenga el efecto deseado en la vida diaria. Para ello, es esencial meditar en las verdades contenidas en cada sección. Tal vez la mejor y la manera más provechosa de hacerlo sea seleccionando un buen comentario sobre este salmo y leerlo junto con la sección en la que te estás centrando esa semana en particular. Hay buenos comentarios sobre este salmo escritos para casi todos los niveles de preparación espiritual. Por ejemplo, James Montgomery Boice tiene una maravillosa obra de tres volúmenes sobre los Salmos escrita desde una perspectiva devocional cálida. *El Tesoro de David* de Spurgeon también contiene muchos pensamientos devocionales maravillosos extraídos de estos versículos. Aquellos que deseen profundizar un poco más encontrarán una gran ayuda en un comentario, más antiguo, escrito en 1827 por Charles Bridges titulado *Salmo 119*. Se puede encontrar un rico tesoro en el comentario de Derek Kidner sobre los Salmos en la serie Tyndale Old Testament. Lo mismo puede decirse de la contribución de Alan Ross en su obra de tres volúmenes sobre el Salterio. Apenas se puede decir lo suficiente para elogiar el trabajo realizado por Willem VanGemeren en su maravilloso comentario sobre los Salmos en el *Expositor's Bible Commentary*. Para los verdaderamente comprometidos, la obra en tres volúmenes de Thomas Manton sobre *el Salmo 119* resultará ser un tesoro de verdad. Mi obra favorita es la de un antiguo profesor mío, George Zemek, titulada *La Palabra de Dios en el Hijo de Dios*. El tiempo que inviertas en cualquier comentario que elijas producirá una rica cosecha al recoger lo que Dios ha mostrado a otros creyentes fieles que oraron lo que tú estás orando ahora: «Abre mis ojos para que pueda contemplar cosas maravillosas de tu ley».

Aplícalo personalmente. Obviamente, el objetivo de esta lectura repetida y estudio cuidadoso es un cambio de vida genuino. El medio por el cual se producirá el cambio es la obediencia de todo corazón basada en creer lo que Dios ha dicho a través del salmista. A medida que leemos y creemos debemos llegar a depender de Dios para que nuestra vida sea conformada respectivamente. Sería muy trágico invertir de seis meses a un año leyendo y meditando sobre esta porción de la Palabra de Dios y salir sin cambios. Una de las maneras de facilitar este proceso es orar personalmente por las cosas que el salmista pide a Dios en este salmo. Por ejemplo, la estrofa «*HE*» (v. 33-40) contiene nueve peticiones específicas que el salmista hace a Dios. Puedes tomar cada una de estas peticiones y pedir a Dios en oración que te las conceda personalmente.

Memorízalo con diligencia. La idea de memorizar una porción de las Escrituras de esta longitud es desalentadora para la mayoría de nosotros. Sin embargo, muchos de los hijos de Dios han memorizado con éxito este salmo y han descubierto que el ejercicio es de gran beneficio espiritual. Si memorizar todo el salmo te parece demasiado desalentador, selecciona las estrofas que te resulten más significativas y empieza por ellas. Un buen punto de partida podría ser la estrofa «*MEM*» (vv. 97-104), que expone la aspiración del salmista a conocer y cumplir la ley del Señor, que surge de su profundo amor y afirmación de la Palabra de Dios.

El Salmo 119 es el testimonio personal de un joven que, al observar la bendición inusual de Dios sobre cierto grupo de hombres, decidió descubrir cómo podría disfrutar él mismo de tal bendición. Descubrió que el secreto de su bendición era su compromiso de caminar según la Palabra de Dios y decidió unirse a ellos en su camino. Este salmo es la historia de lo que encontró y experimentó en el viaje, de cómo se sintió en diferentes momentos del camino, de dónde buscó consuelo y dónde encontró sustento y apoyo. Contiene los componentes fundamentales del discipulado espiritual (el ABC del discipulado) y presenta el cuadro completo de lo que significa intentar agradar a Dios en todos nuestros caminos y durante todos nuestros días (A-Z del discipulado).

Cuando nos encontramos con nuestro guía, era un joven lleno de deseo apasionado y determinación. Cuando dejamos a nuestro guía, ya es un hombre mayor, más sabio, que ha caminado en el camino de la Palabra durante muchos años. Ha sido ayudado en el camino y enseñado por el Señor mismo. Ha aprendido a confiar y obedecer, a seguir sin vacilar y a perseverar sin desviarse ni abandonar el camino. De alguna manera, a pesar de la dificultad del camino y de los dolorosos encuentros a lo largo del viaje, ha encontrado verdades que dan vida, dan fuerza, sostienen el gozo, moldean el corazón y orientan la dirección, que ahora nos transmite a nosotros, sus lectores, para que podamos recorrer el camino con gozo y seguridad.

En los capítulos que siguen, trazaremos las etapas de su viaje espiritual. Caminaremos con él por los altibajos de seguir el camino marcado por la Palabra de Dios. Mientras vemos lo que él vio y sentimos lo que él sintió, al final, con la ayuda de Dios, encontraremos la misma fuerza espiritual que permitió a nuestro salmista decir al final de su viaje: «Mucha paz tienen los que aman Tu ley, y nada los hace tropezar» (v. 165).

Primera parte: Observación y aspiración (Estrofas 1-2)

Quien escribió este salmo tenía un profundo deseo de vivir una vida agradable a Dios. Su deseo, así como el camino por el que se puede vivir una vida así, está minuciosamente detallado en las veintidós estrofas que componen el salmo.

Expone lo que en esencia es un extenso comentario del Salmo 1.[11] El Salterio inicia con un salmo que describe dos caminos recorridos por dos tipos de hombres que llegarán a dos finales distintos y diferentes. Un camino, el de la bendición, es recorrido por el hombre justo, que, por su obediencia, prosperará y será bendecido. El otro camino, el camino maldito, lo recorren los malvados, que, por su desobediencia, perecerán. El Salmo 1 describe al hombre justo como «afortunado» o bendecido. Y, el secreto para llegar a ser tal persona es el acercamiento de uno a la ley del Señor, la Biblia. Los que se deleitan en esta ley y hacen de ella su mediación constante prosperarán. Los que no, perecerán.

El escritor del Salmo 119 alude a la verdad del Salmo 1 señalando la realidad de lo que afirmaba sobre las personas que eligen el camino de la rectitud. Son verdaderamente afortunados. El camino de la rectitud se presenta aquí positivamente en términos de lo que estas personas son de manera continua. Mantienen de forma constante una vida intachable caminando en la ley de Dios (119:1). Siempre buscan a Dios de todo corazón y se comprometen a obedecer Sus testimonios (119:2). En resumen, no viven como los malvados: no siguen el consejo de los impíos, ni se ponen en el camino de los pecadores, ni se sientan en la silla de los escarnecedores (Sal. 1:1). Por el contrario, siguen con diligencia y perseverancia los caminos de Dios (119:3-4). Y, como resultado, son bendecidos por Dios (119:1, 2).

El salmista no solo señala tales modelos, sino que él mismo está decidido a vivir así (119:5-8). El resto de este salmo es el registro de su intento de vivir su compromiso como un hombre bienaventurado, el hombre piadoso del Salmo 1:1-3. La primera estrofa termina reconociendo que una vida así es imposible sin la ayuda divina (119:5-8).

Todos los viajes comienzan en algún lugar y para nuestro peregrino, el viaje comenzó con una observación sobre un grupo particular de personas que parecen comprometidas a vivir de manera distintiva de los demás a su alrededor.

Observación: Estilos de vida de los obedientes y fieles

Estrofa 1 - Versículos 1-8

¡Cuán bienaventurados son los de camino perfecto,
Los que andan en la ley del SEÑOR!
¡Cuán bienaventurados son los que guardan Sus testimonios,
Y con todo el corazón lo buscan!
No cometen iniquidad,
Sino que andan en Sus caminos.
Tú has ordenado Tus preceptos,
Para que los guardemos con diligencia.
¡Ojalá mis caminos sean afirmados
Para guardar Tus estatutos!
Entonces no seré avergonzado,
Al considerar todos Tus mandamientos.
Con rectitud de corazón te daré gracias,
Al aprender Tus justos juicios.
Tus estatutos guardaré;
No me dejes en completo desamparo.

Los versículos iniciales del salmo revelan que nuestro peregrino ha observado a ciertas personas que gozan de una bendición y un favor inusuales por parte de Dios. El término «bienaventurados» es un término de múltiples dimensiones que aparece en los Salmos para describir a personas que están contentas en su interior, afortunadas en lo exterior y favorecidas por lo divino. Nuestro peregrino desea saber qué es lo que ha hecho que esas personas sean tan afortunadas, para poder disfrutar él también de esa bendición. La primera estrofa revela no solo la presencia de tales individuos, sino la razón de las bendiciones que disfrutan. La razón de las bendiciones que disfrutan es su compromiso, de por vida, de amar a Dios y obedecer Su Palabra en todos sus caminos y por todos sus días. Mientras el salmista contempla tanto las bendiciones que disfrutan como las razones de ellas, determina caminar con ellos en el camino de la Palabra de Dios. Esta estrofa introduce la importancia de guardar la Palabra de Dios personal y apasionadamente en todos los ámbitos de la vida. La estrofa se divide naturalmente en tres secciones, cada una de las cuales subraya una perspectiva diferente sobre la prioridad de seguir un estilo de vida obediente a la Palabra de Dios.

El principio de vivir de forma obediente (vv. 1-3)

Esta sección, escrita en tercera persona, presenta la perspectiva más general y objetiva sobre la importancia de obedecer las Escrituras. Aquí el salmista observa que cualquiera que adopte el compromiso permanente de vivir tal como Dios lo ha dicho, experimentará una vida de gran bendición y auténtica felicidad (v. 1-2). Además, estos individuos tendrán como consecuencia práctica de tal vida, la maravillosa experiencia de una mayor obediencia manifestada al vivir constantemente de maneras que agradan a Dios (v. 3). Pero lo más importante es que esa obediencia no solo es impulsada por una relación personal e íntima con el Dios que dio la Palabra sino que también es el resultado de esa relación.

Los dos primeros versículos comienzan anunciando la gran buenaventura de quienes adoptan como suyos los principios que se exponen a continuación. El término «bienaventurados» aparece en otros salmos, sobre todo en el Salmo 1:1 y en el Salmo 32:1.

El término representa la idea de una gran buenaventura o bendición para una persona. El término representa la idea de una extrema buena fortuna o bendición sobre un individuo. En el Salmo 1:1 se anuncia que el camino hacia tal bendición consiste en rechazar el consejo de los impíos, resistir el camino de los pecadores y rehusar el asiento de los despreciadores. En cambio, el hombre que desea tal fortuna de Dios debe primero deleitarse en Su ley y meditar en sus preceptos constantemente mientras la vida se desarrolla cada día, de modo que cada decisión, reacción y respuesta estén dictadas por los preceptos contenidos en ella. Salmo 32:1, por otra parte, extiende esta bendición a quien no ha mantenido las condiciones mencionadas en el Salmo 1:1. De forma trágica, ha escuchado el consejo de hombres impíos, se ha posicionado con los pecadores e incluso se ha sentado en el lugar de los escarnecedores. Sin embargo, para un hombre caído en tan bajo estado, hay un camino de regreso a la vida bienaventurada: el camino de la confesión genuina y el perdón. El Salmo 32 revela que el camino de vuelta es confesar humildemente y pedir el perdón de Dios. El hombre justo es bendecido como consecuencia de su obediencia comprometida a la Palabra de Dios, y el hombre penitente es restaurado a la bendición como consecuencia de su sumisión humilde a la Palabra de Dios.

El Salmo 119 revela que tanto la preservación como la restauración de un hombre a una vida irreprochable ante Dios descansan en su voluntad de vivir según la Palabra de Dios (v. 1). Tal individuo se esfuerza por vivir irreprensiblemente ante Dios. El término «irreprochable» describe a alguien que es recto (Gn. 17:1; Job 1:1) y se refiere específicamente a la integridad tanto en el carácter como en la conducta. El concepto neotestamentario de esta palabra es «sin mancha» y es la meta declarada de Dios para cada creyente (comp. Ef. 1:4). Pero, ¿cómo puede un hombre conocer el camino sin mancha? ¿Cómo puede uno permanecer inmaculado y sin mancha en todos los escenarios complicados de la vida en un mundo caído? Solo viviendo una vida que sea constante y consistentemente guiada y moldeada por la Palabra de Dios (Sal. 119:1b). Debe guardar y custodiar constantemente los testimonios de Dios: Sus propias afirmaciones sobre Su naturaleza, Sus atributos y las consiguientes exigencias que se aplican a toda la vida (Sal. 119:2a).

Así que la primera parte de esta estrofa enfatiza que la aprobación divina viene por la obediencia comprometida y constante a lo que Dios ha dicho de Sí mismo. Sin embargo, para que el lector no considere la obediencia como el objetivo final y se contente con las bendiciones terrenales que vienen al evitar los escollos temporales comúnmente asociados con el pecado y la desobediencia, el salmista revela el verdadero objetivo de su instrucción: conocer a Dios personalmente. Y esta relación íntima solo puede encontrarla quien la busca de todo corazón (Sal. 119:2b).

Buscar a Dios es la búsqueda apasionada y permanente de un hombre que desea no solo experimentar las bendiciones que provienen de la mera obediencia, sino las que provienen de conocer verdaderamente a Dios de un modo profundamente personal y transformador del alma. Esta búsqueda no es para los que no se comprometen o para los que solo quieren la religión suficiente para ser respetables, sino para los que están dispuestos a convertirla en una búsqueda para toda la vida. Estas personas están dispuestas a perseguir este tipo de obediencia con un compromiso de todo corazón en todas las direcciones de la vida y durante toda su duración. ¿Cómo es una persona así? ¿Cómo la reconoceremos cuando la encontremos en el camino de la vida? Y lo que es más importante, ¿cómo sabremos si somos hombres y mujeres así?

El v. 3 describe a tales «buscadores de Dios» como individuos que, cuando sus vidas son vistas en su totalidad, están comprometidos con dos cosas: se esfuerzan constantemente por cumplir con las expectativas de Dios y obedecen constantemente las directivas de Dios. En otras palabras, son personas que obedecen a Dios y siguen sus caminos en el contexto general de su vida diaria. ¿Cómo saben cómo vivir diariamente de manera que agraden a Aquel a quien buscan? Aprendiendo y guardando (obedeciendo) todo lo que Él ha dicho en Su Palabra. En otras palabras, si nuestro deseo es conocer a Dios, personal e íntimamente, solo hay un vehículo que puede lograrlo: Su Palabra.

La prioridad de vivir de forma obediente (v. 4)

El salmista subraya la prioridad de este tipo de vida cuando deja de hablar de «ellos y ellas» para dirigirse directamente a Dios. El interlocutor no es otro que Dios, y al dirigirse a Él, el salmista nos obliga a nosotros, los lectores, a considerar la fuente, la autoridad, la naturaleza y la intención divina que se esconden tras la Palabra que hemos de obedecer apasionadamente. Queda claro de inmediato que los intereses del salmista van más allá de la mera obediencia de memoria. Sus verdaderos intereses van más allá de la ley y se encuentran más bien con el Dador de la Ley, Dios.[12] Y lo que quiere que entendamos es que estos preceptos no solo proceden de Dios, sino que son Su voluntad autoritativa y obligatoria para nosotros. El término «mandato» se utiliza en otros contextos para describir instrucciones autoritativas importantes dadas por un superior a un inferior. Además, al usar el término «preceptos», el salmista quiere que los veamos como instrucciones particulares y específicas de Dios que debemos obedecer plenamente, con coherencia y sin cuestionarlas. Puesto que estos preceptos proceden directamente de Dios, están investidos de Su autoridad y son una revelación infalible de Su voluntad para Su pueblo. La última parte del versículo tiene una cláusula de propósito que revela la intención de Dios al dar instrucciones tan específicas. Dios está profundamente preocupado de que Sus instrucciones sean guardadas diligentemente. Dios dio instrucciones exactas y tiene la intención de que obedezcamos diligentemente. Puesto que esta es una prioridad tan obvia para Dios, debe serlo para cada uno de nosotros que deseemos experimentar las bendiciones prometidas en los versículos iniciales. Adoptar esta prioridad es una característica de todos los que verdaderamente conocen a Dios de forma íntima; Su prioridad se convierte en la de ellos.

Un compromiso personal de vivir de forma obediente (vv. 5-8)

El cambio al lenguaje en primera persona en la sección final de la estrofa introduce el clímax del salmo y anima al lector a unirse al salmista en la aplicación personal de todo lo que ha precedido. Cuando el salmista comprende lo importante que es para Dios que se obedezcan sus preceptos, expresa instintivamente su deseo apasionado de ser una persona así. Y, en lo más profundo de su grito apasionado, expresa tanto su deseo desesperado de agradar a Dios como su conciencia de que no puede hacerlo por sí mismo. Así, reconoce su necesidad de la capacitación divina. Si el salmista reconoció su necesidad de la capacitación de Dios, cuánto más nosotros, sus lectores, debemos reconocer que no solo es difícil obedecer a Dios y guardar sus preceptos, sino que ¡es imposible! Sin el poder capacitador de Dios, no tenemos esperanza de vivir de forma obediente. Con esta importante observación, el salmista protege a sus lectores de pensar que pueden agradar a Dios y ganarse su favor con sus propias fuerzas y esfuerzos. Sin la habilitación y la gracia de Dios, Su pueblo es impotente para agradarle en cualquier aspecto. La obediencia que no está perfumada por Su gracia capacitadora es un hedor en Sus narices. La justicia propia no tiene lugar en Su presencia y está muy lejos de lo que los salmistas imaginan.

Por eso, el salmista desea que Dios enderece sus sendas (establezca sus caminos) para poder obedecer los estatutos de Dios. La imagen es poderosa. El salmista literalmente le pide a Dios que vaya delante de él para construir el camino y nivelar la senda para que pueda viajar sin problemas cumpliendo los decretos permanentes de Dios. Y, a menos que Dios haga esto, el salmista no tiene esperanza de completar el viaje y llegar a la meta con seguridad. Nosotros, como el salmista, necesitamos ver a Dios como la única esperanza de una vida obediente. Él debe ir delante de nosotros y enderezar el camino y nivelar la carretera para que podamos viajar seguros y obedientes en esta vida mientras viajamos hacia la próxima. Debemos pedirle a Dios que dirija, controle y dé poder a nuestras vidas para que podamos vivir de forma obediente alineados con lo que Él ha ordenado.

Solo si Dios hace esto por nosotros podremos examinar la Palabra de Dios y no avergonzarnos al estudiarla y meditarla. La idea descrita en el v. 6 es la de un examen continuo y regular de todo lo que Dios ha revelado en las Escrituras. Cuando prestamos este tipo de atención a la Palabra de Dios y descubrimos lo que Él ha ordenado, no nos avergonzaremos por nuestra falta de deseo o incapacidad para conformar nuestras vidas a lo que hemos descubierto. En otras palabras, cuando Dios provee la capacitación en respuesta a nuestra oración, ¡nos convertiremos en hacedores y no solo en oidores de Su Palabra!

El salmista no solo anticipa que la gracia de Dios lo librará de la vergüenza y la deshonra de desobedecer la Palabra de Dios, sino que funcionará positivamente al darle energía para rendir culto agradecido desde un corazón recto (v. 7). La imagen de un corazón recto apunta a una vida personal que es saludable o sana: una vida de integridad. Para que la adoración sea aceptable a Dios, debe ser rendida por alguien que vive de manera aceptable ante Dios. Y el salmista revela que esta integridad proviene de lo que ha aprendido de los justos juicios de Dios.

El salmista concluye esta estrofa inicial con una promesa seguida de una súplica (v. 8). A la luz de todo lo que ha dicho, el salmista promete obedecer sistemáticamente los estatutos de Dios. Ha resuelto poner su voluntad en modo obediencia y ha determinado obedecer todo lo que Dios ha dicho sobre cualquier asunto que toque su vida o circunstancia. Esta determinación va acompañada de una súplica por la presencia continua de Dios. El término utilizado aquí por el salmista sería utilizado más tarde por Cristo cuando suplicó a Dios que no lo abandonara. Las imágenes nos recuerdan que la vida estará a veces llena de dificultades y peligros que dejarán al creyente vulnerable y expuesto. Tan grande es el peligro que, sin la protección de Dios, perecerá. Y esta protección se encuentra en la presencia de Dios.

La mayor protección contra los peligros y riesgos de la vida en un mundo caído es la presencia de Dios. Dios está presente con aquellos que le aman y obedecen lo que Él ha dicho en Su Palabra. Así que la estrofa termina señalándonos de nuevo el camino de la bendición y la fortuna genuinas en la presencia de Dios, y ese camino es uno que viaja en y a través de la Palabra de Dios.

Aspiración: Ser obediente y fiel

Estrofa 2 - Versículos 9-16

¿Cómo puede el joven guardar puro su camino?
Guardando Tu palabra.
Con todo mi corazón te he buscado;
No dejes que me desvíe de Tus mandamientos.
En mi corazón he atesorado Tu palabra,
Para no pecar contra Ti.
Bendito Tú, oh Señor;
Enséñame Tus estatutos.
He contado con mis labios
De todas las ordenanzas de Tu boca.
Me he gozado en el camino de Tus testimonios,
Más que en todas las riquezas.
Meditaré en Tus preceptos,
Y consideraré Tus caminos.
Me deleitaré en Tus estatutos,
Y no olvidaré Tu palabra.

En la primera estrofa, el salmista observa la prioridad de guardar personalmente la Palabra de Dios como camino hacia la bendición divina. Pero, ¿cómo puede el lector llevar a cabo esta tarea de enormes proporciones? Un esfuerzo de esta magnitud requerirá la habilitación divina de Dios. En la segunda estrofa, el salmista revela los medios divinos por los que una persona puede cultivar una vida pura y agradable al Señor. La pregunta que se plantea es: «¿Cómo puede un joven modelar su carácter de tal manera que su conducta resultante sea pura, recta y acorde con las expectativas de Dios?».[13] Los ocho versículos que componen esta sección ofrecen una triple respuesta. En primer lugar, debe cultivar una actitud de corazón orientada a esa búsqueda. En segundo lugar, debe acudir a la fuente adecuada para que lo oriente en su búsqueda. Finalmente, debe invertir personalmente un esfuerzo comprometido y constante en esa búsqueda.

Antes de examinar las tres secciones que ocupan al salmista en esta estrofa, sería útil detenerse brevemente en el énfasis general de estos ocho versículos. Ese énfasis se articula en la pregunta inicial: «¿Cómo puede el joven guardar puro su camino?». La pregunta del salmista no está motivada meramente por intereses teológicos o académicos, sino más bien por un profundo deseo de vivir aceptablemente ante Dios en el crisol de la vida cotidiana en medio de una cultura hostil y pagana. ¿Cómo afrontará las tentaciones y presiones cotidianas en un entorno así y cómo lo hará sin pecar ante Dios? El reto es inmenso y personal, y lo que está en juego es enorme. Llevar una vida que agrade a Dios y responder a las legítimas expectativas de la cultura circundante sin comprometerse ni contaminarse no es tarea fácil. Cualquier esperanza de éxito está relacionada inmediatamente a una fuente de instrucción por la que su vida pueda ser guiada y guardada del pecado o del error. Esa fuente se identifica como la Palabra de Dios.

A medida que el salmista vive las decisiones y actividades cotidianas de la vida, lo hace según la Palabra de Dios o regulado por ella. En otras palabras, el énfasis va más allá del mero conocimiento de la palabra Yahvéh, solo a título informativo. Por el contrario, el énfasis está ciertamente en el concepto de valorar, retener y permanecer en los «caminos» de Yahvéh, de modo que sus caminos sean conformes a los caminos de Dios. Y los «caminos» de Dios solo se conocen en la medida en que son revelados por la «Palabra» de Dios. Por lo tanto, lo que se requiere es el estudio diligente, la meditación devota y la aplicación deleitosa de esa Palabra.

Una persona que ha llegado a este nivel de compromiso para procurar una vida pura que agrade a Dios se caracterizará por su profunda valoración de la Palabra de Dios. La Palabra de Jehová no tiene precio para una persona así y se valora tanto o más que una gran riqueza. La mayoría de nosotros, si realmente tuviéramos la oportunidad de conseguir una gran riqueza, haríamos todo lo posible por conseguirla. El salmista está afirmando con claridad que este mismo deseo ardiente está presente en él con respecto a la Palabra de Dios. Es así de valiosa para él. La razón se revela en la progresión lógica de las ideas expuestas en los versículos que siguen. Una vida conforme a los caminos de Dios tiene un valor inestimable. Una vida así solo es posible cuando está modelada por la Palabra de Dios, que revela con exactitud los caminos de Dios. Y, puesto que esto es así, las personas que desean vivir consistentemente obedeciendo a Dios en todas las cosas, deben reflexionar y meditar constantemente en la Palabra de Dios para que tengan presente la instrucción que ahí se revela, y esto solo sucederá mientras se deleiten en la «voluntad» de Dios tal como está revedala en Sus leyes o estatutos.

Así que, en resumen, una persona que desea llevar una vida que agrade a Dios en el crisol de la vida del mundo real debe ser una persona cuyos caminos estén conformados con los caminos de Dios. Esto requiere un compromiso personal, constante y consistente para conocer los caminos de Dios y obedecer la voluntad de Dios que está revelada en la Palabra de Dios. La insistencia en la santificación personal y en los medios para conseguirla se desarrolla orientando al lector a meditar personalmente la Palabra de Dios para descubrir y practicar la voluntad de Dios en todos los ámbitos de la vida. Esta estrofa revela tres requisitos esenciales para tal búsqueda. Las declaraciones de George Zamek en esta sección de su comentario, *The Word of God in the Child of God* [La Palabra de Dios en el Hijo de Dios], son esclarecedoras y útiles.[14]

Enraizados en la actitud correcta del corazón (vv. 9-11)

El salmista quiere que nos demos cuenta de que el éxito en este empeño solo llegará cuando amemos, aprendamos y vivamos los caminos de Dios hasta el punto de que nuestros caminos se parezcan a los Suyos. Así pues, el verdadero secreto consiste en descubrir dónde se pueden aprender y comprender los caminos de Dios. El término «caminos» se refiere al desarrollo ético de la vida y conducta de una persona, y esto se deriva del carácter de tal persona. Cuando decimos que queremos conocer los caminos de Dios, en realidad estamos preguntando por Su carácter. ¿Cómo es Él realmente? Y la respuesta a esta pregunta nos la ha dado Dios mismo en Su Palabra. La Palabra de Dios es tanto la revelación como el reflejo de Su carácter. Esto significa que si deseamos vivir una vida agradable a Dios entonces debemos conformar nuestros caminos (carácter) a Sus caminos (carácter) como se revela en Su Palabra. Esta actitud se manifestará en una conciencia de la necesidad de buscar la santificación, así como un reconocimiento de que este esfuerzo requerirá un esfuerzo de vida sostenido de todo corazón para atesorar las palabras de Dios en nuestras mentes y corazones como el medio para la santificación.

Conducidos a la fuente correcta (v. 12)

Una vida obediente requiere tanto el conocimiento de las expectativas de Dios como una fuerza superior a la nuestra para cumplir con constancia esas expectativas. Abandonados a nuestra propia fuerza y sabiduría, no tenemos esperanza de éxito. Sin embargo, Dios es la fuente a la que nos dirige el salmista. Su fuerza y Su dirección son más que guías externas para el camino, son fuentes internas de fuerza para el camino. Esto es así por el carácter justo de Dios y por su capacidad de instruir a los hombres mediante la fuerza obligatoria y permanente de la naturaleza de sus prescripciones divinas (estatutos) para la vida.

En cuanto uno se da cuenta de la magnitud de la tarea que tiene ante sí, se dirige inmediatamente a la única fuente capaz de instruir y capacitar: Dios (v. 12). El salmista estalla en alabanzas por el carácter justo de Dios. Un corazón que ha experimentado la frescura vivificante y el poder disponible de Dios a través de Su Palabra, naturalmente agradecerá y alabará a Dios con una gratitud gozosa y abundante.

El salmista no solo alaba a la fuente de su santificación por Su carácter justo, sino que alaba a Dios por Su capacidad ilimitada para instruir incluso al estudiante más ignorante. Dios es suficiente y completamente capaz de proporcionar la instrucción necesaria a cualquiera que desee vivir de manera que agrade a Dios y se ajuste a Sus expectativas. Por eso, el salmista vuelve a alzar su voz y apela apasionadamente a Dios para que le dé esa instrucción. Curiosamente, el salmista apela a Dios directamente y le pide que sea Él quien le instruya. Hay una gran valentía en tal acercamiento a Dios, pero cuando está debidamente motivado por una actitud de dependencia desesperada, tal acercamiento reconoce que no hay otra fuente para esta instrucción.

Sostenido por un esfuerzo continuo habilitado por la gracia (vv. 13-16)

Este esfuerzo habilitado por la gracia comienza cuando nuestro discurso es moldeado y enmarcado por la Palabra de Dios (v. 13).

Redefine y reorienta las prioridades por las cuales y para las cuales vivimos (v. 14). Su discurso será moldeado y dirigido por el discurso de Dios. Se sustenta en el estudio diligente (v. 15) y en la resolución inquebrantable de aplicar la Palabra de Dios a cada circunstancia y situación de la vida (v. 16).

Es evidente que el salmista ha hecho de las «reglas para vivir», dadas por Dios, la prioridad de su vida. Su deseo declarado de vivir una vida gobernada por los mandamientos de Dios indica su compromiso con la obediencia personal a la voluntad de Dios, motivado por el mismo gozo y deleite que motivaría a un hombre a desenterrar un gran tesoro descubierto en la tierra. La mayoría de nosotros, si realmente se nos diera una verdadera oportunidad de riqueza, pondríamos toda la diligencia debida para conseguir esa riqueza y lo haríamos con gusto y con verdadero deleite de corazón. Aquí el salmista está estableciendo claramente que este mismo deseo está presente en su corazón hacia la Palabra de Dios porque él ha asignado una prioridad apropiada a su valor.

De manera tan intencional como algunos hombres se proponen recoger las riquezas de este mundo, el salmista ha resuelto perseguir una clase de riqueza más valiosa y eterna que se encuentra en la diligente retención de la Palabra de Dios y su obediencia. Y el secreto de tal dedicación en medio de las realidades de la vida en un mundo caído consiste en una meditación personal de las palabras de Dios motivada por un genuino deleite en la ley o voluntad de Dios revelada en esas palabras. Esta ley es lo suficientemente poderosa como para limpiar de pecado todas las áreas de la vida a medida que uno presta atención y obedece lo que Dios ha dicho. Y solo un corazón que se deleita en la Fuente de tal instrucción será motivado a seguir esta Palabra por todos sus días.

Segunda parte: Oposición (Estrofas 3-6)

Obediencia y fidelidad en tiempos difíciles

Estrofa 3 - Versículos 17-24

Favorece a Tu siervo,
Para que viva y guarde Tu palabra.
Abre mis ojos, para que vea
Las maravillas de Tu ley.
Peregrino soy en la tierra,
No escondas de mí Tus mandamientos.
Quebrantada está mi alma anhelando
Tus ordenanzas en todo tiempo.
Tú reprendes a los soberbios, los malditos,
Que se desvían de Tus mandamientos.
Quita de mí el oprobio y el desprecio,
Porque yo guardo Tus testimonios.
Aunque los príncipes se sienten y hablen contra mí,
Tu siervo medita en Tus estatutos.
También Tus testimonios son mi deleite;
Ellos son mis consejeros.

La primera estrofa (vv. 1-8) subraya la prioridad de la obediencia personal a la Palabra de Dios como fundamento para vivir una vida que agrade a Dios. El salmista desarrolla aún más esta verdad en la segunda estrofa (vv. 9-16) al revelar que tal obediencia requerirá tanto una actitud que desee conocer la Palabra de Dios como una aptitud para retener y obedecer diligentemente la instrucción contenida en ella. En otras palabras, la primera estrofa habla de la bendición que recibe una persona que está decidida a vivir obedeciendo de todo corazón la Palabra de Dios, y la segunda estrofa revela que el mejor momento para comenzar esta búsqueda de por vida es cuando uno es joven (Sal. 119:9).[15]

En la tercera estrofa (vv. 17-24) se nos presenta, por primera vez en este salmo, la realidad de que las pruebas, las aflicciones e incluso la oposición serán la suerte esperada de quien elige el camino presentado en las dos primeras estrofas. Esta ha sido siempre la dificultad para los creyentes que, como el salmista, deciden vivir en obediencia a la Palabra de Dios. A menudo adoptamos el pensamiento erróneo de que las bendiciones prometidas en la Palabra de Dios a sus hijos obedientes son de naturaleza material: prosperidad, salud, riqueza, larga vida. Aunque es una promesa segura de la Palabra de Dios que el hombre que busca a Dios y se compromete con Su Palabra será bendecido, esa bendición no excluye en absoluto la prueba y la aflicción y, de hecho, casi siempre encontrará resistencia y oposición.

Esta estrofa demuestra que el salmista, que tan apasionadamente exhorta a sus lectores a buscar a Dios a través de Su Palabra, no es una excepción. Sin embargo, incluso en medio de la aflicción y la prueba, el salmista revela que el camino hacia la bendición y la vida abundante se encuentra en una continua obediencia y dedicación a la Palabra de Dios, más que en las respuestas naturales que surgen en el corazón de uno en esos momentos y bajo esas circunstancias. Y, en medio de su profunda aflicción, el salmista eleva su voz a Dios y ora.

Esta estrofa se divide naturalmente en dos secciones, cada una de las cuales refleja una petición específica de la oración del salmista mientras enfrenta aflicción y persecución extremas. En la primera mitad de la estrofa (vv. 17-21), el salmista pide bendiciones a pesar de la apatía espiritual de sus enemigos. En la segunda mitad (vv. 22-24) ora para que se le libre del oprobio a pesar de las calumnias de sus enemigos.

Si el autor es Daniel, entonces el contexto de esta estrofa se presenta fácilmente a nuestra imaginación. No es difícil imaginar a Daniel, sabiendo que los consejeros caldeos estaban planeando su muerte y hablando con Nabucodonosor, comprometiéndose de nuevo él mismo con su práctica continua de buscar las palabras de Dios ¡y convertirlas en sus propios consejeros! Y si estamos en lo cierto en esta suposición, el triunfo de Daniel sobre los leones (tanto los del foso como los de la corte) es un reconfortante recordatorio de que, en efecto, hay vida abundante para aquellos que eligen seguir el camino establecido por la Palabra de Dios en lugar de inclinarse a sus propios entendimientos cuando se enfrentan a una oposición intensa y a una fuerte aflicción.

Oración de bendición ante la apatía (vv. 17-21)

La pasión del salmista se expresa inmediatamente en su súplica de que Dios le provea abundantemente (v. 17). El término utilizado indica que el salmista no busca una mera liberación o incluso una provisión física en medio de la adversidad. Más bien pide a Dios que le dé riqueza y plenitud en la vida. El verbo inicial indica que esta plenitud o riqueza es el resultado del favor o la bondad de Dios hacia el salmista.[16] Más concretamente, la recompensa que busca en esta estrofa es que sea librado divinamente de aquellos que le reprochan.[17] Obviamente, si se trata de Daniel, vivía en medio de la opulencia y disfrutaba personalmente de la riqueza y la provisión de su posición favorecida como consejero de Nabucodonosor.

Con claridad, Daniel le recuerda al creyente que no importa cuán favorable pueda ser su posición terrenal en la vida, sigue siendo un desterrado, un extranjero y un forastero en la tierra (v.

19). La prueba de esto viene en la actitud y acciones exhibidas hacia el siervo de Dios por aquellos a su alrededor que han determinado oponerse a Dios y que han escogido ignorar Sus mandamientos (v. 21). Estos hombres son descritos como orgullosos, presuntuosos, rebeldes contra Dios.[18] Y su odio y rechazo a Dios, que está en los cielos, se dirige a los que le sirven en la tierra.

Su orgullo ha resultado en una apatía agresiva que se manifiesta en un total desinterés y desprecio por cualquier cosa que Dios haya mandado u ordenado como agradable a Él. En contraste, el salmista se alinea con Dios y reconoce que la verdadera vida abundante viene únicamente como resultado de la obediencia a Su Palabra. Curiosamente, comienza pidiendo a Dios esta vida espiritual abundante; pero la razón por la que quiere esta abundancia no es para disfrutar de la vida, sino más bien para vivir más eficazmente en obediencia a la Palabra de Dios (v. 17). Es como si el salmista pidiera más vida para rendir más obediencia a Dios. En otras palabras, su deseo de más abundancia es rendir una obediencia más abundante. Y no es de extrañar que Dios se complazca en honrar las peticiones hechas con esta motivación. Sin embargo, su deseo de vida abundante para rendir obediencia más abundante es imposible sin la iluminación divina (v. 18). Por eso ruega a Dios que le «abra» los ojos para ver más de la maravillosa Palabra de Dios. El término «abrir» es el mismo que se utiliza en el relato en el que Dios abrió los ojos del rebelde Balaam para que pudiera ver al ángel que estaba delante de él en el camino.[19] No se refiere tanto a la incapacidad de ver sino más bien a la eliminación de una cubierta o un velo. El Salmista está reconociendo que a pesar de su tremendo aprendizaje y habilidad académica, es incapaz de ver y entender la Palabra de Dios sin la ayuda de Dios.

Esta iluminación es especialmente necesaria porque su verdadera posición en la tierra es la de un extraño o un extranjero. Mientras vive en la tierra y en el contexto de una cultura y sociedad caídas, hay un sentido en el que él, como hijo de Dios, es completamente ajeno a esa cultura y sociedad. No puede encontrar orientación para su vida en las mismas fuentes que los que lo rodean. Tampoco desea que esas fuentes lo orienten. Más bien, su alma está devastada y destrozada internamente por su desesperado anhelo de dirección de los mandamientos y juicios de Dios. Sólo aquí, en la Palabra de Dios, encontrará el alivio que tan desesperadamente desea cuando se opone y es vilipendiado por aquellos cuyas vidas son vividas en total apatía y franca rebelión contra su Dios.

Oración para pedir protección contra los reproches ante las calumnias de los enemigos (vv. 21-24)

En esta sección de la estrofa, el salmista llama la atención sobre sus enemigos identificando quiénes son, cómo son y qué hacen: son insolentes, arrogantes y no tienen en cuenta las leyes de Dios ni a Sus siervos.[20] Estas personas están claramente en posiciones de poder e influencia y por lo tanto tienen la capacidad de impactar directamente en su vida de manera poderosa. Sin embargo, el salmista se consuela recordando que Dios, quien es más poderoso que sus enemigos, ha maldecido a tales personas (v. 21). Después de presentarse ante Dios y repasar lo que sus enemigos hacen contra él, el salmista apela a que Dios «haga rodar» la pesada carga de su desprecio y desdén.[21] Y al hacerlo, no duda en recordar a Dios que, en contraste con la rebeldía y la arrogancia de sus adversarios, él ha tenido ante los ojos los recordatorios de Dios y ha guiado su camino por el testimonio de ellos (v. 22).

En una poderosa declaración, el salmista revela que su respuesta a la aflicción y la persecución de sus poderosos oponentes se rige por un estudio deliberado y cuidadoso de los estatutos de Dios que sirven en lugar de consejeros personales.[22]

Finalmente, el salmista contrasta a los malvados conspiradores que por todas partes lo atacaban con los consejeros que siempre estaban con él y que estaban a su favor y no en su contra. Estos consejeros eran los testimonios de Dios o Sus obras y palabras. Estos consejeros están siempre disponibles y su consejo es infaliblemente exacto y fiel. Y al seguirlos, el salmista encontró vida y favor tanto ante el Rey del cielo como ante el monarca terrenal al que servía y bajo el que a veces sufría.

Así será siempre para los siervos fieles de Dios. Si realmente vivimos en el camino de la Palabra, nos encontraremos extraños y extranjeros en la tierra y podemos esperar que se nos trate respectivamente. Cuando sufrimos injustamente y necesitamos alivio de las presiones que vienen porque somos extranjeros, debemos volvernos a Dios y continuar aferrándonos a Su Palabra. Cuando deseamos desesperadamente ser liberados del peso del reproche humano, debemos buscar ser honrados por Dios y solo entonces estaremos en condiciones de recibirlo de los hombres a su debido tiempo. En cualquier caso, los creyentes deben comprometerse de nuevo a guardar la Palabra de Dios como la razón para desear más vida, y esto solo sucederá cuando Dios abra nuestros ojos y nos haga ver que las maravillas de Su Palabra superan con creces cualquier deleite terrenal. Entonces, y solo entonces, desearemos vivir por la razón correcta. Que esta sea nuestra oración en los días venideros.

Permanecer obediente y fiel a pesar de la tendencia al pecado

Estrofa 4 - Versículos 25-32

Postrada está mi alma en el polvo;
Vivifícame conforme a Tu palabra.
De mis caminos te conté, y Tú me has respondido;
Enséñame Tus estatutos.
Hazme entender el camino de Tus preceptos,
Y meditaré en Tus maravillas.
De tristeza llora mi alma;
Fortaléceme conforme a Tu palabra.
Quita de mí el camino de la mentira,
Y en Tu bondad concédeme Tu ley.
He escogido el camino de la verdad;
He puesto Tus ordenanzas delante de mí.
Me apego a Tus testimonios;
Señor, no me avergüences.
Por el camino de Tus mandamientos correré,
Porque Tú ensancharás mi corazón.

En la estrofa anterior descubrimos que el hombre que busca a Dios y se compromete a vivir según Su Palabra no es inmune a las pruebas, la aflicción y la oposición. Sin embargo, incluso frente a la oposición despiadada de adversarios poderosos, el salmista revela que el camino hacia la bendición y la vida abundante se encuentra en una obediencia y dedicación continuas a la Palabra de Dios en esos momentos y bajo esas circunstancias, más que en las respuestas naturales que surgen en el corazón de uno.

La cuarta estrofa revela otro obstáculo que se interpone en el camino del hombre que elige andar por la senda de la justicia: su propia tendencia al pecado. Mientras que en la tercera estrofa la oposición era externa, en esta estrofa el salmista se enfrenta a un oponente interno, su naturaleza pecaminosa. Los términos que utiliza y la intensidad con la que expresa su angustia (vv. 25, 28) apuntan a su comprensión de que su digna aspiración ha sido asaltada por algún fallo pecaminoso indigno por su parte. Sin embargo, el salmista se niega a abandonar su búsqueda. En su quebrantamiento, clama a Dios por ayuda y, con la confianza que le da la experiencia pasada, emprende el camino con renovada determinación, anticipando tanto el perdón como la gracia que le capacita para correr donde antes se contentaba con andar por el camino de los mandamientos de Dios.

Esta cuarta estrofa se divide naturalmente en dos secciones, cada una inicia con una pregunta que surge del fracaso y la desesperación. En la primera sección, el salmista expresa su humillación (v. 25), y en la segunda grita en la frustración producida por su humillación (v. 28). No solo ha encontrado difícil el camino que ha elegido debido a la oposición, en esta estrofa ha fracasado de alguna manera no expresada y se ha apartado del «camino». Cinco veces en esta estrofa el salmista usa el término «camino». Ha confesado sus caminos al Señor y Dios le ha respondido (v. 26). Apela a la instrucción en los caminos de Dios (v. 27) y pide a Dios que aleje de él los caminos falsos (v. 29). Se compromete de nuevo en el camino de la fidelidad para poder correr libremente por el camino marcado por los mandamientos de Dios (v. 32).

Una marca de un verdadero creyente es cómo se siente acerca de su fracaso pecaminoso. A menudo es fácil excusar el fracaso y el pecado precisamente porque es difícil caminar por la senda de la rectitud y mantenerse recto. Esto es especialmente cierto cuando nos enfrentamos a la aflicción y al desprecio por todas partes. Sin embargo, para que un hombre sea bendecido, debe tratar incluso sus propios fracasos de una manera justa, llevándolos a Dios en lugar de cubrirlos, excusarlos o ignorarlos.

Ayuda divina ante la humillación del fracaso (vv. 25-27)

El salmista reconoce su profunda humillación y arrepentimiento en una imagen inolvidable: «Mi alma se pega al polvo» (v. 25). Más adelante en esta estrofa se aferrará a los testimonios de Dios (v. 31), pero aquí la imagen es la de una persona postrada en el suelo con todo el cuerpo y el rostro apretados contra el polvo. Es evidente que su fracaso lo ha abatido y que se ha postrado en sumisión a Dios. Curiosamente, no menciona su pecado ni el punto de su fracaso.

Cuántas veces te has acercado a Dios con algún pecado o fracaso y lo has tratado como un asunto menor que apenas vale la pena mencionar. Charles Bridges en su famoso comentario sobre el Salmo 119 hizo esta observación: «Los hombres a menudo hacen esta misma confesión pero no hay "esfuerzo" ni humillación, ni oración, ni fe en la Palabra de Dios. Más bien, ¡estamos casi contentos de admitir nuestro estado sin ningún deseo real de esforzarnos para obtener la única cura necesaria! No mejoraremos con mero lamento por nuestro pecado o nuestra muerte. Nuestra indisposición a nuestro deber espiritual no es una debilidad... es un pecado que debe ser confesado y abandonado. Por lo tanto, revisa el carácter de tu confesión. ¿Es un conflicto habitual y perseverante para vencer el pecado? ¿O te dedicas a lamentarte infructuosamente de tu estado cuando sería mejor que te ejercitaras en venir a la Palabra de Dios para obedecer lo que encuentras en ella?»[23]

El salmista no se conforma con un arrepentimiento tan efímero, sino que clama a Dios para que lo reanime (v. 25). El término que utiliza expresa algo más que el deseo de vivir y sobrevivir. Expresa el deseo de vivir una vida plena y bienaventurada; ¡el tipo de vida bienaventurada que observó en la primera estrofa y a la que él mismo había aspirado! Además, no se equivoca en cuanto a lo que dará vida a su estado caído. Será vivificado por Dios, pero será según la Palabra de Dios. Una vez más, el salmista señala la centralidad de la Palabra de Dios para una vida que agrada a Dios. Antes señaló que la Palabra podía limpiar al hombre del pecado; ahora necesita esa limpieza y acude confiadamente a Dios en busca de ella.

Su confianza se basa en experiencias pasadas. En el pasado ha contado sus «caminos» a Dios, y Dios le ha respondido (v. 26). La idea de acudir a Dios con «palabras» cuando se ha pecado es un principio bíblico importante. Oseas instruye al pueblo pecador de Dios para que regrese a Él y lleve consigo «palabras» (Os. 14:1-2). Sin embargo, las meras palabras no bastaban. Este pueblo ya había venido una vez con «palabras» y se encontró con el silencio de Dios (Os. 6:1-3). Las palabras tenían que salir de un corazón quebrantado por el pecado y humillado ante Dios. Esas palabras serían escuchadas y el salmista da testimonio personal de la fidelidad de Dios que le perdonó en el pasado (v. 26).

Su experiencia pasada con Dios le ha dado la confianza para volver en este momento de necesidad. Y se atreve a orar pidiendo instrucción en aquello que le devolverá la vida y el vigor: los estatutos de Dios (v. 26). En concreto, pide a Dios que le ayude a comprender y abrazar las exigencias éticas del camino de los preceptos de Dios. El término «preceptos» se refiere a las órdenes o expectativas de Dios. El salmista se ha apartado del camino prescrito por estas órdenes y ahora desea la ayuda divina para volver a ese camino y permanecer en él. Pide algo más que comprensión intelectual. Pide a Dios que le dé una visión interna, ética, de lo que agrada a Dios. Este conocimiento pertenece exclusivamente a Dios, quien puede decidir revelarlo u ocultarlo a los hombres (Is. 29:14). Reconociendo su necesidad de ayuda divina, el salmista clama para que Dios le enseñe y le haga comprender el camino recto. Confía en que el resultado de que Dios haga esto por él será una meditación continua sobre las maravillas de Dios.

La fidelidad de Dios en el pasado le animó a venir en su necesidad presente y pedir lo que necesitaba para continuar su camino en la senda de los justos; un retorno a la obediencia de la Palabra de Dios producida por una capacitación renovada para deleitarse y meditar en la ley del Señor.

Consuelo divino ante la angustia del fracaso (vv. 28-32)

El salmista no solo se sintió humillado por su fracaso, sino también profundamente afligido. Expresa su dolor como si su alma se deshiciera en lágrimas (v. 28).[24] Antes, en la estrofa, pidió al Señor que lo reanimara; aquí pide a Dios que lo fortalezca. ¿Cuál es la solución para un alma aplastada por el dolor del pecado? La fuerza y el apoyo de Dios. Y al igual que la vivificación (v. 25), esta fuerza y este apoyo proceden también de la Palabra de Dios (v. 28).

Pero el salmista quiere algo específico de Dios. Quiere ser liberado o apartado de un «camino» o senda: la senda falsa, la senda de la mentira/falsedad (v. 29). En cambio, desea que Dios le conceda Su ley. En otras palabras, el salmista quería que Dios lo apartara del camino de la mentira haciéndole obedecer Su ley.

Una vez más, la liberación del pecado solo se encuentra en la obediencia a la ley de Dios y la fuerza para tal obediencia solo viene de Dios.

Una vez más, el salmista señala su pasado como fundamento de su petición actual. Ha elegido el camino fiel y ha puesto las ordenanzas de Dios delante de él (v. 30). La idea expresada aquí es la de una elección cuidadosamente meditada, basada en el pleno acuerdo con las justas reglas de Dios. Su petición actual es que Dios no le permita caer en vergüenza por una negativa de parte de Dios a actuar en su nombre en respuesta a su oración de vivificación y fortaleza según la Palabra de Dios.

Esta petición va acompañada de algo más que el registro de una elección pasada de su parte para obedecer a Dios. Va acompañada de un compromiso de seguir obedeciendo. Describe su compromiso presente como: «aferrarse» a los testimonios de Dios. La idea expresada por «aferrarse» es la de conformarse, aferrarse a algo, en este caso, a los testimonios de Dios. En el verso inicial de esta estrofa se «aferraba» al polvo, aquí se aferra con la misma fuerza a los testimonios de Dios. Y, a la luz tanto de su pasado como de su compromiso presente, clama: «¡Yahvéh! Ayúdame». «¡No dejes que me avergüence!».

La razón por la que está desesperado porque Dios intervenga se encuentra en su futuro deseo de «correr» por el camino de los mandamientos de Dios. En otras palabras, el salmista está argumentando de la siguiente manera. «Tengo un deseo presente de "correr" o de vivir mi vida según tus mandamientos. Ya lo he hecho en el pasado. Ese historial se basa tanto en mi elección de seguir este camino como en mi compromiso de hacerlo a pesar de la oposición y los problemas. Sin embargo, he fracasado en algún momento del camino y ahora me siento humillado y angustiado por mi fracaso. Acudo a ti en busca de ayuda para seguir caminando por la senda. No puedo hacerlo a menos que me reanimes y me fortalezcas. Lo que más necesito es que ensanches mi corazón (v. 32)».

¿Qué es un corazón ensanchado? Es simplemente una mayor capacidad que viene de Dios para obedecer Sus mandamientos con todo el corazón. El Nuevo Testamento nos recuerda que no tenemos porque no pedimos. Aunque el salmista no tenía ese versículo, entendió el concepto y no dejó de venir a Dios con fe y pedir. Nosotros tampoco deberíamos dejar de hacerlo.

A menudo deseamos recorrer el camino, pero nos desviamos fácilmente por la oposición o por nuestra propia inclinación pecaminosa interna. La respuesta a ambas es la misma: la ayuda divina. Pero esa ayuda divina proviene de la Palabra de Dios. Por lo tanto, debemos pedir, como pidió el salmista, que Dios nos instruya y nos capacite para cumplir Su Palabra en nuestras vidas. En otras palabras, ¡necesitamos pedirle a Dios que agrande la capacidad de nuestro corazón para entender más Su Palabra, de modo que podamos obedecerle más! Que esa sea tu oración en las próximas semanas.

El secreto de un corazón dilatado para Dios

Estrofa 5 - Versículos 33-40

Enséñame, oh Señor, *el camino de Tus estatutos,*
Y lo guardaré hasta el fin.
Dame entendimiento para que guarde Tu ley
Y la cumpla de todo corazón.
Hazme andar por la senda de Tus mandamientos,
Porque en ella me deleito.
Inclina mi corazón a Tus testimonios
Y no a la ganancia deshonesta.
Aparta mis ojos de mirar la vanidad,
Y vivifícame en Tus caminos.
Confirma a Tu siervo Tu palabra,
Que inspira reverencia por Ti.
Quita de mí el oprobio que me causa temor,
Porque Tus juicios son buenos.
Yo anhelo Tus preceptos;
Vivifícame por Tu justicia.
(Sal. 119:33-40)

Una forma útil de entender el mensaje de este salmo es verlo como el testimonio personal del salmista de lo que encontró en su intento de caminar por la senda del camino justo de Dios. Ya hemos señalado que el tema central del Salmo 119 es la Palabra de Dios. De hecho, la Palabra de Dios se describe con ocho palabras diferentes que aparecen a lo largo del salmo, cada una de las cuales dirige la atención a un aspecto, cualidad o función importante que la Biblia tiene para la vida y el caminar de un creyente obediente.

Sin embargo, una segunda consideración importante sobre la que el salmista llama la atención es el «camino» o «senda» prescrito por Dios para aquellos que lo aman. El Salterio se abre con un salmo en el que se identifican los dos «caminos» concretos que todo hombre tiene ante sí. La elección que haga un hombre respecto al camino que seguirá a lo largo de su vida determinará su dirección en esta vida y su destino en la próxima. Este salmo (119) recoge el testimonio de un hombre que ha elegido el «camino» o senda que Dios dijo que conduciría a la prosperidad y a la vida eterna. En otras palabras, el Salmo 119 es el registro personal de un hombre que ha decidido no seguir el consejo de los impíos, no ponerse en el camino de los pecadores y no sentarse en la silla de los escarnecedores (Sal. 1:1). Por el contrario, ha decidido deleitarse en la ley del Señor (Torá) y meditar en ella durante toda su vida (Sal. 1:2). En consecuencia, espera tener éxito y ser fructífero en su vida ante Dios (Sal. 1:3).

Las dos primeras estrofas del Salmo 119 recogen su observación de que otros que han caminado por esta senda han sido bendecidos por hacerlo (119:1-4). Ha decidido unirse a ellos en este camino y lo ha expresado en un grito sincero en el que promete alabarle con un corazón recto (119:7) y obedecerle con un corazón informado (119:7b-8). Lo que informará e instruirá su corazón en el «camino» que ha elegido no es otra cosa que la Palabra de Dios (119:9-16), que es su delicia y cuyas palabras se propone aprender, memorizar y meditar para poder guardarlas con todo su corazón, en todos sus caminos, durante todos sus días.

Sin embargo, al emprender el camino con un corazón fortalecido por la buena intención, no tarda en encontrar fuertes burlas y oposición por parte de quienes han elegido caminar por la otra «senda» (119:17-24). En esta tercera estrofa responde a la opresión adoptando los testimonios de Dios como consejeros que le guían por el camino que debe seguir. La cuarta estrofa (119:25-32) revela otro obstáculo más que se interpone en su compromiso de seguir el camino de Dios: su propia inclinación pecaminosa. Su alma se siente literalmente aplastada y abatida (119:25) cuando compara su comportamiento actual con los deseos que tan valientemente ha expresado en las dos primeras estrofas. Pero, por muy abatida que esté su alma, se niega a permanecer «en el polvo». Tampoco intenta mantenerse en pie con sus propias fuerzas. Al contrario, pide a Dios que ensanche su corazón para poder «correr» por el camino de los mandamientos de Dios (119:32).

Su deseo de que Dios ensanche su corazón para que pueda caminar obedientemente depende directamente de su capacidad para entender la Palabra de Dios. No puede obedecer lo que no conoce o entiende, por lo que la quinta estrofa (119:33-40) contiene una serie de peticiones específicas de iluminación y capacitación para conocer y obedecer la Palabra de Dios.

Naturaleza de las peticiones

Esta estrofa del acróstico del salmista está organizada bajo la letra «He». En el alfabeto hebreo, esta letra se utiliza a menudo para alertar al lector de los verbos que son causativos por naturaleza. Un verbo causativo es aquel en el que se provoca que algo o alguien realice una acción. Una de las maneras más fáciles de entender este concepto es observar el lenguaje que utiliza el salmista en esta estrofa, en la que pide a Dios que le haga hacer o experimentar algo. Cada una de sus peticiones puede expresarse e introducirse con esta fórmula: «Enséñame…». Enséñame el camino de tus estatutos (33). Enséñame para entender (34).

Enséñame a andar por la senda de tus mandamientos (35). Enseña a mi corazón a inclinarse hacia tus testimonios (36). Enséñame a apartar mis ojos de mi mirar vanidad (37). Enséñame a confiar en tu palabra (38). Enséñame a alejar de mí el oprobio (39).

Es evidente que el salmista reconoce su necesidad de las cosas que pide a Dios. Pero, al pedirlas de este modo, subraya su incapacidad para conseguir por sí mismo ninguna de esas cosas necesarias. En otras palabras, no es simplemente leer más la Biblia lo que le dará lo que le falta. A menos que Dios le enseñe y le haga comprender, nada le permitirá mantenerse en el camino correcto hasta el final.

Cuando pedimos en oración estas peticiones por nosotros mismos, también debemos llegar a esta misma conclusión. Este tipo de oraciones las hacen personas que han llegado al final de sí mismas. Aquellos que se han encontrado «en el polvo» a pesar de sus mejores esfuerzos y su determinación de «vivir para Dios» están en la posición perfecta para mirar a Dios y orar estas mismas peticiones para que Él haga por ellos lo que no pueden hacer por sí mismos.

El objetivo de las peticiones

Los dos primeros versículos de esta estrofa revelan el objetivo o el deseo del salmista al rogar a Dios que le ilumine. Quiere que Dios le ilumine para poder seguir el camino hasta el fin (119:33). El motivo de su súplica está envuelto en su deseo de renovar su compromiso de caminar por la senda de los estatutos justos de Dios. Y quiere seguir por ese camino hasta el final de su vida.

También desea la iluminación en la ley justa de Dios, la Torá, para que su obediencia surja de una actitud recta del corazón (119:34) y que no sea una mera obediencia externa forzada desde un corazón internamente dirigido hacia el otro camino. Quiere obedecer a Dios con todo su corazón, en todos sus caminos y durante todos sus días. Sin embargo, para que esto suceda realmente en él, Dios va a tener que hacer que suceda. Y con esto en mente, se pone a suplicar a Dios por cosas específicas que son necesarias para una obediencia de todo corazón y para toda la vida.

Contenido de las peticiones

Los versículos que componen esta estrofa contienen siete peticiones concretas que pueden resumirse en el concepto de capacitación. Ya ha expresado antes en el salmo su deseo de caminar así. También ha encontrado dificultades e incluso fracasos a pesar de sus mejores y más decididas intenciones de caminar irreprochablemente por este camino. En el «polvo» del fracaso personal se ha hecho dolorosamente evidente su necesidad de la capacitación divina. Pero, ¿qué es lo que realmente le permitirá recorrer el camino con éxito? ¿Qué es exactamente lo que necesita que Dios le permita hacer? Esta capacitación viene en forma de siete cosas distintas que el salmista pide a Dios que haga por él.

En primer lugar, necesita la instrucción de Dios (119:33). Necesita que Dios le haga aprender el camino de Sus estatutos: Sus leyes espirituales permanentes y duraderas. El término «enseñar» es la palabra de la que deriva el término «Torá». Representa la Palabra de Dios como instrucción divina, y el salmista la reconoce como tal. También reconoce que necesita algo más que la comprensión mental o cognitiva de los términos y conceptos que contiene. Necesita algo que solo Dios puede dar: necesita instrucción divina para que se le haga comprender la dirección que Dios quiere que tome su vida. Y su objetivo declarado al desear esta instrucción es que pueda observar o vivir su vida respectivamente.

No solo necesita instrucción divina, sino también iluminación (119:34). El término «entendimiento» apunta a la idea de discernimiento o percepción. No tiene esperanza de obedecer la instrucción sin iluminación o discernimiento sobre esa instrucción. Esta petición revela un punto importante a la hora de caminar con coherencia por la senda. No basta con obedecer de memoria o como robot las declaraciones de las Escrituras. Tal obediencia nunca bastará para vivir obedientemente en todas las circunstancias diversas que se presentan en la vida. Más bien, uno debe conocer el propósito, la intención y la dirección de las afirmaciones de la Escritura para guardar tanto el espíritu de la ley como la letra.

Y, para poder discernir cómo vivir bíblicamente en situaciones no tratadas específicamente en las Escrituras, uno necesita comprensión o iluminación de Dios. Es curioso que el motivo de esta petición es precisamente que pueda prestar atención minuciosa y obedecer de todo corazón la instrucción divina. No se contenta con saber lo suficiente para obedecer y poder decir que ha obedecido. No quiere salirse con la suya en algo simplemente porque Dios no lo ha prohibido u ordenado de forma específica. Más bien, le pide a Dios que le haga comprender Su instrucción para que sepa cómo obedecer en cada circunstancia que encuentre en el camino de la justicia.

Su tercera petición es la motivación divina (v. 35). Ha elegido hacer de la ley de Dios su delicia (Sal. 1:2) y ahora le pide a Dios que le haga marchar en concordancia y en obediencia a los mandamientos específicos de esa Ley. Le está pidiendo a Dios que le haga obedecer Su divina voluntad tal como ha sido revelada en Sus divinos mandamientos. Y, la razón por la que quiere que Dios lo haga marchar de esta manera es su amor por el camino de la justicia. Lo que lo deleita es más que el mero «cumplimiento de la ley». Es el camino mismo que ocupa su favor. Él ha observado que aquellos que caminan en este camino han sido bendecidos y por eso él está favorablemente inclinado a esta forma de vida. Su inclinación favorable está detrás de su petición a Dios para que lo haga caminar según Sus mandamientos.

En cuarto lugar, el salmista aboga por la inclinación recta del corazón (v. 36). Conoce muy bien la naturaleza y la inclinación de su corazón hacia cosas insensatas y sin valor. Dios debe cambiar o inclinar activamente su corazón en una nueva dirección. Dios debe apartar su corazón de la inutilidad y dirigirlo hacia lo que tiene valor eterno: ¡Sus testimonios!

Puesto que el corazón del hombre se ve afectado por lo que contemplan sus ojos (Job 31:7; Pr. 15:30), la quinta petición del salmista es que Dios redirija su visión (119:37). Le pide a Dios que aleje sus ojos de la vanidad y la inutilidad. Es muy probable que la razón por la que se encuentra fuera del camino que ha elegido y en el polvo del fracaso sea precisamente porque sus ojos se desviaron por el brillo de algún placer o tentación sin valor. Al reflexionar sobre cómo ha llegado a esta dolorosa situación, pide a Dios que reoriente su visión hacia las cosas que son importantes y valen la pena, es decir, el camino de Dios. Y pide a Dios que le dé vida y le haga «vivir» a Su manera.

Como va en contra de la fuerte inclinación que le produce lo que sus ojos ven a cada paso, el salmista pide a continuación a Dios que confirme todo lo que ha prometido en Su Palabra (119:38). El término «establecer» significa en este contexto confirmar algo que Dios ha dicho o prometido. Parafraseando al salmista: «Cuando mis ojos consideran algo que parece contradecir aquello que Tú has dicho, Señor confirma que lo que has dicho o prometido es realmente así». El salmista pide esta confirmación porque comprende la importancia de confiar plenamente en las afirmaciones de Dios, porque son la fuente del temor de Dios, que es el principio de la sabiduría. Este temor es esencial en la santificación del creyente. La cristiandad contemporánea ha restado importancia al temor bíblico del Señor y lo ha sustituido por un acercamiento excesivamente despreocupado a Dios. Sin embargo, el temor del Señor no solo es el principio de la verdadera sabiduría, sino que es la fuente de la salud y el crecimiento espirituales (Hch. 9:31; Ro. 11:20-21; 2 Co. 7:1; Fil. 2:12; 1 P. 1:17).

La última petición es de vindicación (119:39). Le pide a Dios que elimine o aleje el reproche que ha caído sobre él. Este reproche es, o bien el desprecio que le hacen los que se oponen a él en el otro camino, o bien el reproche de no haber estado a la altura de su decisión de caminar con éxito por la senda de la rectitud. En cualquiera de los dos casos, se da cuenta de que ese reproche no desaparecerá simplemente con nuevas declaraciones sobre sus intenciones futuras o incluso con sus esfuerzos diligentes por volver al camino. Dios mismo debe vindicarlo y esto solo ocurrirá cuando Dios elimine el reproche que pesa sobre él. Es muy probable que el reproche del que habla esté asociado de algún modo a su obediencia y no a su fracaso, simplemente porque se apresura a confesar la bondad de las normas o juicios de Dios. Si habla de este reproche como las consecuencias divinas que ha experimentado por su desobediencia, entonces pide a Dios que las elimine después de que Dios haya respondido a su oración de iluminación y fortalecimiento. Si, por otro lado, está hablando del reproche que ha experimentado por elegir caminar por la senda de la rectitud, entonces le está pidiendo a Dios que se lo quite y está reconociendo que está siendo reprochado por una cosa buena o justa: los juicios de Dios.

El fundamento de las peticiones

El verso final de esta estrofa no comienza con una petición causativa fuerte, sino más bien con una afirmación en voz alta. El salmista llama la atención de Dios sobre algo que, de hecho, es el fundamento de todas sus peticiones anteriores: «Yo anhelo tus preceptos» (119:40). La razón por la que quiere que Dios lo ilumine (por medio de la instrucción y la comprensión) y lo capacite para guardar los estatutos y la ley de Dios es que anhela los preceptos de Dios igual que un subordinado leal anhela obedecer las instrucciones y los mandamientos de un superior amado. Está señalando su amor leal a Dios y está expresando ese amor leal como un anhelo de obedecer las instrucciones de Dios y cumplir con las expectativas de Dios.

Sin embargo, incluso en este anhelo loable, el salmista reconoce su total incapacidad para cumplir el deseo de su corazón. Reconoce que, en el mejor de los casos, es un siervo inútil. Sin embargo, puede ser útil; puede ser obediente; puede cumplir las expectativas justas de Dios si Dios le da fuerza y vida para hacerlo. De ahí que termine esta estrofa con una última súplica: «Vivifícame por tu justicia».

Como lo fue para el salmista, también lo es para cada verdadero creyente que desea vivir una vida que consistentemente agrade a Dios y se ajuste a Su Palabra. No podemos hacerlo en nuestra propia justicia. Nuestra única esperanza es que Él nos dé fuerza y vida y eso viene de Su justicia ilimitada e inagotable que Él nos ha dado sin medida gratuitamente en Cristo. Por lo tanto, no hay razón para permanecer en el polvo de nuestro fracaso. Más bien, clamemos con el salmista para que Dios nos vivifique y, cuando lo haya hecho, desempolvemos nuestro fracaso y emprendamos de nuevo el camino, ¡fortalecidos con una fuerza que no es la nuestra!

Resolución: Vivir para Dios con Su fuerza y no con la mía

Estrofa 6 - Versículos 41-48

Venga también a mí Tu misericordia, oh SEÑOR,
Tu salvación, conforme a Tu palabra.
Así tendré respuesta para el que me afrenta,
Pues confío en Tu palabra.
No quites jamás de mi boca la palabra de verdad,
Porque yo espero en Tus ordenanzas.
Así que guardaré continuamente Tu ley,
Para siempre y eternamente.
Y andaré en libertad,
Porque busco Tus preceptos.
Hablaré también de Tus testimonios delante de reyes,
Y no me avergonzaré.
Me deleitaré en Tus mandamientos,
Los cuales amo.
Levantaré mis manos a Tus mandamientos,
Los cuales amo,
Y meditaré en Tus estatutos.

En la estrofa anterior (vv. 33-40), el salmista articuló una serie de súplicas pidiendo a Dios que le concediera iluminación para comprender Su Palabra y poder para obedecer lo que había llegado a comprender. Estaba convencido de que estos requisitos (iluminación y poder) eran esenciales para «correr» por el camino de los mandamientos de Dios (v. 32).

Sin embargo, incluso en este anhelo loable, el salmista reconoció su incapacidad total para cumplir el deseo de su corazón. Reconocía que, en el mejor de los casos, era un siervo inútil. Sin embargo, podía ser útil; podía ser obediente; podía cumplir las expectativas justas de Dios si Dios le concedía la fuerza y la vida para hacerlo. De ahí que el salmista terminara con una súplica final: «Vivifícame por tu justicia» (v. 40).

Ahora, en la sexta estrofa, el salmista revela su deseo de declarar con valentía la verdad de Dios a quienes se le oponen en el camino de la justicia. Expresa este deseo en dos peticiones fervientes que nos dan las dos divisiones de la estrofa. Es interesante que cada división empieza con una súplica. La primera división (vv. 41-42) inicia con una súplica pidiendo gracia para declarar la verdad de Dios con confianza. La segunda división (vv. 43-48) empieza con una súplica para declarar esta verdad con credibilidad. Cada una de estas peticiones va seguida de la respuesta que el salmista espera de Dios, así como de una resolución en la que expresa ciertos compromisos que asume al anticipar la provisión divina.

Un comentarista resumió las dos peticiones como «la palabra en su corazón y la palabra en sus labios. En privado, le dice al Señor, medito en tus decretos; en público, estoy preparado para hablar de tus estatutos ante los reyes… Esto implica, por supuesto, que quiero una experiencia repetida de tu salvación, de tus amores de pacto; ¡sí, en plural! Y eso significará (v. 42) que tengo una respuesta para el incrédulo, ya que la palabra en la que he confiado resulta ser verdadera».

Una súplica de gracia para declarar la verdad de Dios con confianza (vv. 41-42)

En la primera línea de la estrofa, el salmista implora desesperadamente la misericordia y la liberación de Dios. Es evidente que se encuentra en una situación difícil y que ha llegado a ella a causa de las acusaciones de sus opresores. Si el autor es Daniel, nos vienen a la mente numerosas circunstancias en las que se vio «acorralado» por las acusaciones y reproches de quienes lo oprimían dada la resistencia que tenían a Dios y a Su verdad. Pero, ¿qué pide exactamente el salmista en tales circunstancias? Es una pregunta importante, ya que la respuesta instruye nuestras oraciones en circunstancias similares. Ora pidiendo misericordia (v. 41) y salvación (v. 42). El término «misericordia» es un sustantivo plural que se usa con más frecuencia en el Antiguo Testamento para expresar el amor de Dios en el pacto. Este amor tiene su origen en la lealtad de Dios hacia la persona a la que ama. Y esta lealtad existe porque Dios ha entrado en una relación de compromiso con esa persona. Este amor se expresa por una multitud de bondades mejor descritas como «misericordias». Son inmerecidas en el sentido de que quien las recibe no está en posición de hacer algo para recibirlas. Además, son necesarias en el sentido de que un desastre sin paliativos caerá sobre el individuo si Dios no concede tal gracia. Sin embargo, están aseguradas para dicha persona en base al amor comprometido y la lealtad de Dios hacia el individuo. Y, cuando estas misericordias llegan, tienen como resultado la liberación (v. 42). En otras palabras, el salmista invoca la gracia de Dios que trae la liberación. Y aunque esto puede significar salvación en el sentido de liberación del pecado, en este caso, la liberación la pide alguien que ya está correctamente relacionado con Dios. ¿De qué pide ser liberado? ¿Cuál es la naturaleza de esta liberación? En concreto, está suplicando a Dios que le conceda la gracia ¡que le librará de los pecadores!

Pero, ¿de dónde vendrán esa gracia y esa salvación? ¿Cómo responderá Dios a esta oración? ¿A dónde acudirá el salmista en su momento de necesidad? La respuesta viene en la frase «conforme a tu palabra» (v. 41). El término concreto utilizado aquí podría traducirse como «promesa» y centra la atención en la confianza del salmista en el compromiso de Dios de cumplir lo que ha dicho en Su Palabra. Hay diecinueve veces que aparece este término en este salmo y la mayoría de ellas ocurren en contextos en los que el salmista obtiene consuelo y fortaleza al confiar en la fidelidad de Dios para cumplir Su Palabra. Al utilizar este término en lugar de otro, el salmista indica su firme confianza en la benevolencia de Dios hacia él. El hecho de que Dios haya hecho promesas seguras es tomado por el salmista como prueba de que Dios proporcionará con seguridad los recursos necesarios para la liberación. Además, esta liberación será conforme a lo que Dios ha prometido. Esto significa que el salmista presenta una petición totalmente apropiada, dada la relación que mantiene con Dios. Puede pedir esta liberación con valentía porque las Escrituras confirman que Dios ha dicho y hecho esto por otros en situaciones similares cuando han pedido ayuda.

Basándose en lo que el salmista sabe de Dios y de su promesa, viene con confianza a implorar misericordia y liberación. Pero, ¿cuál será el resultado práctico en su vida cuando Dios responda con liberación? Cuando Dios le conceda (no si le concede) su petición, el salmista declara que tendrá una respuesta contundente para los que lo vituperan y oprimen (v. 42). En esencia, la gracia y la misericordia de Dios no solo serán fuente de liberación, sino también de fortaleza y confianza. Cuando Dios ejecute su «Palabra», entonces tendrá una «palabra» que devolver a los que lo oprimen con sus «palabras».

La escena está llena de peligros y dificultades. Este hombre de Dios ha sido atacado, maltratado y calumniado por poderosos enemigos que intentan destruirlo con sus palabras. Si se trata de Daniel, ¡podríamos pensar en la red de palabras lanzadas por sus enemigos que le llevaron al foso de los leones! Sin embargo, en respuesta a las palabras de sus enemigos, puso toda su confianza en un lugar: la Palabra de Dios. Estaba total y desesperadamente comprometido a depender del compromiso de Dios de hacer lo que Él decía en Su Palabra. Y poseer tal registro seguro era para el salmista una fuente de misericordia y una seguridad de liberación futura que entonces le daría una «palabra» (respuesta) para refutar las «palabras» de sus enemigos. El término «reproche» se refiere a la naturaleza verbal del ataque contra el hombre de Dios. El que reprocha está usando palabras para lograr sus fines destructivos. El salmista reconoce la impotencia de sus propias palabras para refutar o resistir el ataque verbal que le amenaza, por lo que se dirige a Aquel cuya Palabra tiene el poder de librarle. En el registro de esta Palabra encontrará palabras para responder adecuadamente a su enemigo.

Hasta ahora el salmista ha pedido con valentía misericordia y liberación a Dios. Ha anticipado la respuesta de Dios basándose en la naturaleza de la declaración de Dios en forma de promesa y, por lo tanto, tiene confianza en que la respuesta de Dios será conforme a Su Palabra y le proporcionará la respuesta correcta a sus enemigos. Basándose en su petición y a la luz de la respuesta anticipada de Dios, el salmista expresa ahora, en tercer lugar, su resolución espiritual de confiar en la Palabra de Dios, la Biblia.

«Pues confío en tu palabra» (v. 42) es algo más que creer en la veracidad de las afirmaciones de Dios. La confianza aquí implica seguridad o dependencia de lo que Dios ha dicho y hecho realmente, tal como está registrado en las Escrituras. Lo que esto significaba para el salmista y lo que debe significar para nosotros hoy es lo siguiente: cuando nuestra reputación o incluso nuestra vida se vean amenazadas, ¿dónde iremos en busca de protección y liberación? ¿Dónde elegiremos descansar nuestra defensa? ¿Dónde pondremos nuestra confianza? Las respuestas a estas preguntas revelan lo que realmente pensamos y creemos sobre Dios. En otras palabras, nuestra respuesta en tiempos como estos es un indicador de nuestra fe en Dios.

Y, para ayudarnos cuando nuestra fe es débil, Dios nos ha dado un registro inspirado de Su fiabilidad. Su Palabra revela Su larga y constante fidelidad para actuar con misericordia amorosa y bondad leal hacia quienquiera que Él haya entrado en una relación de compromiso. El salmista recurrió a este registro inspirado de la naturaleza de Dios y del fiel cumplimiento de su promesa cuando experimentó personalmente el peligro y la crisis. Una cosa es predicar las misericordias de Dios desde el registro del pasado a otros que viven en el presente. Otra cosa es cuando la crisis es personal y tú eres el que está siendo abrumado. Lo que realmente demuestra la fe no es hacia dónde diriges a otros que están en crisis. Lo que revela la verdadera naturaleza de tu fe es a dónde acudes en busca de ayuda, dónde decides depositar tu confianza. En esta sección de la estrofa, el salmista pudo clamar a Dios con confianza porque se apoyó en el registro inspirado de las declaraciones de Dios. Su anticipación de la respuesta de Dios se basaba directamente en su confianza en lo que Dios ya había declarado en Su Palabra.

Su confianza inquebrantable en la Palabra de Dios lo llevó a expresar una segunda súplica: una súplica de credibilidad en la vida al declarar la verdad de Dios a sus opresores. Esta súplica será el tema de la próxima edición de *Truth Talk* [Charla de la Verdad]. Por ahora, que cada uno de nosotros se apodere de esta gran verdad: ¡podemos descansar en Su Palabra! Es suficiente para toda la vida y la piedad (2 P. 1:4). Bridges, hablando de un aspecto ligeramente diferente de este texto, no obstante dirige nuestros pensamientos al poder que es nuestro cuando descansamos en el registro de Dios de Su carácter fiel para librar a aquellos que le aman y que son amados por Él.

> «Ahora, para este osado frente contra nuestros enemigos, nada se requiere más allá del alcance del hijo de Dios más débil. Ninguna santidad extraordinaria, ningún supuesto cristiano basado en su experiencia, nada sino la fe sencilla y humilde: porque confío en tu palabra. La fe hace que esta salvación sea nuestra, en toda su plenitud y poder omnipotente. Y, por lo tanto, nuestra confianza en la palabra nos hará estar "siempre preparados para presentar defensa ante todo el que les demande razón de la esperanza que hay en ustedes. Pero háganlo con mansedumbre y reverencia" (1 P. 3:15). "Ninguna arma forjada contra ti prosperará; y condenarás toda lengua que se levante contra ti en juicio. Esta es la herencia de los siervos del Señor, y su justificación procede de Mí, declara el Señor" (Is. 54:17)».

Después de suplicar a Dios gracia para declarar la Palabra de Dios con confianza en medio de sus opresores, la inquebrantable confianza del salmista en la promesa de Dios le llevó a expresar una segunda súplica: la de credibilidad en la vida al declarar la verdad de Dios ante sus opresores (vv. 43-48).

Una súplica de gracia para declarar la verdad de Dios con credibilidad (vv. 43-48)

El salmista oró para que la Palabra de Dios no le fuera quitada mientras responde a las «palabras» contra él con una «palabra» de la Palabra de Dios. La implicación de esta petición es que la Palabra de Dios podría serle quitada a través de una pérdida de credibilidad por algún acto de desobediencia o falta de fe por su parte. De ahí su compromiso de «esperar» o hacer y obedecer los mandamientos u «ordenanzas» de Dios (v. 43). De nuevo, no se trata de una súplica desesperada procedente de un corazón dubitativo. La frase «espero» es paralela a su anterior declaración de confianza en la Palabra de Dios. Destaca la confianza del salmista en que Dios cumplirá todos sus justos juicios y que, cuando lo haga, encontrará alivio.

Esta confianza en el cumplimiento de lo que Dios ha ordenado llevó al salmista a hacer algo más que simplemente afirmar la fidelidad de Dios. La confianza en la fidelidad de Dios impulsó un comportamiento fiel en el salmista (v. 44). Y la primera y principal expresión de este comportamiento fiel fue su compromiso de por vida de obedecer consistentemente la Palabra de Dios (v. 44). Al «esperar» confiadamente en los juicios de Dios, esto produjo en él una consistencia espiritual marcada por un patrón de obediencia espiritual de por vida.

Pero, ¿cuál fue el resultado de esa obediencia de por vida? Libertad en la vida. ¡Tanto en el caminar (v. 45) como en el testimonio (v. 46)! Paradójicamente, la moderación que ejerció el salmista al regirse por la obediencia a la Palabra de Dios trajo consigo libertad y desenfreno en su caminar con Dios, así como en su testimonio de Dios. Por eso, no es de extrañar que se comprometiera de nuevo a vivir dentro de las limitaciones de los preceptos de Dios (v. 45). Se trata sin duda de someterse a las «órdenes» de un superior, en este caso Dios. De hecho, la obediencia a estas órdenes o «preceptos» de Dios se convirtió en su preocupación de por vida.

El fruto de esta preocupación fue algo más que una libertad en su vida y en su caminar con Dios, fue también una libertad y valentía para declarar la Palabra de Dios a cualquiera en cualquier lugar, incluso al rey (v. 46). De nuevo, si Daniel es el autor, podemos ver cómo se desarrolló esto. Su sumisión constante y continua a la Palabra de Dios fue la ocasión utilizada contra él por las palabras malvadas de sus opresores. Pero, una Palabra de Dios cerró la boca de los leones y puso a Daniel en libertad con una «palabra» por la cual responder a sus opresores. Caminó con confianza y credibilidad ante Dios y, en consecuencia, Dios le dio a Daniel gran libertad ¡para hablar la Palabra de Dios al rey! Y lo hizo sin temor a fracasar (ni por su parte ni por la del Señor) en cumplir la Palabra de Dios.

Esa libertad sin trabas y esa confianza valiente y segura condujeron al salmista a una profunda satisfacción interior de su vida personal y a una adoración digna (v. 47-48). La Palabra de Dios que producía esta libertad se convirtió en su principal deleite. Los mandamientos de Dios y sus consiguientes obligaciones no eran una carga para él; ¡eran su deleite! Por eso anhelaba más de la Palabra de Dios. La imagen de «extender las manos» es la de extenderlas anhelando agarrar más de algo (v. 48).

Este anhelo impulsó naturalmente al salmista a meditar más a fondo sobre los mandamientos de Dios y a valorar con más ardor sus estatutos (v. 48). Esta preocupación por la Palabra de Dios tenía implicaciones para su vida. ¿Cómo tendría su vida la credibilidad necesaria para declarar con valentía la Palabra de Dios? Dicha credibilidad llegaría a medida que su vida fuera moldeada y conformada por la Palabra de Dios.

Así que esta sección trata realmente de cómo un hombre de Dios puede vivir con más confianza y libertad para Dios en medio de enemigos muy agresivos y antagónicos. Solo por la gracia de Dios puede sobrevivir y prosperar. Solo en la Palabra de Dios encontrará una respuesta oportuna y correcta. Solo en la medida en que su vida sea moldeada y conformada por la Palabra de Dios, su «palabra» será validada.

Si queremos experimentar liberación y la libertad del alma y de la vida que aquí se describen, tendremos que acudir a la misma fuente que el salmista, y tendremos que asumir un compromiso similar de obediencia personal de por vida, ¡rendida gozosamente a Dios desde un corazón que se deleita en Su Palabra! Y lo que hará que tal vida sea deliciosa es tanto un profundo amor por Dios, quien dio esta Palabra, ¡como una experiencia personal de la libertad, valentía y satisfacción espiritual que viene de tal obediencia! ¡Que el Señor nos dé esta clase de corazón para Su Palabra!

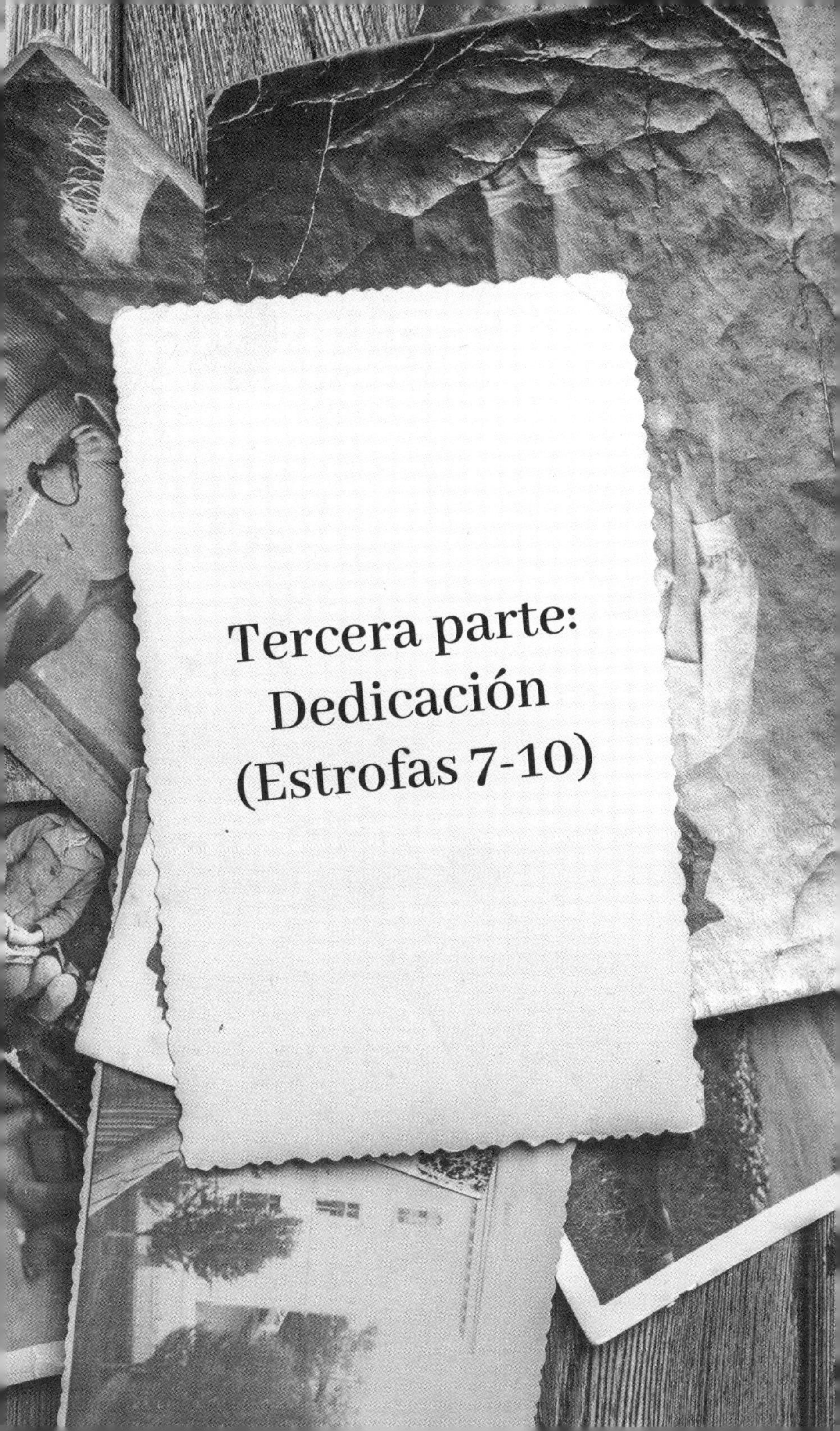

Tercera parte: Dedicación (Estrofas 7-10)

Recuerda recordar

Estrofa 7 - Versículos 49-56

Acuérdate de la palabra dada a Tu siervo,
En la cual me has hecho esperar.
Este es mi consuelo en la aflicción:
Que Tu palabra me ha vivificado.
Los soberbios me insultaron en gran manera,
Sin embargo, no me he apartado de Tu ley.
Me acuerdo de Tus ordenanzas antiguas, oh SEÑOR,
Y me consuelo.
Profunda indignación se ha apoderado de mí por causa de los impíos
Que abandonan Tu ley.
Cánticos para mí son Tus estatutos
En la casa de mi peregrinación.
Por la noche me acuerdo de Tu nombre, oh SEÑOR,
Y guardo Tu ley.
Esto se ha hecho parte de mí:
Guardar Tus preceptos.

En la estrofa anterior, el salmista aseguraba al lector que es posible vivir con confianza y coherencia ante el Señor frente a la oposición externa y a pesar de la propia inconsistencia interna del creyente. Esta perseverancia es posible gracias a la capacitación que Dios da a aquellos que humildemente piden fuerza y vida para obedecer Su ley ¡y caminar en el camino de la Palabra!

Todo creyente necesitará esta seguridad en algún momento en su intento de mantener su compromiso de caminar por el camino de la Palabra. Como recordarás, el salmista relata lo que experimentó cuando se propuso seguir este camino. En la primera estrofa, vio la bendición de Dios sobre la vida de ciertos hombres y se propuso descubrir por qué Dios los bendecía. Aprendió que esos hombres fueron bendecidos por su compromiso de observar y obedecer la ley del Señor. Y, a la luz de su ejemplo, decidió unirse a ellos en ese camino.

El secreto para caminar por la senda de la bendición divina se revela en la segunda estrofa del salmo. Estos versículos identifican ese secreto como conocer y poner en práctica la Palabra de Dios. Al permanecer en el camino y no desviarse ni a la derecha ni a la izquierda, el hombre de Dios tiene el éxito asegurado (Jos. 1:8).

Sin embargo, cuando el salmista se dispone a seguir el camino marcado en la Palabra de Dios, pronto descubre que este tipo de caminar comprometido es más fácil de decir que de hacer. Muy pronto encuentra dos grandes impedimentos que se interponen en su camino ante el Señor. En primer lugar, en la tercera estrofa encuentra la oposición y la resistencia de los que caminan por la otra senda, la senda ancha que conduce a la destrucción espiritual (Mt. 7:13). Los estatutos de Dios se convierten en objeto de su meditación y, en consecuencia, los testimonios de Dios sobre la vida, las circunstancias y los hombres se convierten en los «consejeros» que guían sus pasos en el camino.

El segundo impedimento que encuentra es su propia inconsistencia espiritual. La cuarta estrofa comienza con el hombre de Dios derribado y tendido en el polvo. Ha tropezado y se ha salido del camino y clama desesperadamente por la ayuda divina. Ha aprendido, en el polvo amargo de su propio fracaso, que no puede caminar por la senda de forma coherente con sus propias fuerzas. Necesita el poder de Dios. Y esta fuerza viene como respuesta a su oración en la estrofa cinco, donde suplica a Dios instrucción, iluminación y capacitación. Ha intentado recorrer el camino y ha fracasado. Pero incluso en el polvo, recuerda que hubo hombres que lograron recorrer el camino con éxito y por eso clama a Dios para que renueve su fuerza. Su plegaria comprende los ocho versos que componen la quinta estrofa y su anticipación de la respuesta de Dios se encuentra en la sexta estrofa.

Pero, ¿qué impedirá al salmista resbalar en el futuro? ¿Cómo le permitirá Dios vivir con confianza y coherencia ante la oposición futura o ante su propia inconsistencia espiritual? La respuesta a esta pregunta es de suma importancia para cualquiera que se tome en serio vivir para Dios y caminar por el camino de Su Palabra. Y esa respuesta es el tema de los ocho versículos que componen la séptima estrofa de este salmo. Una vez más, la respuesta está envuelta en la Palabra de Dios. Al observar los preceptos de Dios, el salmista los hace suyos (v. 56) y, al hacerlo, experimenta una renovación de fuerza, vitalidad y vida espiritual (v. 50). En resumen, el salmista pide confiadamente a Dios que se acuerde de Su palabra a Su siervo (v. 49) porque Su siervo se ha acordado de los juicios de Dios (v. 52) y de Su nombre (v. 55).

Esta estrofa gira en torno al concepto de recordar. Se apela a Dios para que recuerde y actúe en fiel cumplimiento de lo que ha dicho en su Palabra. El salmista apunta a su propio recuerdo fiel de la Palabra de Dios, así como a su recuerdo actual del carácter de Dios, como fundamento de este llamado.

Muchas veces los creyentes se encuentran en la misma situación difícil que el salmista, pero carecen de la confianza para pedirle que les recuerde Su Palabra porque no han estado viviendo de manera que se refleje algo de Él en tal situación. Tristemente este es a menudo el caso de aquellos a quienes se les ha dado la mayor oportunidad de aprovechar la Palabra de Dios. Los pastores pueden dar amplio testimonio de miembros de su rebaño que han hecho naufragar sus vidas, sus matrimonios y su ministerio porque en medio de sus crisis se han negado a «recordar» lo que

Dios ha instruido en Su Palabra. Por consiguiente, viven sus vidas en el polvo de su propio fracaso, sin experimentar nunca la bendición que viene sobre la vida de aquellos que, como el salmista, experimentan la bendición de ser «recordados» por Dios porque se han propuesto «recordarlo». Con tristeza, muchos de estos creyentes han pasado años sentados bajo la sana enseñanza de la Palabra de Dios en iglesias, escuelas cristianas o colegios bíblicos y universidades cristianas.

Es curioso que el salmista observa que Dios, de alguna manera, le ha «hecho esperar» o tener confianza en la Palabra de Dios. ¿Cómo ha provocado Dios esta confianza y en qué circunstancias?

El fundamento de la confianza del creyente (vv. 49-50)

El término hebreo «recordar» (*zakár*) significa mucho más que evocar algo. En especial esto es cierto cuando se considera que el salmista está pidiendo a un Dios omnisciente que «recuerde». Recordar es más que una función de la memoria. En el contexto de la literatura bíblica, «olvidar» y «recordar» tienen que ver con el modo en que una persona decide actuar. Uno puede «olvidar» la Palabra de Dios aun cuando cita porciones de ella de memoria. Olvidamos la Palabra de Dios al negarnos a actuar conforme a sus exigencias o al rechazar su autoridad para regir nuestras respuestas en las circunstancias de la vida. De la misma manera, «recordar» la Palabra de Dios es actuar de manera que satisfaga Sus expectativas; en otras palabras, obedecer.

En el v. 49, el salmista suplica a Dios que se acuerde de Su palabra. El término «palabra» utilizado aquí se define además en el versículo siguiente como la «promesa» que le ha dado la vida.

En otras palabras, el salmista pide a Dios que actúe según lo que ha dicho en el pasado, cumpliendo los compromisos y promesas que ha hecho a Su pueblo. La confianza segura de que Dios actuará coherentemente con Su carácter, tal como ha sido revelado en Su palabra, ha reconfortado el corazón del salmista y ha «vivificado» su alma en medio de días difíciles y oscuros. Este ha sido siempre el caso para los creyentes a través de los tiempos, nuestra confianza está basada en el compromiso de Dios de cumplir de manera continua todo lo que Él ha dicho. Su Palabra, una vez pronunciada, es siempre válida y, por tanto, funciona como fuente de fortaleza, consuelo, guía y esperanza para los peregrinos que recorren el camino de la Palabra.

La formación de la confianza del creyente (vv. 50-52)

El salmista ha clamado con una fuerte súplica, expresada casi como una exigencia, pidiendo a Dios que actúe según Su palabra. Ha obtenido vida y consuelo de su confianza en que Dios cumplirá lo que ha prometido. Pero, ¿cómo se formó esta confianza en su corazón? Es interesante que el salmista afirma que Dios causó esta confianza en él; una confianza tan fuerte que con valentía le pidió a Dios que «recordara» Sus propias promesas. Entonces, ¿cómo hizo Dios que esta confianza brotara en el corazón del salmista? La respuesta puede sorprendernos. A menudo Dios usa esas mismas cosas que nosotros tratamos de evitar con todas nuestras fuerzas, a fin de producir en nosotros una confianza inquebrantable en Él. El salmista identifica la aflicción y la adversidad como dos experiencias primarias que Dios utiliza para conducir a Su pueblo a su Palabra, de modo que puedan encontrar fuerzas para seguir caminando en el camino de la Palabra.

A través de la aflicción (v. 50)

A menudo es en el horno de la aflicción donde Dios aplica a la arcilla de nuestras vidas el esmalte permanente de la confianza en Él. Hay lecciones que solo se pueden aprender en el horno y el salmista lo afirma repetidamente en este salmo. Por ejemplo, testifica que su multitud de aflicciones (v. 107) fue buena para él porque a través de la aflicción ha llegado a aprender la fiabilidad de los estatutos de Dios (v. 71). Admite de buena gana que el principal beneficio de la aflicción es que le motiva a uno a dejar de desviarse del camino (v. 67). Señala que a veces se ha sentido abrumado por los problemas y la angustia, pero que ha encontrado estabilidad en los mandamientos de Dios (v. 143). Puede invocar con confianza a Dios para que lo sostenga y lo libre de la adversidad porque no ha rechazado la instrucción de Dios (v. 153). Por último, al final del viaje, repasando las experiencias de su vida, les recuerda a quienes lo siguen en el camino de la Palabra que nada los hará tropezar si aman la Palabra de Dios (v. 165).

Qué diferente es la experiencia de muchos creyentes contemporáneos. En tiempos de sufrimiento y aflicción, muchos se apartan del camino porque este los lleva a través de un período de sufrimiento. En lugar de andar por el camino que Dios les ha indicado, se inclinan por su propio entendimiento y se desvían por un camino cuyo final es la muerte. Por otro lado, muchos del pueblo de Dios pueden dar fe del dulce beneficio que se ha convertido en su posesión permanente porque estuvieron dispuestos a caminar con Dios en el valle, incluso cuando el camino conducía a través del horno de la aflicción.

Charles Bridges lo expresó bien en su apropiado comentario sobre este texto:

Una palabra de Dios, sellada al corazón, infunde un alivio más sensible, que mil palabras de hombres... Esto fue en verdad el fin para el cual se escribieron las Escrituras; y ellas han administrado a veces tal poder de consolación a los santos afligidos, que la tribulación casi ha dejado de ser una prueba, y la retrospectiva ha sido la fuente de un recuerdo agradecido.[25]

A través de la adversidad (v. 51)

Sin embargo, el salmista va más allá y especifica la naturaleza particular de la aflicción que está experimentando como la adversidad proveniente de los hombres malvados y orgullosos que se burlan de él (v. 51).

La gramática del texto deja claro que el salmista estaba sometido a la burla y el escarnio constantes y absolutos de hombres insolentes y arrogantes que eran completamente impíos en su perspectiva y rebeldes en su mirada hacia lo alto (v. 157). Su escarnio no se limitaba a palabras burlonas. La naturaleza de sus súplicas a lo largo del salmo indica que a veces su vida corría peligro. Por ejemplo, han cavado fosos para atraparlo y casi consiguen provocarle la muerte (vv. 85-87). Buscan activamente la manera de destruirle (v. 95) y su vida está siempre en peligro (v. 109).

¡Cuán pronto nos desvían del camino los que se burlan de Dios y desprecian Su Palabra! Se nos advierte que no escuchemos el consejo de los impíos, ni vivamos en el camino de los pecadores, y que rechacemos el lugar de los escarnecedores (Sal. 1:1-3). Sin embargo, a menudo el atractivo de este tipo de personas resulta ser casi irresistible para muchos del pueblo de Dios. Quién puede olvidar la vida de Lot que, atraído por el consejo de los impíos, vivió el estilo de vida de los malvados y fue llevado por los escarnecedores a sentarse en el escuálido asiento de los que rechazan a Dios y se burlan de Su Palabra. Tristemente, esa es la suerte de muchos creyentes contemporáneos. Y para mantenernos alejados de este asiento, Dios a menudo nos advierte permitiéndonos ver y experimentar la verdad sobre estos hombres a través de la adversidad que traen contra nosotros.

Jesús advirtió a sus seguidores que Satanás era un mentiroso y un asesino que quería matarlos y destruirlos. Él todavía odia al hombre piadoso y busca destruir su vida por medio de la adversidad de los hombres impíos. Sin embargo, si se lo permitimos, ¡Dios puede usar esta misma adversidad para hacer que nos aferremos más fuertemente al camino de obediencia revelado en Su Palabra!

Y esta obediencia leal frente a la adversidad fue el testimonio del salmista cuando afirmó su compromiso de negarse a ser desviado del camino marcado en la Palabra de Dios. Un comentarista lo expresó de esta manera: «En la olla a presión de tanta persecución, sostuvo que no se había desviado de la hoja de ruta de Yahvéh para la vida». ¿Qué lo mantuvo en el camino? Su recuerdo intencionado de las decisiones y los juicios que Dios había dictado en el pasado (v. 52). Ante el escarnio del cual era objeto por parte de orgullosos escarnecedores y arrogantes burladores de Dios, recordó el destino de tales hombres en días anteriores al suyo. Tal vez recordaba la suerte de los que se burlaron de Noé y fueron arrastrados por el juicio devastador que Dios envió con el diluvio. O tal vez recordó el ardiente destino de aquellos malvados que se enfrentaron a Lot y a los mensajeros angelicales. O tal vez recordó la aflicción y vindicación de José.

Al recordar las decisiones justas tomadas por un Dios todopoderoso, ¡el salmista fortaleció su propia determinación de contarse entre los justos! Seguramente se haría eco de las palabras que inspiraría, cientos de años después de su época, un compañero de camino que dijo: «*El Señor, pues, sabe rescatar de tentación a los piadosos, y reservar a los injustos bajo castigo para el día del juicio»* (2 P. 2:9).

La manifestación de la confianza del creyente (vv. 53-55)

¿Cómo se manifiestan en la vida diaria la confianza en Dios y el compromiso con el camino? ¿Cuáles son las señales de que un peregrino no ha perdido el rumbo en la aflicción ni se ha desviado del camino debido a la adversidad?

Rechazo enérgico de los hombres impíos y su maldad (v. 53)

La primera manifestación que un peregrino hace de su confianza en Dios es su respuesta a aquellos que se han puesto en contra de Dios y a aquellos que se han puesto en contra de quienes se han comprometido a caminar obedientemente ante Él. La terminología que emplea el salmista es instructiva. En primer lugar, describe su respuesta como una furia ardiente que se ha encendido en su alma. Y el motivo de su furia apasionada no es por lo que se ha hecho contra él, sino por lo que se ha hecho contra Dios y Sus leyes. Los objetos de su justa indignación son hombres a los que describe como criminales. Su crimen fue abandonar la ley de Dios. Esto proporciona una visión muy interesante del carácter de estos hombres (no eran paganos que nunca habían entendido o poseído la ley de Dios).

El termino «abandonar» implica que en un tiempo poseyeron esta ley y ellos mismos fueron puestos inicialmente en el camino. Sin embargo, su arrogancia y corazón rebelde los llevó a rechazar la instruccion de Dios (ley o «Torá») de como Él quería que los hombres caminaran. Y este rechazo fue criminal, ya que alejó a estos hombres del camino de la Palabra de Dios hacia su propio camino, un camino de maldad. Con tristeza, este ha sido el destino de muchos peregrinos que empezaron en el camino correcto pero se negaron a separarse de aquellos que eran desobedientes a la instrucción que Dios les había dado. El testimonio de las Escrituras es claro al respecto. La tolerancia con los peregrinos desobedientes lleva a aceptar sus consejos y, en poco tiempo, a apartarse del camino para unirse a ellos en su caminar desobediente.

El salmista no deja lugar a dudas sobre su lealtad. Le invade una ardiente indignación por la razón correcta: la ley de Dios ha sido quebrantada. A menudo nos llenamos de indignación cuando otro peca contra nosotros. Pero esto no le ocurría al salmista. Estaba enfadado de la manera correcta y por la razón correcta. Con claridad, él era un ejemplo temprano de una instrucción mucho más tardía de Pablo, quien nos ordenó: *«Enójense, pero no pequen; no se ponga el sol sobre su enojo, ni den oportunidad al diablo»* (Ef. 4:26-27).

Un regocijo personal en la Palabra de Dios (v. 54)

El salmista no solo manifiesta confianza en la Palabra de Dios por su respuesta a los que han desobedecido la ley que Dios les había dado, sino que manifiesta su confianza por una segunda respuesta: un regocijo personal en la Palabra de Dios. Está manifiestamente disgustado porque se desprecian las leyes de Dios; pero en medio de esta flagrante maldad tiene una posesión inestimable que deleita a su hombre interior. Como un peregrino en tierra extranjera se regocija en las posesiones que lleva de su tierra natal, así el salmista se regocija en los estatutos de Dios mientras pasa su estancia en una tierra lejana.

En su excelente obra sobre este pasaje, George Zemek observó que «no se trataba de cantos fúnebres ni de un repertorio melancólico... eran "canciones de júbilo". El hijo de Dios tiene a su disposición los recursos divinos que le permiten alabar incluso desde las fosas de la persecución y el peligro».[26]

En una canción anterior sobre la Escritura, el salmista hace eco de este sentimiento al regocijarse en la dulzura y preciosidad de la Palabra de Dios cuando exclama: *«Deseables más que el oro; sí, más que mucho oro fino, más dulces que la miel y que el destilar del panal. Además, Tu siervo es amonestado por ellos; en guardarlos hay gran recompensa»* (Sal. 19:10-11).

Un recuerdo presente de los caminos de Dios (v. 55)

Su confianza en Dios no solo se ha manifestado en su respuesta a los que transgreden las leyes de Dios y en su deleite en las declaraciones o estatutos permanentes y duraderos de Dios, sino que se manifiesta en una tercera respuesta: un recuerdo presente del carácter de Dios.

El salmista observa su práctica intencionada de meditar en el nombre de Dios por la noche, cuando la oscuridad cae y nubla su visión. Es entonces cuando dirige sus pensamientos al carácter de Dios. El concepto hebreo de «nombre» hace referencia al carácter de una persona tal como se expresa de palabra y obra. Habiendo expresado ya su compromiso de recordar las Palabras de Dios (v. 52), el salmista afirma ahora su compromiso de recordar los caminos de Dios que brotan de su naturaleza. ¿Cómo es Dios? ¿Cómo actúa? ¿Cuáles son sus caminos? ¿Qué es aceptable ante sus ojos? Todo esto y más eran los temas que el salmista pensaba en la noche.

El escritor de Proverbios recuerda a sus lectores que *«como piensa dentro de sí [el hombre], así es él [...] su corazón no está contigo»*

(Pr. 23:7). Y aquí se nos da una idea de lo que el salmista pensaba en su corazón. No se trataba de una pérdida de tiempo ociosa, sino de la concentración intencionada de su mente para reflexionar sobre lo que sabía por las Escrituras acerca del carácter y los caminos de Dios, por cuya senda se había comprometido a caminar.

Y porque conocía a Dios íntimamente y entendía Sus caminos, se comprometió a seguir las instrucciones de Dios en su caminar diario. Su meditación producía más que un mero entendimiento mental, producía una forma de vida. Y recordar significaba más que comprometer la memoria, significaba comprometer la voluntad para producir una conducta obediente día a día, sin importar cuán difícil fuera el camino, cuán oscuro o cuán fuerte fuera la oposición. No importaba lo que encontrara en el camino, la meditación del salmista sobre el carácter de Dios le llevaba a guardar la ley de Dios incluso cuando no podía ver el final. Verdaderamente su deleite estaba en la ley del Señor y meditar en esta ley creó un deleite y comprensión del Señor que dio la ley. Como consecuencia, su vida era un árbol fructífero y estable plantado profundamente en la tierra cuyas raíces eran regadas diariamente por la Palabra. Así pudo decir: «Guardo tu ley».

La permanencia de la confianza del creyente (v. 56)

«¡Esto se ha hecho parte de mí: Guardar tus preceptos». Esta es una declaración asombrosa que resume una súplica ferviente pidiendo a Dios que cumpla Su Palabra al salmista (v. 49). Pero, ¿qué es exactamente lo que ha llegado a ser del salmista y cómo ha llegado a poseerlo? De las muchas interpretaciones posibles, quizás la que tiene mejor sentido contextual es esta: el salmista ha llegado a poseer la capacidad de entender y obedecer la Palabra de Dios a diario. El resultado de su meditación sobre el carácter de Dios se tradujo en una comprensión y un cumplimiento de la instrucción de Dios (Torá). Y esto se ha convertido en su posesión permanente. En otras palabras, la falta de coherencia que lo puso en el polvo (v. 25) ha sido resuelta y removida por Dios y el salmista ha sido capacitado por Dios para vivir una vida de obediencia espiritual y consistente en conformidad con los caminos de Dios y en obediencia a la Palabra de Dios. Él puede hacer esto de manera continua frente a la aflicción y la adversidad sin importar cuán oscuro y difícil pueda parecer el camino ante él.

Pero ¿qué produjo esta habilitación divina de Dios? ¿Cómo recibió tan maravillosa bendición de Dios? Su respuesta está en la última frase de la estrofa: «Porque guardé tus mandamientos» (RVR1960). En otras palabras, la obediencia fiel a las instrucciones de Dios, cuando el camino es duro y la senda oscura, es difícil. Sin embargo, cuando un hombre confía en las instrucciones de Dios y las cumple, su recompensa es que Dios le capacita para obedecer aún con más constancia. En otras palabras, Dios recompensa la obediencia al permitir más obediencia.

Tal vez por eso tantos se apartan del camino. La adversidad y la aflicción que Dios les envía para conducirlos a Su Palabra les exige implicitamente que confíen en Dios y le obedezcan ciegamente. Cuando lo hacen, descubren que Él es digno de confianza y que Su Palabra es confiable, por lo que pueden avanzar con mayor agilidad y seguridad. Y esto ocurre cuando uno recuerda la fidelidad de Dios en el pasado durante la crisis presente para poder avanzar en el futuro. Del mismo modo, dudar de Dios hoy llevará a una mayor incapacidad para obedecer a Dios en el futuro. Pequeñas libertades y desobediencias hoy resultan en desviaciones devastadoras en el camino de la vida.

Pero ¿por qué hace esto Dios? ¿Por qué retrasa Su promesa y pone a Sus peregrinos en un lugar donde deben confiar y obedecer y clamar para recordarle que «recuerde Su Palabra a Sus siervos?».

Aunque, en este lado de la gloria, nunca responderemos a esta pregunta de manera totalmente satisfactoria, sabemos que un retraso por parte de Dios no se debe a debilidad, olvido o desinterés por Su parte. Hay razones y ciertos pasajes que proporcionan una visión parcial de por qué Dios retrasa el cumplimiento y la liberación de Su pueblo. Sin duda, el salmista conocía uno de esos pasajes. Moisés recordó al pueblo: *«Y te acordarás de todo el camino por donde el SEÑOR tu Dios te ha traído por el desierto durante estos cuarenta años, para humillarte, probándote, a fin de saber lo que había en tu corazón, si guardarías o no Sus mandamientos. Él te humilló, y te dejó tener hambre, y te alimentó con el maná que tú no conocías, ni tus padres habían conocido, para hacerte entender que el hombre no solo vive de pan, sino que vive de todo lo que procede de la boca del SEÑOR»* (Dt. 8:2-3).

Tal vez la razón por la que tantos de nosotros nunca vemos el pleno cumplimiento de lo que Dios ha prometido es por nuestra terrible falta de familiaridad con la Palabra de Dios que revela al Dios de la Palabra. Es sencillo, ¡Dios no se acuerda de los que no se acuerdan de Él! Y acordarse de Dios exige un compromiso ferviente y persistente de amar, aprender y vivir la voluntad de Dios revelada en Su Palabra. Y cuando nos decidamos a hacerlo, podremos decir con el salmista: ***«Esto se ha hecho parte de mí».***

El Señor es mi porción

Estrofa 8 - Versículos 57-64

El Señor es mi porción;
He prometido guardar Tus palabras.
Supliqué Tu favor con todo mi corazón;
Ten piedad de mí conforme a Tu promesa.
Consideré mis caminos,
Y volví mis pasos a Tus testimonios.
Me apresuré y no me tardé
En guardar Tus mandamientos.
Los lazos de los impíos me han rodeado,
Pero no me he olvidado de Tu ley.
A medianoche me levantaré para dar gracias a Ti
Por Tus justas ordenanzas.
Compañero soy de todos los que te temen,
Y de los que guardan Tus preceptos.
La tierra, oh Señor, está llena de Tu misericordia;
Enséñame Tus estatutos.

En la primera estrofa, el salmista declara su determinación de vivir una vida comprometida y coherente en obediencia a la Palabra de Dios. En la segunda estrofa, identifica aquello que guiaría sus pasos por el camino de la bendición: la Palabra de Dios. Sin embargo, al seguir sus pasos a través de las siguientes estrofas, aprendimos que caminar por el camino de la Palabra es más fácil de decir que de hacer. El salmista se enfrentó a la oposición externa de aquellos que caminan en contra de la Palabra, así como al fracaso interno de vivir coherente y obedientemente en el camino debido a las debilidades de su propia naturaleza pecaminosa. Tal vez lo más aleccionador de todo es que las aflicciones que amenazaban con apartar al salmista del camino que había elegido, hacían parecer que incluso Dios había conspirado contra él para frustrar sus esfuerzos por caminar en el camino de la Palabra.

¿Qué mantendría al hombre de Dios en el camino de la Palabra? En el centro de esta pregunta aguda está el tema de la fe. ¿Creería el salmista a Dios basándose únicamente en Su Palabra, a pesar de todo lo que pareciera ser contrario; o viviría nuestro salmista solo por lo que podía ver? La respuesta a esta pregunta determinó todo en su vida y estableció la dirección de su futuro camino.

Su decisión y determinación de caminar por este camino serían puestas a prueba desde todas las direcciones. Sería puesta a prueba por la oposición externa, la debilidad interna e incluso la aflicción divinamente permitida. No solo se pondrían a prueba su decisión y determinación, sino que quedarían expuestas en todas las circunstancias imaginables de la vida en beneficio del lector que, del mismo modo, eligiera caminar por ese mismo sendero. Por último, este salmo recuerda al lector que este compromiso es necesario para toda la vida (para todos los días y en todos los caminos) y no solo para una temporada conveniente de la vida.

En el versículo final de la estrofa anterior (v. 56), el salmista daba testimonio de que, a pesar de los obstáculos encontrados en el camino, seguía comprometido con la senda y, de hecho, caminaba obedientemente ante el Señor. ¡Su deseo se había hecho realidad!

Recorrer el camino de la Palabra es realmente una larga caminata en la dirección correcta. Pero ¿qué hay al final de este difícil camino? ¿Cuál es su recompensa? La octava estrofa revela la recompensa: el Señor es la porción de todos los que andan por este camino. El hombre no solo encontrará bendiciones en el camino, sino que disfrutará de un acceso íntimo y personal a la fuente de esas bendiciones, el Señor mismo. Esta es la bendición que motivó por primera vez a nuestro salmista a emprender el camino. Es por esto que aquellos hombres que primero llamaron su atención podían ser llamados «bienaventurados».

Mientras el salmista contempla lo que Dios ha hecho por él al responder a su oración de iluminación y capacitación en la quinta estrofa, se regocija en lo que ha llegado a comprender: que el Señor es su porción. Esta comprensión lo cambió todo para el salmista. Estableció el estado de ánimo para su continuo viaje como un compromiso confiado para obedecer ante la prueba. Antes había prometido obedecer, pero había fracasado de alguna manera. Ahora, con la sabiduría obtenida de ese fracaso, ha experimentado tanto el perdón como la capacitación del Señor y de nuevo ha sido probado de algún modo. Pero esta vez da testimonio agradecido de haber permanecido fiel al camino de la Palabra. Su testimonio en esta estrofa se desarrolla a lo largo de cuatro líneas distintas.

Su porción es el Señor (vv. 57-58)

El Señor es mi porción;
He prometido guardar Tus palabras.
Supliqué Tu favor con todo mi corazón;
Ten piedad de mí conforme a Tu promesa.

Es curioso que nada ha cambiado circunstancialmente para el salmista. En su camino se enfrenta al mismo tipo de persecución que antes (véase la estrofa dos). Sin embargo, internamente, ¡todo ha cambiado! Quizá el cambio más llamativo sea su concepto de plenitud o bendición. Ahora su perspectiva de lo que constituye la bendición ha pasado de las posesiones, la provisión y la protección al Señor mismo, quien es la plena sustancia y el contenido de su bendición. ¡Dios se convierte en su premio final!

Su premio (v. 57)

En la declaración inicial de esta estrofa él expresa la sustancia de todo su deseo: «El SEÑOR es mi porción». ¡Tú eres mi porción! Esta afirmación está redactada en una fórmula levítica conocida por los lectores originales de este salmo. Moisés registró que Dios había dado a cada tribu una porción específica de la Tierra Prometida antes de que entraran a poseerla. A cada familia dentro de la tribu se le asignó una parte personal de esta porción que permaneció como herencia de esa familia para siempre. Sin embargo, la tribu sacerdotal de Leví no recibió ninguna asignación de tierra. En su lugar, Dios mismo sería su porción. A primera vista parecía que esta tribu no recibiría nada, pero en realidad, de entre todas las tribus, recibieron la porción más valiosa. En esencia, cuando el Señor fue su porción, recibieron todo.

El significado de tener una «porción» era que el sustento y la riqueza de uno provenían en su mayor parte de lo que podía producir o cultivar en su porción de tierra. El uso que se le diera a su porción generaba los ingresos, posesiones, riqueza y estatus. Sin embargo, la tribu que no recibía ninguna porción terrenal recibía en cambio al Señor que había dado las porciones. Él era su porción especial y todas sus necesidades serían suplidas directamente por Él. Y, la bendición que vendría de Él excedería por mucho cualquier bendición terrenal derivada de un pedazo de tierra. En otras palabras, aunque uno pareciera no tener nada, ¡poseer al Señor era tenerlo todo! Aquí el salmista ha llegado a comprender esta increíble verdad y está dando tanto afirmación como testimonio de que el Señor es la suma total de todo lo que posee. En esta porción, echará la suerte de su vida.

Por eso, mira hacia atrás y reafirma su promesa inicial de la primera estrofa: «He prometido guardar Tus palabras». A la luz de lo que el salmista sabe ahora, señala su promesa pasada de guardar todas las declaraciones divinas (palabras), ya sean mandamientos, estatutos, ordenanzas, preceptos, testimonios o juicios. Resulta interesante que en el resto de la estrofa se utilizan casi todos los términos para referirse a la Palabra de Dios que aparecen en este salmo.

Y, su obediencia prometida sigue siendo incondicional. No le ha puesto condiciones ni expectativas a su obediencia. Su obediencia fluye de su comprensión de que se le ha dado la mayor bendición imaginable. ¿Qué bendición podría dar Dios en el futuro que fuera mayor que la que ya había dado al salmista? La bendición de tener a Dios como su porción en el presente es la motivación última para su andar obediente. En otras palabras, el salmista no obedece para obtener al Señor como su porción, sino porque ya posee al Señor como su porción. La motivación de su vida recta es la gratitud más que la compensación.

Su búsqueda (v. 58)

Puesto que Dios es todo lo que el salmista necesita y quiere, Su Palabra es muy importante. Y la razón para guardar la Palabra no es meramente para ganar alguna bendición o provisión terrenal, sino más bien para experimentar una intimidad personal con el Señor que es su posesión. ¿De qué sirve tener este gran privilegio si el Señor no está disponible o accesible a nivel personal? El salmista habla de su ferviente búsqueda del rostro de Dios. El término «favor» es el término hebreo para rostro y habla de la ferviente búsqueda del hombre de Dios por estar en la presencia del Señor y experimentar el amor leal de Dios (*hesed*).

Pero ¿qué le da a nuestro salmista una confianza tan determinada? En definitiva, no sus circunstancias actuales, las cuales llevarían a un hombre corriente a concluir que Dios ha apartado su rostro. Sin embargo, el salmista mira más allá de sus circunstancias que son su suerte temporal a la porción que se le ha dado eternamente y saca una conclusión importante. El Señor, que es su porción, le ha hecho promesas en Su Palabra. Y puede confiar en estas promesas para vivir en el presente, por muy sombrías que sean las circunstancias. Dado que las circunstancias son de hecho tan sombrías, el salmista apela con valentía a Aquel que es su porción para que en amor leal actúe con misericordia hacia Su siervo en la medida plena de lo que Él ha prometido en Su Palabra a aquellos que han prometido guardar Sus palabras.

Un comentarista observó: «Así, en los primeros versos de la estrofa, el salmista nos hace partícipes de sus reflexiones privadas y de las conclusiones que ha sacado de ellas. Pero sus reflexiones deben producir acción, y eso es lo que sigue».

Su práctica es la obediencia (vv. 57-61, 63)

El SEÑOR es mi porción;
He prometido guardar Tus palabras.
Supliqué Tu favor con todo mi corazón;
Ten piedad de mí conforme a Tu promesa.
Consideré mis caminos,
Y volví mis pasos a Tus testimonios.
Me apresuré y no me tardé
En guardar Tus mandamientos.
Los lazos de los impíos me han rodeado,
Pero no me he olvidado de Tu ley.

Su compromiso (v. 57b)

A la luz de su gozosa proclamación al Señor, el salmista se apresura a relatar su promesa personal de obedecer todo lo que Dios ha dicho. El lenguaje que utiliza indica que su deseo del favor de Dios se basa en su compromiso personal de complacer al Señor cuyo favor busca. Su compromiso es personal y permanente. Ha dado su propia palabra sobre las palabras de Dios. Y la promesa que hizo estaba destinada a ser el patrón permanente de su vida. Su expresión «he prometido» emplea un verbo en tiempo perfecto que indica que esta promesa es un asunto establecido en su vida.

No solo ha prometido personalmente obediencia permanente, sino que también ha prometido obediencia absoluta (plena) a todas las palabras de Dios. El término «palabras» (v. 57) es plural y se refiere a todos los diferentes aspectos de la Palabra revelada de Dios. Sea precepto, declaración, testimonio, estatuto, mandato, testimonio, promesa o Torá, el salmista vuelve a expresar su compromiso permanente de obedecer plenamente todo lo que Dios ha dicho. Pero, como hemos visto, el deseo de obedecer es una cosa; obedecer en realidad es otra totalmente distinta. La obediencia deseada debe convertirse en obediencia cumplida, y esto exigirá toda su atención. A la luz de su deseo de recibir y experimentar plenamente el favor prometido de Dios, el salmista determina buscar una obediencia de por vida con todo su corazón (v. 58). Pero ¿qué requerirá tal obediencia?

Su reflexión (v. 59)

En los versículos iniciales de esta estrofa (vv. 57-58), el salmista nos introduce en sus reflexiones privadas y en las conclusiones que ha sacado de ellas. Ha reflexionado sobre el carácter y las promesas de Dios, lo que lo ha llevado a considerar cuidadosamente sus propios caminos. En otras palabras, la obediencia a la que el salmista se ha comprometido ha surgido de una consideración cuidadosa e intencionada. Es una obediencia bien pensada. Una interpretación literal del texto expresa la idea de un camino planeado con sumo cuidado. A la luz de su consideración cuidadosa, el salmista ha dirigido sus pasos hacia los testimonios de Dios. Lo que Dios ha dicho sobre la vida guía ahora los pasos de Su siervo. Su obediencia no solo es cuidadosa e intencionada, sino también inmediata. Una vez que ha reconocido y comprendido los mandamientos de Dios, responde al instante, sin demora.

El término «no me tardé» evoca un antiguo recuerdo de otro peregrino en el camino, cuya falta de respuesta cuidadosa e inmediata a la voluntad revelada de Dios condujo a la devastación y a la desgracia. Lot se demoró y retrasó su salida de Sodoma hasta que por fin rindió obediencia a regañadientes a los ángeles enviados para rescatarlo de la inminente ira de Dios. No es el caso del salmista. Él se apresuró y no se demoró en dar obediencia cuidadosa e inmediata a lo que Dios le había ordenado. Y finalmente, su obediencia fue probada con éxito en el horno de la aflicción y la persecución (v. 61).

El salmista está demasiado familiarizado con las numerosas trampas que le tienden los enemigos que le rodean. Ya los había encontrado en su camino y ahora los encuentra aquí. ¿Cómo respondería? ¿Tomaría represalias? ¿Huiría de ellos con miedo? ¿A qué recurriría? He aquí su respuesta contundente: «No me he olvidado Tu ley». El término «ley» aquí es la palabra «*torá*», que habla de la naturaleza instructiva de la Palabra de Dios. ¿Qué le permitirá al salmista reconocer y evitar las trampas y los lazos que han sido astutamente tendidos para su destrucción? La Torá de Dios le instruirá y le guiará con seguridad a través del peligro. La revelación de Dios traerá libertad en un lugar peligroso para aquellos que reciban y presten atención a la instrucción que proporciona. Por otra parte, quienes rechacen su consejo quedarán atrapados y enredados por el mal. El salmista ha considerado con diligencia los testimonios de Dios y ha prestado obediencia a la Palabra de Dios de manera cuidadosa, inmediata y probada. Su obediencia lo ha conducido a un lugar donde se encuentra con peregrinos afines que van en la misma dirección mientras recorren el camino de la Palabra.

Sus compañeros (v. 63)

Por primera vez en el salmo se nos presenta a otros que recorren el camino que el salmista ha elegido. Describe a estas personas como «comapañeros» unidos a él en una causa común mientras recorren juntos el camino. ¿Quiénes son estos «compañeros fieles» y qué criterios utiliza el salmista para evaluar con quién se unirá en yugo mientras recorre el camino? Sus compañeros son los que temen a Dios. Temer a Dios comienza con una comprensión correcta de la naturaleza de Dios, que lleva a darle a Dios el lugar que le corresponde en la vida. Sin embargo, el salmista tiene un medio para validar y verificar la afirmación de una persona que dice temer a Dios. Tal persona guardará diligente y consistentemente los preceptos de Dios. El temor a Dios se verifica por la fidelidad a lo que Dios ha declarado como Su voluntad clara y permanente. Siglos más tarde, Jesús desenmascararía las falsas afirmaciones de aquellos que le llamaban «Señor» pero que no tenían ningún interés en hacer lo que Él había ordenado.

La obediencia caracteriza la vida de cualquier persona que de verdad teme a Dios. Andar por el camino de la Palabra es, en última instancia, un andar obediente. Aunque es importante recordar que la obediencia no produce el temor de Dios ni es su fuente, ciertamente es su resultado y por lo tanto es la evidencia segura de que el temor de Dios está realmente presente en la vida de una persona. Al igual que el salmista, debemos buscar con cuidado a tales personas y unirnos a ellas en el camino. Bridges lo expresa de la siguiente manera en su comentario a este salmo:

> *Las llamadas del deber, o las indicaciones de la providencia, pueden, en efecto, relacionarnos inevitablemente con aquellos que «no tienen temor de Dios delante sus ojos». Tampoco debemos rechazarlos, adoptando religiosamente un hábito hosco o descortés (1 P. 3.8). Pero tales hombres, cualesquiera sean sus atractivos, no serán los compañeros de nuestra elección. El compañerismo con ellos es «quitar el antiguo límite»; olvidar las amplias líneas de separación entre nosotros y ellos; y aventurarse en la atmósfera más peligrosa.*

Su promesa de agradecimiento (v. 62)

A medianoche me levantaré para darte gracias a Ti
Por tus justos juicios.

Las circunstancias y el contexto de Su promesa

Mientras el salmista reflexiona sobre su camino y reconoce la difícil senda que tiene por delante debido a la aflicción que los hombres malvados están decididos a traerle, se compromete a levantarse por la noche y alabar agradecido a Dios. En lugar de levantarse por la noche por preocupación, miedo o incluso desesperación, se compromete a utilizar esas ocasiones como una oportunidad para expresar su agradecimiento confiado a Dios por guiarle con seguridad en el camino. Esto recuerda a cada lector que el camino recto no siempre será un camino fácil de recorrer. De hecho, habrá muchas ocasiones en el camino en las que uno se despertará por la noche a causa de la dificultad o el dolor de la aflicción. Esta será la «porción» o suerte de todo peregrino en alguna etapa de su viaje. ¿Cuál será su respuesta en esas ocasiones difíciles? Dará gracias y alabará a Dios, quien ha dirigido sus pasos hacia ese lugar difícil. También conviene señalar que el salmista asume este compromiso antes de encontrarse con esos momentos difíciles. En medio de la prueba no es el momento de formular un plan de respuesta. Esos planes deben trazarse con mucha antelación. Que todo peregrino se comprometa, firme y decidido, a dar gracias y responder con alabanzas a Dios cuando encuentre dificultades y aflicción en su camino por la Palabra. Tales promesas no se basan en especulaciones vacías, sino que están fundadas y establecidas en el carácter justo de Dios.

El contenido y la causa de Su promesa

¿En qué se basó el salmista para comprometerse a alabar con agradecimiento a Dios en medio de la dificultad? En pocas palabras, en el historial establecido de Dios de hacer juicios o tomar decisiones justas. Mientras estaba afligido por los actos injustos de los hombres en la tierra, el salmista miró el registro divino de los tratos perfectos y justos de Dios con los hombres en la tierra y lo que vio produjo una alabanza confiada y agradecida. Los tratos de Dios con los hombres nunca son injustos o imprudentes y esto ayuda al salmista a poner sus propias experiencias en la perspectiva adecuada de Dios, que es su porción. Circunstancias que de otro modo serían motivo de temor y queja, ahora se ven como oportunidades para celebrar la fidelidad de Dios en toda la vida, incluso en las partes más oscuras del camino.

Su oración de instrucción (v. 64)

La tierra, oh SEÑOR, está llena de Tu misericordia;
Enséñame Tus estatutos.

Su comprensión

¿Qué ha aprendido el salmista en sus reflexiones? Ha aprendido a mirar su suerte terrenal con nuevos ojos. Puesto que el Señor es su porción, toda la tierra está llena de pruebas de la misericordia de Dios. Y puesto que él ha pedido a Dios esta misericordia (v. 58), Dios le ha dado una tierra llena de pruebas de que esa misericordia es suya. La lluvia que cae sobre justos e injustos es una prueba de la misericordia de Dios. Toda la naturaleza proclama la gloriosa misericordia de Dios sobre los hombres que no la merecen. El salmista está rodeado de hombres que le persiguen porque desprecian a Dios y, sin embargo, la respuesta de Dios es seguir dejándoles vivir y disfrutar del calor del sol, ser refrescados por la brisa, comer del fruto de la tierra, ser refrescados por la lluvia y un sinfín de otras misericordias demasiado numerosas para nombrarlas. Bridges nos recuerda de manera gráfica que «¡el salmista ve evidencia de la plenitud de la misericordia de Dios dondequiera que mira! Toda la tierra está llena de ella. El cuerpo del hombre funciona gracias a ella. ¡Debido a esa misericordia, Dios no lo consume cuando usa ese cuerpo para desobedecer a Dios!». Además, ¡estas misericordias son nuevas y frescas cada mañana! Cuando el salmista acudió a Dios en busca de misericordia, ¡acudió a la fuente correcta!

Sin embargo, la mayoría de los peregrinos no ven la vida de esta manera. Sus ojos no ven la increíble riqueza que es suya cuando el Señor es su porción. De hecho, muchos peregrinos cambiarían con gusto esta porción por una suerte terrenal más tangible. Muchos peregrinos repiten el error de Esaú y cambian su porción por un tazón de guiso terrenal.

¿Qué evitará que el hombre de Dios cometa este error cuando el camino es oscuro y su porción parece tan estéril a los ojos terrenales? Solo una cosa: la instrucción divina.

Su petición

El salmista ha reconocido su verdadero tesoro en la porción que se le ha dado. Pero también ha reconocido su tendencia a perder de vista el verdadero valor de su porción sin la instrucción divina. Para ver la vida de esta manera y experimentar la misericordia leal de Dios en lugar de la trampa de los malvados, requerirá la guía divina para instruir sus pies, y es por esto que clama: «Enséñame Tus estatutos». «Enséñame» ha sido una petición reiterada del salmista y debe ser también nuestra petición reiterada. Y la materia que el salmista deseaba que le enseñaran eran las declaraciones permanentes de Dios. Dios ha establecido Su voluntad y Sus caminos en declaraciones permanentes e inalterables y ha puesto a disposición esta valiosa instrucción en la revelación inspirada.

El salmista pide algo más que la posesión de la revelación; pide comprensión y esta comprensión solo llega cuando Dios mismo enseña a su siervo fiel que se esfuerza por caminar obedeciendo a la revelación que ya posee.

Tú y yo somos peregrinos en este mismo camino. Nosotros también podemos decir: «¡El Señor es nuestra porción!». Pero, ¿te parece a veces esa porción demasiado pequeña, demasiado escaza? ¿No satisface tu corazón? Cuando no valoramos nuestra porción o la despreciamos por estar demasiado orientada a lo «celestial» como para ser de algún bien «terrenal», estamos perdidos antes de empezar. ¿Qué abrirá nuestros ojos a nuestra verdadera riqueza? ¿Qué nos hará ver más allá de la dificultad inmediata de nuestras circunstancias a nuestro verdadero estado como poseedores y herederos de Dios? La tierra misma, vista desde la perspectiva de Dios, no es más que una evidencia de la misericordia que buscamos. Está llena de misericordia divina por todas partes: una abundancia de misericordia cae de cada montaña y fluye hasta el valle más bajo. Veríamos que esta misericordia es nuestra si tuviéramos ojos para ver y oídos para escuchar la instrucción que Dios ha puesto en Su Palabra. Haríamos bien en meditar sobre la conclusión de Bridges a esta estrofa:

> *¿Hemos oído hablar de esta misericordia de Dios? ¿Y sentimos la necesidad de ella para nosotros; para cada momento? Entonces dirijámonos al trono de la gracia en la forma libre y abierta de aceptación y acceso. Al que a mí viene, no le echo fuera (Jn. 6:37).*[27]

Dios es grande... ¡Dios es bueno!

Estrofa 9 - Versículos 65-72

Bien has obrado con Tu siervo,
Oh SEÑOR, conforme a Tu palabra.
Enséñame buen juicio y conocimiento,
Pues creo en Tus mandamientos.
Antes que fuera afligido, yo me descarrié,
Pero ahora guardo Tu palabra.
Bueno eres Tú, y bienhechor;
Enséñame Tus estatutos.
Los soberbios han forjado mentira contra mí,
Pero de todo corazón guardaré Tus preceptos.
Su corazón está cubierto de grasa,
Pero yo me deleito en Tu ley.
Bueno es para mí ser afligido,
Para que aprenda Tus estatutos.
Mejor es para mí la ley de Tu boca
Que millares de monedas de oro y de plata.

Desde la infancia conocemos las consabidas palabras de la oración a la hora de comer: «Dios es grande, Dios es bueno, ahora le damos gracias por esta comida». Pronunciar estas palabras cuando comemos es una cosa… creer esas verdades fuera de la mesa es algo totalmente distinto. En especial cuando Dios nos pone delante el alimento de la aflicción y la tribulación. En ese momento parece imposible ser agradecido. Pero nuestra dificultad va mucho más allá de nuestra incapacidad para dar gracias a Dios por las cosas difíciles de la vida. Durante esos momentos, a menudo nos encontramos cuestionando si Dios es bueno.

Durante sesenta y cuatro versículos hemos seguido los pasos del salmista por el camino de la Palabra. Y sabemos adónde le han llevado esos pasos. Nos ha dado acceso a lo más íntimo de su vida y nos ha hecho partícipes de sus pensamientos privados a lo largo del camino. Lo vimos soportar la carga de la aflicción y la opresión. Lo encontramos en el polvo del fracaso personal. Nos unimos a él en la casa del dolor mientras comía el pan de los dolores y lo regaba con el vino amargo de la aflicción. En todo esto se aferró tenazmente a su voto de caminar en obediencia por el camino de la Palabra de Dios (vv. 5-8). Como Job, no ha acusado a Dios de manera absurda ni ha pecado con los labios.

En la novena estrofa, el salmista está bien encaminado, casi en la mitad del testimonio de su viaje. Aquí está la sustancia de ese testimonio: *«Bien has obrado con tu siervo»*. Esta es la perspectiva de un peregrino experimentado que conoce bien la dificultad del camino, así como sus delicias. Y cuando se detiene a contar a los que están considerando iniciar el camino, da testimonio de que ha experimentado el «bien» de la mano de un Dios bueno.

Pero ¿cómo puede ser esto cierto? ¿Son solo palabras valientes pronunciadas desde el corazón de un peregrino valiente que sabe que Dios es bueno aunque no haya experimentado personalmente esa bondad? ¿Lo dice para no desanimar a los peregrinos que le siguen en el camino? ¿O ha experimentado realmente el «bien» de Dios? Los ocho versos de esta estrofa son su testimonio personal de que Dios no solo es grande, sino que ¡es bueno y hace cosas buenas a Sus siervos que eligen el camino de Su Palabra!

Su alabanza y petición (vv. 65-66)

Bien has obrado con Tu siervo,
Oh Señor, conforme a Tu palabra.
Enséñame buen juicio y conocimiento,
Pues creo en Tus mandamientos.

Cuando el salmista hace una pausa en el camino, mira hacia atrás por el sendero que ha recorrido y exclama: «Bien has obrado con tu siervo, oh Señor». Esta frase puede resultar incómoda para nuestro oído gentil, pero era una poderosa afirmación de cómo el salmista veía su viaje. En esta única palabra, el salmista no solo afirma la verdad que ha observado sobre los que siguen el camino de Dios (vv. 1-4), sino que alaba al Dios que bendice a esos hombres. Y con su alabanza, confirma que ha experimentado personalmente esa bendición de Dios.

Alabanza al Señor. Bien has obrado con Tu siervo, oh Señor, conforme a Tu palabra (v. 65).

En el enunciado inicial de la estrofa, el salmista adelanta una palabra: «Bien». Buscó una palabra que describiera de forma adecuada la suma total de su experiencia con Dios, en cuyo camino andaba, y la palabra que se le ocurrió fue «bueno». Esta es la misma palabra que Dios usó cuando miró hacia atrás y vio todo lo que había hecho en seis días literales en los que el universo fue creado: «*Dios vio todo lo que había hecho; y era bueno en gran manera. Y fue la tarde y la mañana: el sexto día*» (Gn. 1:31).

El salmista da testimonio de que Dios le ha hecho «el bien» y no el mal (v. 65). Pide a Dios que le enseñe el «buen» juicio o discernimiento (v. 66). Observa que le ha hecho «bien» ser afligido (v. 71). Y proclama que la ley de Dios es «buena» y deseable

(v. 72). Y entre estas cuatro observaciones, el salmista coloca la clave para ver la vida como «buena». Dios es bueno y todo lo que hace es bueno (v. 68). Así que a la luz de lo que sabe de Dios, el salmista mira todo lo que ha experimentado de la mano de Dios y declara: «Dios ha sido bueno conmigo».

Y no debemos pasar por alto una parte importante de su alabanza: «Conforme a Tu palabra». Así es como el salmista mide lo que es «bueno». Según vimos, la mayoría de las estrofas hasta ahora han incluido más que un poco de sufrimiento y aflicción. Uno podría preguntarse cómo este peregrino puede llamar «buenos» a tales acontecimientos y circunstancias. Pero el salmista está midiendo su vida y sus circunstancias con un criterio diferente: la Palabra de Dios. Y según ese criterio, ha llegado a considerar su vida como «buena». En otras palabras, cuando mide sus circunstancias por la Palabra de Dios y las evalúa bajo esa luz, lo que parece ser desgracia a nuestro ojo es visto de manera muy diferente por su ojo. Qué diferente sería nuestra perspectiva de la vida y de todas sus circunstancias si la viéramos a través del lente de la Palabra de Dios.

También debemos observar que el salmista no matiza su afirmación en modo alguno. Mira su vida, en todas sus circunstancias y a través de todas sus experiencias, y exclama: «Bien has obrado con tu siervo». ¿Cómo desarrolló el salmista una perspectiva tan poderosa sobre la vida? Y lo que es más importante, ¿cómo podemos nosotros, que seguimos su camino, desarrollar una perspectiva semejante? La respuesta está en su petición al Señor.

Petición al Señor. *Enséñame buen juicio y conocimiento, pues creo en Tus mandamientos (v. 66).*

El salmista no hace una petición nueva. A lo largo de su viaje, ha pedido constantemente instrucción al Señor. Pero en este versículo hay un desarrollo interesante en su petición. Normalmente su petición de instrucción va seguida de una declaración que indica en qué desea ser instruido por el Señor. Por lo regular pide al Señor que le enseñe Sus estatutos (vv. 11, 26, 64, 68, 124, 135, 171), juicios (v. 108) o caminos (v. 33). En otras palabras, siempre el salmista pide a Dios conocimiento y comprensión de Su Palabra. Sin embargo, aquí el salmista pide a Dios que le enseñe buen juicio y conocimiento.

El término juicio se refiere al discernimiento y conocimiento, habla de perspectiva o percepción. En otras palabras, el salmista le está pidiendo a Dios que le enseñe cómo usar el conocimiento que ha obtenido de la Palabra de Dios en la vida diaria. En otras palabras, quiere que Dios haga algo más que darle entendimiento. Quiere algo más que mera información, por exacta, importante y necesaria que sea esa información sobre la Palabra de Dios. Quiere que el Señor le enseñe a aplicar toda la información que le ha enseñado al salmista (en respuesta a sus oraciones) a cada situación y circunstancia que surja en el camino. Y tiene razones de peso para hacer este llamado.

Su solicitud se basa en una vida que ha demostrado constantemente una fuerte confianza en las declaraciones del Señor. El término «mandamientos» es el término para «dichos» o «declaraciones». El salmista ha puesto su confianza en esas declaraciones salidas de la boca de Yahvéh. Además, su confianza se ha manifestado en una vida dedicada a intentar obedecer esas afirmaciones. En otras palabras, su creencia no era meramente un credo. Era al menos una creencia en el sentido de que creía lo que Dios decía, pero era más que eso. Realmente actuaba según su credo. Lo que creía sobre Dios en el credo establecía y dirigía los actos de su vida. Así, basándose en una vida de obediencia comprometida con las declaraciones de Dios, se presentó ante Él pidiendo más instrucción. Pidió lo que todo peregrino debe pedir: que Dios desarrollara en él el discernimiento moral al continuar cultivando una confianza más profunda en Sus declaraciones y una obediencia a ellas.

Su testimonio personal (vv. 67-68)

Antes que fuera afligido, yo me descarrié,
Pero ahora guardo Tu palabra.
Bueno eres Tú, y bienhechor;
Enséñame Tus estatutos.

El salmista ha testificado que los tratos de Dios con él han sido buenos. Y ha pedido que Dios aumente su discernimiento y percepción de la vida según Su Palabra. Pero ¿cómo respondió Dios esa oración dicha por el salmista? La respuesta viene en los dos versículos siguientes, donde el salmista continúa ampliando su testimonio personal sobre la bondad de Dios en todas las cosas.

Sobre su vida. *Antes de ser afligido, yo me descarrié, pero ahora guardo Tu palabra (v. 67).*

A la luz de su tendencia pasada a «desviarse» o «errar» de los límites del camino establecido por la Palabra de Dios, el salmista considera cómo Dios corrigió su discernimiento y ajustó su percepción para que ya no se desviara del camino. La herramienta que Dios utilizó para hacer este ajuste fue la aflicción. Aquí, en sus propias palabras, está el testimonio de su patrón pasado: se desviaba constantemente. El término «extraviarse» no se refiere a «pecados prepotentes» o a una rebelión abierta y airada. Más bien el término se refiere al constante extravío y pasos en falso de una oveja que intenta seguir al Pastor. ¿Cómo rompió Dios este patrón en el salmista? A través de la aflicción; abatiéndolo. Hay que recordar que el salmista expresó su deseo de caminar en el camino de la Palabra en los términos más extenuantes en la primera estrofa del salmo. También dio amplio testimonio de la dificultad que tenía para caminar de manera continua en ese camino. ¿Cómo trató Dios con misericordia esta tendencia para conceder al salmista su deseo original: caminar por el camino de la Palabra? Humillándolo en la escuela de la aflicción. Y desde ese lugar bajo, en el polvo al que se aferraba su alma, aprendió a obedecer la Palabra que había llegado a amar. En otras palabras, en la bondad de Dios Él actuó «bondadosamente» hacia Su siervo al humillarlo para que aprendiera a hacer el «bien».

***Sobre su Señor.** Bueno eres Tú, y bienhechor; enséñame tus estatutos (v.68).*

El testimonio del salmista con respecto a Dios («Bien has obrado con tu siervo», v. 1) se basaba en su afirmación sobre Dios. Estaba completamente convencido de la bondad de Dios. Todas las acciones de Dios fluyen de Sus atributos. Cuando un hombre tiene la convicción inquebrantable de que Dios es bueno, esta convicción moldea su comprensión de todo lo que Dios trae a su vida. Así es como el salmista puede mirar toda su aflicción y verla como algo bueno. Y puede considerarlo todo bueno porque viene de la mano de un Dios que es bueno. A la luz de esta firme convicción, el salmista se dirige a su Dios bueno y le pide aún más instrucción en sus estatutos.

La aflicción fue la escuela en la que aprendió a discernir y desarrolló la perspectiva espiritual, y mirando hacia atrás en las tareas del curso llamado aflicción, el salmista testificó que Dios había estado haciendo el bien todo el tiempo. Pero, ¿qué hay de sus circunstancias actuales?

Sus circunstancias actuales (vv. 69-70)

Los soberbios han forjado una mentira contra mí, pero de todo corazón guardaré Tus preceptos. Su corazón está cubierto de grasa, pero yo me deleito en Tu ley.

Una cosa es mirar atrás a las pruebas pasadas y gozarse de la bondad providencial de Dios durante los días difíciles que han pasado. Pero ¿qué hay del aquí y ahora? ¿En qué medida le servirán hoy las lecciones que aprendió ayer? A esto se dirige ahora nuestro peregrino. Sus viejos enemigos de la estrofa tres han resurgido. Los hombres arrogantes e insolentes han vuelto a enfrentarse a él. ¿Cómo responderá? ¿Qué le ha enseñado la aflicción?

La actitud de sus enemigos

Inmediatamente se nos informa de que estos enemigos no han cambiado. Son tan arrogantes e insolentes como antes en el salmo. Son obstinados y duros de corazón. Literalmente, sus corazones están llenos de «grasa». Son impermeables a la Palabra de Dios y endurecidos contra el camino de Dios. Uno podría preguntarse la razón de su dureza y el texto da una pista sutil. Lo que ha endurecido su corazón es la «gordura». En el lenguaje del Antiguo Testamento la gordura se refería a la riqueza o a las posesiones materiales. Sus posesiones materiales y su empeño en vivir para el materialismo los había endurecido contra Dios, Su Palabra y Sus caminos. En contraste con esto, el salmista ha encontrado satisfacción en la Palabra de Dios. Si la prosperidad de los malvados los endureció y los alejó de Dios, ¡las promesas de Dios ablandaron el corazón del salmista y lo atrajeron irresistiblemente al camino de la Palabra! Encontró la satisfacción última en esta vida en lo mismo que estos hombres insolentes rechazaban: la ley del Señor.

La actividad de sus enemigos

Estos hombres no fueron pasivos en su oposición. Lo difamaron con mentiras y falsedades. Ensuciaron su vida con falsas afirmaciones sobre su carácter. Siglos más tarde, Cristo diría a sus seguidores que considerasen tal aflicción como ocasión de gran gozo (Mt. 5:11). Pedro confirmaría el consejo del Señor a sus propios lectores (1 P. 4:14-16). ¿Cómo ha aprendido el salmista a responder a esa oposición? En la tercera estrofa fue abatido y casi arrojado del camino. Sin embargo, en la escuela de la aflicción ha aprendido a mantenerse en pie y a gozarse.

La afirmación del salmista. Pero de todo corazón guardaré Tus preceptos... Pero yo me deleito en Tu ley.

Es notorio el fuerte contraste que el salmista hace aquí. Ellos son insolentes y arrogantes PERO yo guardaré tus preceptos. Ellos son duros e impermeables a tus leyes PERO yo me deleito en esa ley. En lugar de responder a la defensiva o reaccionar abatido, ¡nuestro peregrino declara firme y con gozo su resolución de entregarse a una obediencia sin reservas a la Palabra y voluntad de Dios!

Su poderosa percepción (vv. 71-72)

Bueno es para mí ser afligido,
Para que aprenda Tus estatutos.
Mejor es para mí la ley de Tu boca
Que millares de monedas de oro y de plata.

Nuestro peregrino ha aprendido bien sus lecciones en la escuela de aflicción de Dios. En cada verso de esta estrofa hace referencia a algún término para la Palabra de Dios y observa que las palabras de Dios son la fuente de todo el «bien» que Dios transmite a sus siervos. ¿Cómo transmite Dios esa bondad? A través de Su carácter y de Su Palabra. El contexto en el que se transmite esa bondad suele ser de aflicción y dificultad. El salmista ha aprendido que esa bendición en el camino que ha elegido viene como resultado de la confianza en las palabras de Dios y la obediencia a la voluntad de Dios expresada en esas palabras y por ellas. Así cierra el círculo y concluye la estrofa donde empezó: ¡dando testimonio de que es bueno que haya sido afligido!

Su declaración. Bueno es para mí ser afligido.

Él mira hacia atrás y afirma de nuevo el valor y el beneficio espiritual de la aflicción en la vida de un creyente que desea caminar por el camino de la Palabra de Dios. Comenzó con esta observación y no ha cambiado de opinión. Recordó las circunstancias pasadas de aflicción personal y dijo: «Bueno es para mí ser afligido». Recuerda sus circunstancias actuales en las que han resurgido sus antiguos enemigos, y con mayor resolución aun declara: «Bueno es para mí ser afligido». Pero ahora ofrece una explicación más completa de su perspectiva sobre lo que le ha sucedido hasta ahora en el viaje.

Su explicación. *Para que aprenda Tus estatutos.*

Como consecuencia de la aflicción, Dios le ha dado lo que inicialmente deseaba. A fin de ser como aquellos hombres que observó que eran inusualmente bendecidos por Dios, descubrió que necesitaría conocer y obedecer la Palabra de Dios. Este es el instrumento divino mediante el cual un joven puede limpiar sus caminos. Es la luz que Dios ha dado para dirigir sus pies por el camino de la bendición. Y él deseaba esto... ¡con todo su corazón! De hecho, él clamó a Dios: «¡Ojalá mis caminos sean afirmados para guardar Tus estatutos!» (v. 5). Y Dios, que es bueno, escuchó su oración y le concedió su deseo. Pero la respuesta a su oración llegó a través de la escuela de la aflicción. Entonces, ¿ha sucedido? ¿Cambió Dios el corazón del salmista? Hay que recordar que el salmista le pidió a Dios que le enseñara el camino de Sus estatutos (v. 33). ¿Pidió que Dios le hiciera caminar por la senda que le había ordenado (v. 34)? ¡Ahora lo está haciendo!

Pero el salmista no solo pedía instrucción y conformidad externa. Pidió al Señor que cambiara el funcionamiento de su corazón. Le pidió a Dios que inclinara su corazón hacia los testimonios de Dios y lo alejara de la codicia (v. 36). Pidió al Señor que apartara sus ojos de las cosas sin valor (v. 37). ¿Respondió Dios a esa parte de la oración del salmista?

Su aplicación. *Mejor es para mí la ley de Tu boca que millares de monedas de oro y plata.*

Esta es la explicación completa de por qué el salmista puede decir que la aflicción ha sido buena para él. Es buena porque le ha dado el verdadero deseo de su corazón. Lo que ha llegado a desear sobremanera en la vida es la Palabra de Dios. Lo que más valoran los hombres en la tierra es el oro y la plata. El salmista testifica que él desea algo aún más que miles de monedas de oro o plata: ¡la Palabra de Dios! Y le ha pedido al Señor que lo instruya en esta palabra y desea poder usar esta palabra para desarrollar discernimiento y perspectiva en toda la vida. Dios respondió a ese deseo y a su oración enviándole aflicción para humillarlo, a fin de que pudiera depender más de la Palabra que tanto deseaba. Y cuando no le quedaba nada más a lo que aferrarse que la Palabra, descubrió que era más segura y suficiente que cualquier seguridad en la tierra. Cuando no le quedó nada más que la Palabra de Dios, descubrió que era un tesoro más rico que cualquier otra cosa en la tierra.

Y esta perspectiva, de que la Palabra de Dios es mejor que el oro o la plata, es en sí misma una evidencia de que, a través de la aflicción, Dios ha respondido con gracia a la oración del salmista y le ha concedido tanto discernimiento como perspectiva, de modo que ahora ve todas las cosas de la vida como buenas porque vienen de la mano de un Dios cuyo carácter es bueno y cuyo propósito para su pueblo es bueno. Pablo reafirmaría esta perspectiva en las conocidas palabras de su carta a los Romanos: «*Sabemos que para los que aman a Dios, todas las cosas cooperan para bien, esto es, para los que son llamados conforme a su propósito*» (Ro. 8:28).

Así pues, lo único que nos queda a los que hemos elegido el mismo camino que el salmista es examinar nuestros corazones para ver cuánto hemos avanzado en el camino. ¿Hemos llegado al punto en nuestro camino en el que podemos afirmar honestamente lo que el salmista ha afirmado sin reservas? ¡Su testimonio pretende desafiarnos a considerar tanto su camino como a su Dios!

¿Cómo definimos el «bien» de Dios? Muchos creyentes definen el «bien» de Dios en términos de posesiones y provisiones: millares de monedas de oro y de plata. Pero aquellos que han pasado por la escuela de aflicción de Dios han llegado a ver el «bien» desde una perspectiva diferente. Estos peregrinos definen el «bien» de Dios no en términos de provisión, sino más bien en términos de posición y perspectiva. El bien en el que se deleitan es Dios, quien los lleva a la posición en la que ya no se desvían del camino ni se apartan de Sus preceptos. De hecho, ¡preferirían tener una vida ausente de provisiones y posesiones si así pudieran vivir una vida de continuo obediente a la Palabra de Dios y estable en el camino de Dios!

Así que aquí está la prueba para nosotros. Si tuviéramos la oportunidad de tener posesiones/provisiones de Dios (millares de oro y plata) o perspectiva espiritual y obediencia continua a la Palabra de Dios, ¿cuál escogeríamos? ¿Y si la manera de obtener continuidad espiritual ante el Señor involucrara no solo la falta de posesiones/provisiones sino aflicción y sufrimiento? ¿Cuál elegiríamos? ¡Nuestra respuesta es un buen indicador de dónde estamos en el camino que afirmamos querer recorrer como peregrinos en el camino de la Palabra!

Orar bajo presión

Estrofa 10 - Versículos 73-80

Tus manos me hicieron y me formaron;
Dame entendimiento para que aprenda Tus mandamientos.
Que los que te temen, me vean y se alegren,
Porque espero en Tu palabra.
Yo sé, SEÑOR, que Tus juicios son justos,
Y que en Tu fidelidad me has afligido.
Sea ahora Tu misericordia para consuelo mío,
Conforme a Tu promesa dada a Tu siervo.
Venga a mí Tu compasión, para que viva,
Porque Tu ley es mi deleite.
Sean avergonzados los soberbios, porque me agravian con mentira;
Pero yo en Tus preceptos meditaré.
Vuélvanse a mí los que te temen
Y conocen Tus testimonios.
Sea íntegro mi corazón en Tus estatutos,
Para que yo no sea avergonzado.

En esta estrofa, el salmista ha avanzado en su camino hasta el punto en que sabe y reconoce lo que no era capaz de captar antes: que la vida en la voluntad de Dios a menudo está llena de aflicciones y dificultades. Así ha sido desde el comienzo mismo de su camino, cuando decidió por primera vez seguir el camino de la Palabra (v. 5). De joven observó la buena mano de la bendición de Dios en la vida de ciertos hombres *bienaventurados*. Una observación más profunda lo llevó a la conclusión correcta de que esto era así porque estos hombres caminaban constantemente sin mancha delante de Dios (v. 1). Su andar irreprochable implicaba obediencia a la ley de Dios (v. 1), observancia de los testimonios de Dios (v. 2), una búsqueda de Dios de todo corazón (v. 2), y un evitar la injusticia en todos los ámbitos de la vida de manera continua (v. 3). Una vida así solo podía cultivarse y mantenerse mediante la firme adhesión a la Palabra de Dios (vv. 9-16). Sin embargo, cuando el salmista se puso en camino, casi de inmediato se topó con dificultades, oposición, fracaso y aflicción. En la tercera estrofa sus pies han tropezado y su rostro está hundido en el polvo de su propio fracaso (v. 25). Y desde ese momento hasta ahora, se ha visto constantemente asaltado por la dificultad y la aflicción en el camino que se ha propuesto recorrer.

Esta es a menudo la experiencia de todos los hijos de Dios que se proponen seguir al salmista en el camino de la Palabra. A veces asumimos ingenuamente que porque nos hemos apartado de nuestro propio camino perverso para seguir el camino de Su Palabra de alguna manera nuestro viaje será fácil y sin dolor. Con tristeza, muchos peregrinos se han desviado del camino de la justicia y se han desilusionado con el camino de la Palabra debido a la continua aflicción y dificultad que encuentran a lo largo del viaje. Es precisamente este peligro el que aborda el salmista en esta décima estrofa.

Ya casi ha llegado a la mitad de su camino y todavía enfrenta dificultades y aflicciones. Sin embargo, en lugar de encontrarse boca abajo en el polvo de otro intento fallido, vemos que no solo sobrevive a estos baches en el camino, sino que prospera ¡gracias a ellos! Su experiencia madura le ha dado el deseo de ser un estímulo y un ejemplo para otros peregrinos justos que le siguen en el camino (vv. 74, 79). En otras palabras, se ha dado cuenta de que en la aflicción tiene la oportunidad, dada por Dios, de modelar el tipo de ejemplo que atrajo por primera vez su atención al camino, en la primera estrofa del salmo (vv. 1-4). Esto sin duda concuerda con el pleno propósito de Dios para nuestro salmista: colocarlo en un lugar donde pueda mostrar la sabiduría de una vida ordenada y conforme a los mandamientos de Dios. Situado en el cielo oscuro del sufrimiento y rodeado de una constelación de aflicción, su vida brilla intensamente como un poderoso testimonio de la sabiduría al elegir caminar por el camino de la Palabra.

George Zemek señala en su comentario que la miseria del salmista continúa, pero en esta estrofa vemos su madurez más que su fracaso o su queja.[28] Su profundo deseo no es el mero alivio de la angustia, sino experimentar de manera personal y poderosa la rica misericordia de Dios. Es evidente que ha crecido su confianza en Yahvéh, de modo que ahora, en medio de la aflicción, anticipa la misericordia de Dios. Está haciendo lo que el apóstol Pedro animó más tarde a hacer a todos los creyentes… *Así que los que sufren conforme a la voluntad de Dios, encomienden sus almas al fiel Creador, haciendo el bien* (1 P. 4:19). Pero para ello necesitará sabiduría. Así que en esta estrofa hace lo que Santiago nos exhorta a todos a hacer cuando necesitamos sabiduría: se la pide a Dios, que la concede generosamente a todos los que se la piden (Stg. 1:5).

La estructura verbal[29] de esta estrofa revela que el salmista emplea el lenguaje de la oración sincera a Aquel que lo hizo todo, lo sabe todo y lo controla todo. ¿Cómo ora el salmista? ¿Por qué ora? Y, lo que quizás sea más importante, ¿cómo hemos de orar nosotros cuando nos encontremos en su lugar a medida que se desarrolla nuestro propio viaje espiritual? En resumen, esta estrofa nos enseña cómo orar correcta y eficazmente cuando estamos agobiados por las presiones de la vida.

Orar por una mayor madurez espiritual (vv. 73, 80)

Lo que pedimos en medio de una prueba es un poderoso revelador de cuánto hemos progresado espiritualmente en nuestro caminar por el camino de la Palabra. Anteriormente, el salmista oró pidiendo alivio de las pruebas y la eliminación de la aflicción. Sin embargo, él ha progresado espiritualmente en el camino de la vida y su madurez espiritual se evidencia por lo que pide en este tiempo presente de aflicción. Ahora, en lugar de pedir inmediatamente a Dios alivio, suplica sabiduría (v. 73). Más importante aún, pide a Dios que conforme su vida a la sabiduría que anticipa que Dios le dará de la Palabra (v. 80). ¿Qué pides tú en una prueba? ¿Pides más sabiduría a Dios? ¿Tu principal preocupación es que Dios te rescate de la dificultad de la prueba o del dolor de la aflicción; o te preocupa más que Dios use la prueba y la aflicción como un instrumento para conformar tu vida a Su Palabra?

Orar por una mayor comprensión de la Palabra de Dios (v. 73).

Tus manos me hicieron y me formaron; Dame entendimiento para que aprenda Tus mandamientos.

Lo primero que el salmista pide a Dios es sabiduría. El término que emplea revela su deseo de discernimiento o de percepción práctica para la vida cotidiana, a fin de poder cumplir el plan de Dios para su vida. No es la primera ni la última vez que lo pide (vv. 27, 34, 125, 144, 169). El discernimiento espiritual práctico es un requisito indispensable para vivir una vida que agrade a Dios, y Él se complace en conceder esas peticiones cuando las pedimos (Stg. 1:5).

El salmista tampoco acude a la fuente equivocada para obtener la sabiduría que necesita. La pide a Aquel cuyas manos lo hicieron y lo modelaron. Ora a Aquel que hizo los cielos como obra de sus dedos (Sal. 8:3) y que hizo al hombre y lo coronó de gloria y majestad y lo puso en su propio lugar para gobernar sobre todo lo creado por Dios. Del mismo modo que Dios puso la luna y las estrellas en su lugar, puso al hombre en el suyo (Sal. 8:4-6). Es evidente que Dios posee una sabiduría lo bastante grande como para crear tanto el universo como al salmista. El reconocimiento del poder de Dios sobre su vida y el conocimiento íntimo de su constitución llevan al salmista a la presencia de Dios para pedirle más de esa sabiduría.

Pero ¿para qué quiere esta sabiduría? ¿Para encontrar la manera de salir de un lugar doloroso? ¿Para descubrir una forma de alivio de su aflicción? Su motivo no es ni el alivio de la angustia ni la eliminación de la aflicción. Más bien, ¡el salmista desea sabiduría para poder aprender los mandamientos de Dios! En otras palabras, el salmista le pide a Dios que comprenda mejor lo que Él le ha ordenado, para que su vida pueda alinearse con las expectativas morales y éticas de Dios en medio de la prueba y la aflicción. Qué diferente es la oración de un peregrino maduro de la de uno que acaba de empezar el viaje. Este alineamiento no se limita a la obediencia externa de los mandamientos directos escritos en la Palabra de Dios. Desea una total conformidad de vida para poder estar a la altura de todas las expectativas de Dios para un peregrino, y por eso ora.

Orar por una conformidad total de la vida con la Palabra de Dios (v. 80).

Sea íntegro mi corazón en Tus estatutos, Para que yo no sea avergonzado.

El salmista centra su oración en su profundo deseo de conformidad interna con la voluntad de Dios. No se contenta con la conformidad externa a los mandamientos de Dios. En otras palabras, no quiere solo ser obediente en la vida; más bien, desea la conformidad interna para poder agradar a Dios por medio de un corazón irreprochable. El término «corazón» en las Escrituras significa más que el órgano físico que bombea sangre a través de nuestro cuerpo. Se refiere a nuestro hombre interior. Representa nuestra mente, nuestras emociones y nuestra voluntad. Es en estas áreas donde el salmista le pide a Dios que lo conforme para que sea irreprochable. E irreprochable en este contexto tiene que ver con una conformidad sin reservas e inquebrantable con la voluntad de Dios expresada en sus declaraciones permanentes.

La integridad en nuestra vida exterior brota de un corazón hecho recto por Dios y mantenido recto ante Él por medio de la adhesión a Su Palabra. Tal vida es deseada por este peregrino para que no experimente vergüenza al final de su viaje. Y, si la aflicción y la prueba son los medios por los que un Dios omnisciente lleva a cabo tal conformidad de vida, el salmista está ahora dispuesto a ¡soportar con alegría y a confiar su alma a Aquel que formó su cuerpo y conoce su corazón!

Ora por los creyentes que están a tu alrededor y detrás de ti (vv. 74, 79)

Después de haber orado por su propio corazón y su vida, el salmista dirige su oración a buscar el beneficio y el bienestar de otros creyentes. Los objetos de su oración en estos versículos son aquellos que temen a Dios apropiadamente. Y lo que pide es que la coherencia y conformidad de su vida con la Palabra de Dios sea un testimonio visual y un estímulo vocal para los compañeros peregrinos que caminan por la senda de la Palabra.

Orar para ser un testimonio visual para otros creyentes (v. 74).

Que los que te temen, me vean y se alegren, porque espero en Tu palabra.

Una marca importante de madurez espiritual en un creyente es su preocupación apremiante por otros creyentes por encima de sus propias preocupaciones en medio de una crisis o prueba. Cualquier pastor puede dar fe de esta dinámica entre creyentes maduros e inmaduros. Al enfrentar una prueba o aflicción, invariablemente el creyente inmaduro fijará su atención, sus oraciones y sus preocupaciones alrededor de sus propias necesidades y su propio deseo desesperado de alivio o liberación. Sin embargo, un creyente maduro tiene un deseo aún mayor. Aunque desea alivio y liberación, desea algo más: ser usado por Dios como testimonio a otros creyentes de la confianza que proviene de Dios.

El salmista ora específicamente para que Dios haga que otros creyentes se alegren cuando lo vean soportando esta prueba o aflicción. Su oración no es que Dios esconda su aflicción sino que lleve al salmista en su aflicción a un lugar visible donde otros puedan ver su sufrimiento. Y lo que desea de Dios es que le capacite para ser un testimonio visible a través de la confianza continua en la Palabra de Dios. Es justo este punto el que separa al creyente maduro del inmaduro. Cuando enfrentamos pruebas y abandonamos la Palabra de Dios, demostramos nuestra inmadurez espiritual a todos los que nos observan. Sin embargo, cuando soportamos y esperamos pacientemente la liberación de Dios y continuamos obedeciendo de corazón los mandamientos de Dios y nos aferramos con confianza a las promesas de la Palabra de Dios, damos testimonio visible de nuestra madurez espiritual. Este testimonio hará que otros peregrinos en el camino se alegren. El testimonio de un creyente maduro bajo presión será una fuente de gozo y aliento para otros creyentes cuando encuentren la misma prueba o aflicción en su propio camino. Cuando un cristiano maduro se encuentra en dificultades, pide a Dios que le capacite para hacer que otros aun lo miren a Él con mayor confianza y alegría.

Orar para ser un testimonio audible para otros creyentes (v. 79).

Vuélvanse a mí los que te temen, Y conocen Tus testimonios.

El texto aquí debería decir: «Que vuelvan a mí aquellos que te temen para que conozcan tus testimonios». Se puede encontrar una defensa de esta traducción en el comentario de Zemek sobre este versículo. De nuevo el salmista ora por otros creyentes fieles. Ruega que, a pesar de su difícil situación y de las injustas acusaciones vertidas sobre él por hombres malvados (v. 78), Dios haga que los justos vuelvan a él. La razón por la que desea esto de Dios no es simplemente para recibir consuelo de otros creyentes o para ser reivindicado por ellos a los ojos de sus enemigos, sino más bien para que conozcan la fiabilidad de los testimonios de Dios. Zemek lo expresa bien cuando observa: «Tanto con la vida como con los labios, este discípulo quería transmitir a la comunidad del pacto el poder sustentador de la revelación suficiente de Dios para la vida real».[30]

Orar por la prueba misma(vv. 75, 78)

A lo largo de su camino, el salmista ha encontrado pruebas. Es la suerte de todos los peregrinos que eligen el camino de la Palabra.

A veces las pruebas han venido de su propia desobediencia pecaminosa (v. 29). Otras veces la prueba viene de la mano de los enemigos de Dios (vv. 23, 42, 50, 61). Sin embargo, en esta estrofa el salmista reconoce que toda aflicción viene en última instancia de la buena mano de Dios y está diseñada por Dios para producir el bien en la vida de su siervo peregrino (vv. 67, 71). Esto también es una señal de madurez espiritual en la vida y el camino de un peregrino. ¿Cómo vemos la aflicción cuando llega? ¿La aceptamos agradecidos de la mano de Dios? ¿Nos sometemos a ella para que Él nos perfeccione? ¿O nos quejamos y murmuramos contra Dios? ¿Desafiamos su bondad o cuestionamos Su amor? Un peregrino maduro reconoce la fuente y el propósito de la aflicción en su vida y ora pidiendo la protección de Dios durante todo el tiempo de sufrimiento.

Reconocer y aceptar la fuente divina de la prueba (v. 75).

Yo sé, Señor, que Tus juicios son justos, Y que en Tu fidelidad me has afligido.

De inmediato, el salmista afirma lo que sabe sin lugar a dudas: que las decisiones de Dios sobre su vida son correctas. En otras palabras, el salmista está afirmando que en todo lo que le está sucediendo Dios no ha cometido ningún error. Sus dictámenes y decisiones respecto a los asuntos y experiencias del salmista son perfectamente correctos. Dios no ha sido malévolo ni se ha equivocado. Esta es una interpretación del Antiguo Testamento de lo que Pablo dijo siglos más tarde en Romanos 8:28 cuando afirmó a los cristianos romanos que Dios estaba obrando todas las cosas que les sucedían para realizar Su propósito de bien en ellos. El salmista no se contenta con afirmar esto como una verdad teológica abstracta.

Atestigua personalmente en su propia experiencia de vida que Dios lo ha afligido con fidelidad. En otras palabras, Dios no ha actuado injustamente ni violentado Su carácter o Su pacto al permitir que esta aflicción afecte al salmista. Más bien, esta aflicción ha venido precisamente porque Dios está actuando fiel y amorosamente por el bien de Su siervo y no por capricho. El término *aflicción* se utiliza en Deuteronomio para describir las pruebas que Dios pone a Su pueblo para humillarlo y enseñarlo (Dt. 8:1-20). El comentarista del Antiguo Testamento, Delitzsch, lo expresó así: «Él sabe que Dios lo ha humillado, siendo fiel en Sus intenciones para con él; porque es justamente en la escuela de la aflicción que uno aprende primero a estimar correctamente el valor de Su Palabra, y llega a sentir Su poder».[31]

Ora pidiendo protección durante el juicio (v. 78)

Sean avergonzados los soberbios, porque me agravian con mentira;
Pero yo en Tus preceptos meditaré.

Orar por los opresores es difícil en cualquier circunstancia. Sin embargo, es especialmente difícil cuando la opresión se ha hecho con arrogancia y abiertamente ante los demás y ha supuesto un perjuicio real para las relaciones o la reputación de uno. Sin embargo, como señala el salmista, esa oración es otra marca de madurez espiritual en la vida de un peregrino. El salmista comienza expresando su petición a Dios, que conoce la verdad. Clama a Dios y le suplica que avergüence a esos hombres orgullosos. Apela directamente a la justicia de Dios ante la injusticia que se ha cometido contra él.

No solo apela a un Dios justo para que haga justicia, sino que presenta su razón para pedir a Dios que actúe de esta manera en su favor. Esto es porque los soberbios lo han tratado injustamente mediante alguna falsedad. Puede ser que hayan difundido falsedades sobre él, las cuales hayan manchado su reputación ante los demás. O puede ser que lo hayan desviado del camino engañándolo con una mentira. Jeremías habla de este mismo tema cuando advierte: «*Privar del derecho a un hombre en presencia del Altísimo, defraudar a un hombre en su litigio: estas cosas no aprueba el Señor* (Lm. 3:35-36). Es muy probable que esto fue lo que ocurrió en el caso de nuestro peregrino. El orgullo trastocó su causa y arruinó su oportunidad de obtener justicia en algún asunto importante. Si nuestro peregrino era alguien en circunstancias como las de Daniel, existen amplios ejemplos en los que hombres orgullosos y arrogantes utilizaron artimañas y engaños para derribar su causa a los ojos del rey. En tales casos, los creyentes inmaduros a menudo permiten que la amargura y la ira pecaminosa dominen sus pensamientos y, finalmente, sus actos. Sin embargo, nuestro salmista demuestra su madurez espiritual meditando en los preceptos de Dios. Su constante meditación en Dios y en Sus palabras, en lugar de en los orgullosos y sus palabras, lo condujo a una estabilidad espiritual que se tradujo en una actividad espiritual vivida en sus respuestas diarias a medida que la vida se desarrollaba a su alrededor.

Pero ¿qué nos ayudará a responder así en medio de la aflicción personal? Esperar en Dios y confiar en que Él hará lo correcto es difícil. Especialmente cuando lo que Él decide no es lo que yo deseaba o que cuando decide actuar es mucho más tarde de lo que yo esperaba. ¿Qué producirá la estabilidad de corazón y mente que se necesita con desesperación en tiempos de crisis, especialmente cuando esa crisis es el resultado de la falsedad de enemigos malvados? Los creyentes que se enfrentan a tales tiempos requieren medidas inusuales y abundantes de la gracia capacitadora de Dios. Y su petición de esta gracia está en el corazón de la oración del salmista.

Orar por gracia y crecimiento en este tiempo de necesidad (vv. 76, 77)

Tal vez la sensación de soledad que a menudo impregna la parte más profunda y fuerte de la prueba sea uno de los aspectos más difíciles de soportar en la prueba o tiempo de aflicción. Hay momentos en que incluso el más espiritual de los siervos de Dios se sintió solo y abandonado por Dios a su suerte. En un grado u otro, todo creyente auténtico ha pronunciado en un momento u otro su propia versión del grito de Cristo en la cruz: «¿Por qué me has abandonado?». A quién decidimos acudir cuando nos sentimos solos y abandonados por todos, incluido Dios, determina en última instancia el resultado final de la prueba o del tiempo de aflicción.

Salomón exhortó a su hijo a «confiar en el Señor de todo corazón» y le advirtió «no te apoyes en tu propia prudencia». Cuántas veces nos apartamos de la confianza en Dios cuando sentimos que nos ha defraudado o nos ha dejado solos ante alguna prueba o dificultad de la vida. Aunque las circunstancias pueden hacernos parecer que Dios se ha olvidado de nosotros, un creyente maduro ve a través de las apariencias la realidad de que Dios es una ayuda siempre presente en tiempos de angustia. Los creyentes maduros aprenden a orar pidiendo expresiones concretas de la presencia de Dios cuando se ven tentados a pensar que Dios ha desaparecido de la escena de su vida.

Ora pidiendo consuelo divino (v. 76).

Sea ahora Tu misericordiosa para consuelo mío, Conforme a Tu promesa dada a Tu siervo.

Este verso se sitúa en el centro de la estrofa y representa la tercera de las siete súplicas fervientes pronunciadas por el salmista en medio de su crisis actual. La súplica que hace es por una gracia que lo sostenga. La gracia que lo sostendrá es en realidad el amor leal del Dios que parece ausente en la crisis actual. Nada que no sea la bondad leal de Dios consolará y sostendrá a nuestro peregrino en este lugar difícil del camino.

Sin embargo, apela con confianza porque, aunque Dios parece estar ausente, existe la seguridad divina de Su presencia y de Su gracia y Su bondad leal. Esa seguridad proviene de todo lo que Dios ha prometido en Su Palabra. El salmista no se contenta con invocar esas promesas en forma de verdades teológicas generales, sino que las hace suyas. Es la palabra de Dios a su siervo lo que anima al salmista a orar con confianza y pasión por la ayuda prometida de Dios en su tiempo de angustia. Sin embargo, ¡el salmista se atreve a pedir algo más!

Ora pidiendo la compasión divina (v. 77).

Venga a mí Tu compasión, para que viva; porque Tu ley es mi deleite.

El salmista no solo le pide a Dios que lo consuele con la gracia sustentadora que brota de Su amor leal por el salmista, sino que pide que le lleguen expresiones tangibles de esa bondad en forma de compasión. Esa es la idea a la que el salmista se refiere cuando usa el término «compasión». La misericordia o compasión es una emoción basada en el amor que se siente hacia una persona indefensa. Es más que lástima. Es un deseo de acompañar a esa persona con protección o provisión. Es lo que Jesús pidió a sus seguidores cuando dijo: «Bienaventurados los misericordiosos». Es lo que siente un padre por un hijo indefenso. Es lo que sintió el buen samaritano por el judío herido en el camino a Jericó. Es la misericordia la que se hace presente en el sufrimiento de otro.

Y el salmista suplica a Dios que le envíe abundancia de esta compasión para poder vivir.

El término «vivir» aquí se refiere al concepto de vivificar o revitalizar algo que está a punto de perecer. El salmista está suplicando a Dios que le envíe toda Su compasión para que por ella pueda ser revitalizado para la siguiente porción del viaje. Y se atreve a pedir esto a Dios debido a su historia pasada con Dios y Su Palabra. La instrucción de Dios ha sido una fuente de intenso deleite. El salmista utiliza la forma plural para el término «deleite», indicando que la instrucción de Dios ha sido una fuente de alegría plena y completa para su corazón y su vida. A la luz de su constante y auténtico regocijo en la ley de Dios, el salmista pide ahora al Dios de esa ley que se deleite en Él y le haga regocijarse ¡con una alegría indecible y llena de gloria!

Conclusión[32]

En ocasiones, nosotros, como el salmista, necesitaremos orar así. Cuando esas ocasiones llegan, la oración apropiada viene como resultado de la madurez espiritual. Y, tal madurez viene a nuestras vidas a través del constante deleite personal en la ley del Señor. Nuestro deleite en esta ley, cuando el camino es suave y soleado, nos mantendrá en buena posición para cuando el camino nos lleve a través del valle de la aflicción y la oscuridad de las pruebas. Solo cuando nos deleitemos en la ley del Señor día y noche seremos como un árbol firmemente plantado cuando nos asalten las tormentas de la vida.

Cuarta parte: Aflicción/ Afirmación (Estrofas 11-14)

Abajo, pero no afuera

Estrofa 11- Versículos 81-88

Mi alma desfallece por Tu salvación;
En Tu palabra espero.
Mis ojos desfallecen esperando Tu palabra,
Mientras digo: «¿Cuándo me consolarás?».
Aunque he llegado a ser como odre al humo,
No me olvido de Tus estatutos.
¿Cuántos son los días de Tu siervo?
¿Cuándo harás juicio contra mis perseguidores?
Fosas me han cavado los soberbios,
Los que no están de acuerdo con Tu ley.
Todos Tus mandamientos son fieles;
Con mentira me han perseguido; ¡ayúdame!
Casi me destruyen en la tierra,
Pero yo no abandoné Tus preceptos.
Vivifícame conforme a Tu misericordia,
Para que guarde el testimonio de Tu boca.

Todos conocemos de alguien que al principio expresaba de manera verbal y visible su entusiamo con la vida cristiana, pero luego parecía desaparecer de escena tal expresión. Una mayor investigación reveló la triste, pero común, realidad de que esa persona ya no asiste a la iglesia, no lee la Biblia, no vive según los valores y la moral bíblicos, ni practica lo que una vez tan verbalmente dijo abrazar. ¿Qué salió mal? ¿Dónde se apartó esta persona del camino? ¿Qué hizo que dejara de seguir el camino de la Palabra? La mayoría de las veces, la respuesta está en la palabra «aflicción».

Muchas personas se encuentran prometiendo a Dios lo que el antiguo Israel prometió hace tantos siglos: «Haremos todo lo que el Señor ha dicho» (Ex. 19:8). Y de hecho, tienen la intención de hacer lo que han prometido. Pero, ¿qué sucede cuando un creyente que ama a Dios, ora con regularidad, sirve con pasión y se esfuerza por obedecer es bombardeado constantemente con persecución y aflicción severas durante un período prolongado de tiempo? Muchos creyentes bajo tales condiciones simplemente llegan al límite de su capacidad de soportar y se dan por vencidos. Se apartan del camino porque simplemente no les quedan fuerzas para continuar andando en el camino de la Palabra. ¿Qué hace un hombre piadoso cuando vive bajo este tipo de presión y persecución prolongada y Dios parece callado?

Aquí es donde encontramos a nuestro peregrino salmista en la estrofa 11. Desgastado, cansado y maltratado, este hombre de Dios está casi agotado emocional, mental, física y espiritualmente. Spurgeon describió esta estrofa como «la medianoche del Salmo». Continúa diciendo: «Es muy oscura y negra. Las estrellas, sin embargo, brillan, y el último verso promete el amanecer».

Dios concede gentilmente la plena revelación de lo que implica vivir la vida cristiana. Contrario a lo que pregonan muchos evangelistas modernos, venir a Cristo le garantiza a uno una vida de dificultades, sufrimiento, aflicción y persecución. En una época en la que el evangelio se ha reducido a una oración que nos hace «a prueba de fuego» y que es un camino seguro hacia una vida feliz, un buen matrimonio y una familia llena de diversión, este salmo se levanta como un intenso recordatorio de que, aunque el verdadero cristianismo es para pecadores, no es para cobardes que buscan la «buena vida» en esta vida.

A estas alturas del salmo, nuestro salmista ha recorrido el camino durante casi la mitad de su vida adulta. Gran parte del viaje ha sido por el camino del sufrimiento y la aflicción. De hecho, en las últimas cinco estrofas ha experimentado malos tratos a manos de quienes rechazan el camino que ha elegido. Michael Wilcock, en su provechoso comentario sobre este salmo, señala que: «En *Vav* es escarnecido (v. 42), en *Zain* burlado (v. 51), en *Jet* atado (v. 61), en *Tet* difamado (v. 69) y en *Yod* agraviado (v. 78)». Hasta este punto, el salmista ha conseguido regocijarse en el hecho de que Dios es su porción (v. 57).[33]

Sin embargo, en esta estrofa la dificultad del viaje ha hecho mella en su espíritu y en su corazón. Se encuentra en el punto más bajo de su viaje. Sin embargo, en medio de su dolor y de su agonía surge el compromiso firme e inquebrantable de guardar para siempre la Palabra de Dios (v. 88). ¿Qué sostiene a un creyente en circunstancias tan tortuosas? ¿Qué mantiene su corazón y su mente fijos en Jehová? ¿Qué le impide pecar con la boca y acusar a Dios tontamente? ¿Qué lo mantiene en el camino de la Palabra cuando todo en él está a punto de volverse atrás? Nuestro salmista nos da la respuesta en los ocho versículos que componen esta increíble porción del salmo y que marcan el ecuador de su viaje por el camino de la Palabra.

Su condición: horrible aflicción a pesar de la Palabra de Dios

Muchos años después de que viviera nuestro peregrino, vivió otro peregrino que sabía lo que era enfrentarse al sufrimiento en el camino de la Palabra. John Newton conocía bien el sufrimiento y era amigo cercano del dolor, tanto en su propia vida como en las vidas de los hombres y mujeres de la iglesia en la que sirvió como pastor durante la mayor parte de su ministerio. Muchos de los himnos que Newton escribió surgieron de la carga gozosa de su propio viaje delante del Señor. «Glorious Things of Thee are Spoken» [De ti se hablan cosas gloriosas] es uno de los más conocidos de entre los más de doscientos himnos que salieron del corazón de Newton. La quinta estrofa apenas la cantan los creyentes modernos. En ella, Newton habla de «gozos concretos y tesoros duraderos» que «solo los hijos de Sión conocen». A menudo estos «gozos concretos y tesoros duraderos» son ridiculizados por aquellos cuyo corazón y mente han sido capturados por el mundo. Con frecuencia, ¡el hijo de Sión es maltratado y perseguido en su camino a la ciudad de Sión donde yacen sus posesiones! Esa es precisamente la circunstancia y el testimonio de nuestro salmista.

Su estado emocional - Lo que siente (vv. 81-83)

A pesar de su profundo y probado compromiso con Dios, el salmista se encuentra al final de sus fuerzas emocionales, físicas y espirituales. Se encuentra bajo el mismo arbusto en el que se sentó Elías cuando, abatido y desanimado, clamó a Dios y pidió morir (1 R. 19:4). El salmista presenta tres imágenes gráficas que retratan la profundidad de lo que siente ante el Señor.

En el v. 81 grita que su alma desfallece por salvación. En el v. 82 observa que sus ojos desfallecen esperando la Palabra de Dios, y en el v. 83 afirma que es como un odre olvidado que se ha marchitado y secado tras una exposición prolongada a condiciones adversas.

Hasta este momento, al hablar de sus aflicciones, el salmista siempre se ha apresurado a recordar a su lector su amor a Dios, su confianza en Su liberación y su compromiso con Su Palabra. Sin embargo, tras una prolongada presión y un intenso sufrimiento, confiesa que su sufrimiento casi ha acabado con él (v. 87).

Su alma desfalleciendo es una expresión que implica que todas sus reservas emocionales y espirituales se han agotado. Está agotado y al límite de sus fuerzas. Su corazón se ha agotado mientras esperaba la liberación o la salvación de Dios (v. 81). Sin embargo, se aferra tenazmente a la Palabra de Dios. Cuando dice que sus ojos desfallecen esperando la Palabra de Dios, es la idea de que ha mirado hasta que ya no puede ver y todavía la Palabra de Dios no se le ha cumplido (v. 82). En consecuencia se siente como un odre de vino que ha sido colgado en un lugar de humo y calor y olvidado. Al igual que la exposición prolongada al calor y al humo hace que la piel flexible del odre se seque, dejándola arrugada y quebradiza, el alma del salmista se ha vuelto quebradiza y seca por el sufrimiento prolongado. Y lo que hace que esto sea aún más difícil de soportar es que Dios parece haber colgado al salmista en este lugar y haberse olvidado de él. Ha estado clamando a Dios por su liberación y buscando con desesperación Su ayuda, pero esta no ha llegado.

Su estado experiencial - Lo que experimenta (vv. 84-87)

En el v. 84 se nos vuelve a presentar a sus enemigos, hombres que lo persiguen sin piedad. El término implica un afán por cazarlo y esa imagen se explica aún más en el v. 85, cuando describe a esos hombres como cazadores que cavan fosos para atrapar a su presa.

No solo son astutos, sus enemigos son anárquicos. Aunque conocen la ley de Dios, se niegan a acatar sus justas exigencias. En lugar de eso, actúan contra el salmista en una persecución implacable para llevarlo a la destrucción. Son hombres arrogantes y prepotentes (v. 85) que recurren al engaño y a la difamación para conseguir sus objetivos (v. 86).

Si nuestro salmista es Daniel, puede ser una referencia a la implacable y despiadada campaña que montaron contra él sus enemigos en la corte de Nabucodonosor para mancillar su carácter, destruir su influencia e incluso provocar su muerte.

A la luz de la extrema presión provocada por la continua y despiadada persecución, el salmista ha llegado al final de sí mismo. Sus reservas interiores se han agotado y su única esperanza, el Señor, aún no ha aparecido para librarle de la mano de sus opresores. Las cosas parecen oscuras, pero su esperanza en el Señor, aunque vacilante, sigue presente. Y es esta esperanza, por débil que sea, la que produce otro grito de auxilio dirigido a Dios.

Su clamor - Ayuda de Dios que dio la Palabra (v. 86)

El v. 86 es el centro de esta estrofa. Tras hacer mención tanto de la presión externa como del pánico interno que ha amenazado con abrumarlo, el salmista pronuncia una palabra: «¡Ayúdame!».

El término que utiliza proviene de una palabra hebrea que significa «ayudador». En el Nuevo Testamento la palabra es «*parákletos*», y es el término utilizado para describir el ministerio del Espíritu Santo. Con frecuencia, este término servía para describir a alguien bajo ataque que pedía ayuda militar o el rescate de un aliado fuerte.

El salmista, decidido, se ha puesto del lado de Dios y ha determinado vivir para Él caminando en la senda de la Palabra. Además, el salmista ha demostrado una vida de obediencia constante y probada a la Palabra de Dios. Ahora, sobre la base de su lealtad a Dios, probada a lo largo del tiempo, el salmista clama a Él pidiendo ayuda. En esencia, está clamando en medio de la angustia a Aquel que tiene a Su disposición todas las fuerzas del cielo y todos los recursos de la omnipotencia, y que ha declarado que está dispuesto a traer todo este poder y fuerza en ayuda de aquellos que le aman y guardan Sus mandamientos.

Aquí el salmista muestra de nuevo la importancia y el valor de vivir una vida que agrada a Dios. Cuando uno ha vivido conforme a la Palabra de Dios y ha mostrado lealtad al Dios de la Palabra, entonces puede elevar su súplica a Dios con la confianza de que no solo Dios lo oirá, sino que lo ayudará.

Su confianza - Esperanza en la Palabra de Dios

¿Cómo debe responder un peregrino cuando la vida le parece insoportable? No importa cuánto tiempo se haya caminado por la senda peregrina o lo bien que se conozca el camino, tarde o temprano todo peregrino se encuentra bajo el arbusto de Elías prefiriendo la muerte a la miseria que ha ensombrecido la vida. ¿Qué debemos hacer cuando hasta Dios parece habernos olvidado y abandonado? ¿Adónde vamos en busca de consuelo? ¿En qué o en quién ponemos nuestra confianza? Para el salmista, aunque las circunstancias que dan lugar a tales preguntas han cambiado, la respuesta permanece constante. Su confianza está en el Dios que ha hablado. Con autoridad. Categóricamente, confiable.

Hemos identificado el tema del salmo como «andar por el camino de la Palabra». Hemos observado que el salmista utiliza ocho términos diferentes para describir distintos aspectos o facetas de la Palabra de Dios que la establecen como una guía fidedigna para todos nuestros días y a través de todos nuestros caminos. Aquí, en esta estrofa, en medio del momento más oscuro del viaje, nos llama la atención sobre su confianza en esta Palabra al utilizar los ocho términos. Wilcock lo expresa bien cuando señala: «En medio de toda la agitación de su angustia, el salmista puede decir con verdad que todavía espera en la Palabra, busca la promesa, recuerda los decretos y espera los juicios; sigue la ley, confía en los mandatos, guarda los preceptos y obedece los estatutos». Continúa diciendo: «Todos los ocho están aquí de nuevo, pero son ocho aspectos de un solo hecho: a saber, que Dios ha hablado. Solo esa mano que hay que sostener en la oscuridad, solo ese hilo que hay que seguir a través del laberinto – sería bueno tener ayudas extra y no solo la voz de Dios; pero como descubrió el Peregrino de Bunyan, "el camino es el camino, y hay un final"».

George Zamek lo expresa muy bien: «Por muy equivocadas que parecieran ser las realidades circundantes de su vida, aún podía apoyarse en la rectitud de la revelación. ¡La infidelidad apremiante de las acciones de los hombres no podía extinguir la abundante fidelidad de Dios transmitida a través de Su Palabra!».[34]

Su compromiso - Honor y obediencia a la Palabra de Dios

El verso final de la estrofa (v. 88) nos devuelve de nuevo a la petición central y repetida que el salmista hace en cada punto difícil del camino del peregrino: ¡Vivifícame! Literalmente, ¡el salmista pide a Dios que le dé vida y no muerte!

En el versículo anterior testificó que la persecución de los malvados casi había puesto fin a su vida. Desde este pozo de desesperación y depresión ha clamado a Dios y le ha hecho cuatro peticiones específicas. En el v. 82 pregunta a Dios cuánto tiempo pasará antes de que Dios le dé consuelo o ayuda. En el v. 84 pregunta cuándo ejecutará Dios Su juicio justo sobre los que persiguen al salmista. En el v. 86 clama desesperado por la ayuda divina: «¡Ayúdame!». Y en el v. 88 pide al Señor que lo vivifique según el fiel amor de Dios por Sus siervos.

No son peticiones vacías. Hay una razón por la que el salmista puede expresarlas con confianza. Y esa razón está al alcance de todos los peregrinos que recorren el camino recorrido por el salmista. Señala su compromiso permanente con la Palabra de Dios y su respeto por ella. En los vv. 81-82 señala que, aunque su alma está vacía y sus ojos aún no han visto a Dios cumplir Su Palabra, él sigue esperando en la Palabra de Dios. Aunque parece que Dios se ha olvidado de él como de un odre abandonado, él no se ha olvidado de los estatutos de Dios (v. 83). Cuando los malvados han obrado con malicia en contra de la ley de Dios y lo han perseguido con mentiras, el salmista se aferra tenazmente a los mandamientos de Dios como fundamento confiable de su vida (v. 85-86). Incluso cuando parecía que su propia vida se perdería en la lucha, no abandonó los preceptos de Dios (v. 87).

Armado con este testimonio de vida, nuestro peregrino clama a Dios por más vida. Y el propósito por el que desea esta vida es que pueda seguir guardando el testimonio de la boca de Dios.

Conclusión

Siglos después de que nuestro peregrino terminara su viaje terrenal, Cristo mismo se enfrentó a un enemigo aún mayor y más malicioso que el que el salmista describe en estas estrofas. Su enemigo persiguió al Señor sin motivo. Satanás asaltó a Cristo con mentiras y movió a hombres malvados a intentar atrapar a Jesús en Sus palabras. Como nuestro Salmista, Cristo parecía ser un «odre olvidado» en Su grito a Dios desde la cruz: «¿Por qué me has abandonado?». Al igual que el salmista, Cristo recordó y confió en la Palabra de Dios como un fundamento seguro y un puerto seguro. Al principio de Su ministerio se vio envuelto en una batalla masiva contra Satanás en la que se enfrentó a tres horribles tentaciones diseñadas para arruinar Su ministerio y descalificar Su vida. En cada una de estas pruebas diabólicas, Cristo se refugió en el mismo terreno que encontró el salmista: la Palabra de Dios. Jesús articuló lo que todo peregrino en el camino debe creer y practicar cuando dijo: «No solo de pan vivirá el hombre, sino de toda palabra que sale de la boca de Dios». Ese es el testimonio del Señor. Ese fue el voto del salmista. Y esa debe ser también nuestra meta.

A salvo en la tormenta

Estrofa 12 - Versículos 89-96

Para siempre, oh SEÑOR,
Tu palabra está firme en los cielos.
Tu fidelidad permanece por todas las generaciones;
Tú estableciste la tierra, y ella permanece.
Por Tus ordenanzas permanecen hasta hoy,
Pues todas las cosas te sirven.
Si Tu ley no hubiera sido mi deleite,
Entonces habría perecido en mi aflicción.
Jamás me olvidaré de Tus preceptos,
Porque por ellos me has vivificado.
Tuyo soy, SEÑOR, sálvame,
Pues Tus preceptos he buscado.
Los impíos me esperan para destruirme;
Tus testimonios consideraré.
He visto un límite a toda perfección;
Tu mandamiento es sumamente amplio.

En la última estrofa caminamos con el salmista a través de la parte quizás más oscura del camino recorrido hasta ahora en su peregrinación. Escuchamos el clamor de su alma mientras la pequeña barca de su vida era asolada por la feroz tormenta de la persecución y la aflicción. Durante esta «noche oscura del alma», nuestro salmista clamó a Dios, pero no recibió una respuesta inmediata. De hecho, al salmista le parecía que Dios no solo no lo escuchaba, sino que, peor aún, había abandonado a Su siervo a merced de la propia tempestad. En una metáfora angustiada, el salmista abrió una ventana que revelaba la desesperación, la agonía y la soledad no expresadas que a veces sobrevienen a quienes persiguen a Dios, quien durante un tiempo permanece oculto además de silencioso. Incluso la providencia de Dios parecía haberse vuelto contra nuestro hombre. Confuso, solo y desesperado, el salmista le dijo al Señor que se sentía como un odre olvidado que, con el tiempo, se había vuelto seco y quebradizo.

Un sabio comentarista señaló que las once primeras estrofas del salmo nos conducen por un camino progresivamente más difícil y oscuro, hasta que al final nos preguntamos si el salmista tiene razón al preguntar a Dios si ha sido olvidado y abandonado. Casi podemos oír su pregunta: «¿Me ha traído el Señor hasta aquí solo para abandonarme?». El mismo comentarista señaló que la respuesta llega en la estrofa doce y el resto de las estrofas del salmo desarrollan el concepto que consoló al salmista durante la noche oscura de su alma: «¡Su Palabra es confiable y Él completará su obra en mí!».

Cuando el salmista llega a la duodécima estrofa (vv. 89-96), ha llegado al punto más bajo de su experiencia y ¡ha sobrevivido! No ha perecido a manos de los hombres insolentes y malvados que han conspirado contra él en cada recodo del camino. Por el contrario, se ha comprometido aún más a seguir el camino de la Palabra para complacer al Dios que le dio esa Palabra. De hecho, es precisamente su confianza inquebrantable en la Palabra lo que le ha ayudado a permanecer fiel al Dios que durante un tiempo pasó desapercibido e ignorado.

¿Dónde encontró nuestro amigo peregrino tierra firme en la que plantar los pies en medio de la tormenta? ¿Qué fuerte ancla mantuvo segura su alma cuando las olas amenazaban con inundar su pequeña barca? ¿Qué escondite le dio seguridad? Y lo que quizás sea más importante, ¿dónde podemos encontrar esa ayuda en nuestras propias luchas?

Rápidamente llega la respuesta. «Para siempre, oh Señor, tu palabra está firme en los cielos. Tu fidelidad permanece por todas las generaciones». Es Yahvéh mismo su seguridad y estabilidad. Esto no sorprende a ningún verdadero hijo de Dios. Después de todo, todos reconocemos que Dios es nuestro refugio y fortaleza. Sabemos que Él es una ayuda muy presente en tiempos de angustia. Pero ¿qué hacemos cuando no podemos encontrar el camino hacia Él en la tormenta; cuando calla por mucho que clamemos; cuando Él está ausente por mucho que busquemos o por muchas veces que acudamos en busca de su consuelo y ayuda? En resumen, si Dios es nuestro refugio y fortaleza, entonces debemos tener alguna forma segura de acceder a ese terreno cuando más lo necesitamos. En otras palabras, debemos ser capaces de encontrar el camino hacia Dios en medio de las olas tempestuosas del jueves a las dos de la madrugada, y no solo desde la seguridad de nuestro banco el domingo. ¿Dónde está ese acceso y cómo podemos procurarlo para nosotros mismos en tiempos de necesidad? El salmista despliega la respuesta en su propio testimonio expresado en los ocho versos que componen esta estrofa.

Vemos tierra firme al recordar el carácter de Dios (vv. 89-91)

Siempre. El lenguaje de los salmistas apunta a algo que es fijo e inalterable. Inmutable sin importar quién o qué venga con la intención decidida de provocar un cambio o un retroceso. Firme. Fuerte. Duradero. ¿Y qué es eso eterno? ¡La Palabra de Dios! En medio de una vida que está siendo sacudida por los vientos de la persecución, el salmista ve tierra firme y se aferra a esta tierra con un agarre inquebrantable. La Palabra de Dios está fijada para siempre en el cielo. Es inalterable, inmutable, siempre la misma. Y, por tanto, es un ancla que puede asegurar el alma incluso en la tormenta más violenta. Dios ha hablado en el pasado y lo que ha dicho es inmutable. Debido a que tiene esta cualidad para siempre, la Palabra de Dios es un terreno supremamente confiable sobre el cual pararse en medio de una crisis, especialmente una tan devastadora como la de nuestro peregrino.

Pero ¿qué hace que la Palabra de Dios sea un fundamento tan seguro? ¿Qué le da esa confiabilidad? ¿Qué hace que esté «siempre» asentada en el cielo? A primera vista, la respuesta puede parecer demasiado simple. Sin embargo, si reflexionamos un poco más, la afirmación del salmista adquiere un nivel de profundidad que se ve realzado por su sencillez. Lo que da a la Palabra de Dios su naturaleza de «siempre [...] está firme en los cielos» es su fuente. Dios. En otras palabras, la razón por la que la Palabra de Dios tiene esta cualidad es por quién es Dios y cómo es Él. Y la cualidad que el salmista señala inmediatamente es la que más necesitamos en una crisis: Su fidelidad. Nuestro peregrino observa que la fidelidad de Dios continúa de generación en generación. Nunca ha habido una generación, desde Adán hasta la nuestra, en la que Dios haya sido infiel a Su carácter, a Su Palabra, a Sus promesas o a Su pueblo. De generación en generación desde la creación del mundo, ¡la fidelidad de Dios ha continuado!

Esto es importante porque en medio de una crisis, cuando nos sentimos abrumados por la oscuridad de la noche que nos rodea, en realidad nos preguntamos esto mismo: la fidelidad de Dios en general y hacia nosotros en particular. La fidelidad eterna de Dios es la base sobre la que se asienta para siempre Su Palabra. Así que, dada la importancia de este fundamento, ¿cómo verificamos que Dios ha sido realmente fiel? La prueba que presenta el salmista en el v. 90 es la creación de Dios.

He aquí la progresión hasta ahora en la estrofa. La Palabra de Dios está firmemente asentada en el cielo. La fidelidad de Dios se ha evidenciado continuamente de generación en generación. La creación de Dios ha sido establecida de forma permanente y se mantiene. Los términos aquí hablan de la tierra como algo que Dios ordenó y desde entonces hasta ahora ha permanecido en su lugar exactamente como Dios planeó y ordenó que fuera. Y esto es exactamente lo que señala el salmista al describir la creación (la tierra) como siervos de Dios (v. 92). En otras palabras, toda la creación ha hecho y sigue haciendo exactamente lo que Dios ordenó que hiciera. Funciona y se ha mantenido exactamente como Dios lo planeó y según Su propósito. La creación fue creada por la poderosa Palabra de Dios. Está siendo sostenida por la fiel Palabra de Dios. Y funciona y opera según la Palabra autoritativa de Dios.

Por tanto, la creación es una prueba visible e innegable de que Dios es fiel y de que Su fidelidad perdura de generación en generación. Mientras hay creación, hay un Fiel que la sostiene con la palabra de Su poder (He. 1:3). El lugar que revela a este Fiel es la Palabra autoritativa que Él reveló y que está fijada para siempre en el cielo. Una forma teológicamente más compleja de afirmar esta verdad sería: la revelación especial de Dios se basa en el carácter de Dios. La revelación general de Dios afirma y confirma el carácter de Dios. Pero, para conocer la naturaleza de Su carácter, debemos apoyarnos en la revelación especial de Dios, la Biblia, especialmente cuando evalúa nuestro carácter tal como ese carácter es revelado por nuestras circunstancias.

Alcanzamos una base sólida revisando nuestro carácter a través de la lente de las circunstancias (v. 92)

Cuando nuestro peregrino repasó sus circunstancias, vio que habría perecido de no ser por una cosa: su compromiso personal con la instrucción (ley) de Dios. Los términos que utilizó son gráficos y contundentes. El término «perecer» se utiliza en Job 6:18 para describir el horrible destino de las caravanas que se desvían del camino en el desierto por senderos que no les llevan a ninguna parte, sino al páramo estéril donde todos son llevados a la destrucción. El término «aflicción» describe una humillación abyecta o la devastación que se produce cuando una persona ha quedado reducida a la nada a los ojos de sus enemigos. Este habría sido su destino de no ser por una cosa: su deleite en la ley de Dios. Escapó de las trampas que le habían tendido astutamente porque nuestro peregrino fue guiado e instruido por la ley de Dios. Años antes, Moisés había recordado a Israel que el libro que Dios le había dado sería su sabiduría (Dt. 4:5-6). Siglos después, nuestro peregrino ha comprobado que la fidelidad de Dios en esa promesa se había cumplido desde aquella generación hasta la suya. A la luz de su propia experiencia personal de la fidelidad de Dios, nuestro peregrino renueva su compromiso de permanecer fiel al Dios que le había dado una Palabra tan ¡maravillosamente confiable!

Permanecemos en tierra firme al volver a comprometernos con el carácter piadoso (vv. 93-94)

A medida que nuestro peregrino va adquiriendo poco a poco una base espiritual estable, vuelve la vista atrás a todo lo que ha repasado en relación con la fidelidad de Dios y según lo revelado por la Palabra fiel de Dios, y exclama: «Nunca jamás me olvidaré de tus mandamientos». El término «olvidar», como ya hemos observado en este salmo, no significa simplemente que el salmista conservará un conocimiento intelectual del contenido de los preceptos de Dios. Más bien, al utilizar este término, el salmista se está comprometiendo con las expectativas éticas y morales de esos preceptos divinos. Más que simplemente saber lo que Dios espera, el salmista se compromete de nuevo con su búsqueda original: ¡caminar por la senda de la Palabra de Dios! Vivir según Sus mandatos. Estar a la altura de sus expectativas. Dejarse guiar por Sus instrucciones. Esperar con confianza Sus promesas. Nunca abandonar en conducta o en carácter todo lo que la Palabra de Dios revela que es el deseo de Dios para Sus hijos. Y la razón por la que nuestro peregrino está tan dispuesto a volver a comprometerse con la forma de vida revelada por los preceptos de Dios es que, mediante ellos, Dios le dio vida espiritual en primer lugar. En esto no está aduciendo que su vida espiritual (salvación) fue ganada por guardar estos preceptos. Más bien está sosteniendo que por medio de esta Palabra (preceptos) y la creencia genuina en lo que enseña, Dios le concedió la vida espiritual (comp. Ro. 1:16; 10:17).

Este compromiso se convierte en la base de una sólida convicción por parte del salmista: «Tuyo soy» (v. 94). Su corazón por las ordenanzas de Dios revelaba la verdadera paternidad del salmista. Él pertenecía a Dios. Su amor y su relación con la «palabra de Dios establecida para siempre en el cielo» revelaron de forma concluyente la identidad del salmista como verdadero miembro de Dios. Y esta identidad se convierte en la base de un fuerte grito: «¡Sálvame!». Curiosamente, aunque basa su clamor en su relación confirmada con Dios («Tuyo soy»), no es lo único a lo que apela cuando clama por la liberación. Fundamenta la parte inicial de su grito de auxilio en su relación con Dios. Pero el fondo de su clamor está firmemente establecido en su coherente camino de obediencia ante Dios (v. 94b).

Nuestro peregrino puede clamar por ayuda y argumentar que Dios debería dársela basándose en algo más que el hecho de que Dios es fiel y Su Palabra es confiable. Puede dar una importante razón adicional de por qué Dios debería librarle y actuar en su favor: «Porque he buscado tus mandamientos». Ya ha hecho variaciones de este argumento antes y lo usa de nuevo aquí porque, francamente, es poderoso. ¿Por qué debería Dios librarle? Por cómo ha utilizado la vida que Dios le ha dado hasta ahora en su viaje. En lugar de malgastar su vida y su energía en cosas sin valor o, peor aún, en cosas pecaminosas, nuestro peregrino ha invertido diligentemente en tratar de aprender, comprender y poner en práctica los preceptos de Dios. No es de extrañar que pueda clamar con tanto denuedo y confianza para que Dios ¡lo libre!

Así como la creación ha servido fielmente a Dios y Dios la ha preservado fielmente (vv. 89-91), el salmista también ha servido fielmente a Dios buscando y cumpliendo sus preceptos. En consecuencia, puede apelar con esperanza a Dios para que haga por él lo que ha hecho por la creación durante todos estos años. En el centro de su apelación está su relación con Dios a través de Su Palabra. Lo cual nos lleva a la observación final que hace nuestro salmista cuando vuelve a pisar el suelo firme del camino de la Palabra de Dios.

Descansamos en tierra firme al reconocer el carácter de la Palabra de Dios (vv. 95-96)

Nuestro peregrino cierra esta estrofa observando que sus circunstancias no han cambiado en absoluto. Los malvados casi lo destruyen (v. 92) y no han cesado en su empeño (v. 95). Como fieras depredadoras, acechan pacientemente a su presa esperando el momento oportuno para abalanzarse sobre él y destruirlo. Saber esto hace que su respuesta sea aún más sorprendente. En lugar de centrar su atención en descubrir sus planes e identidades, nuestro peregrino centra toda su atención en los recordatorios que Dios le hace de cómo se desarrollará la vida cuando sus hijos lleven a cabo determinadas acciones. «Consideraré tus testimonios». Esto habla de mucho más que una mirada casual o de escuchar de manera mecánica esos testimonios. Considerar significa estudiar tal como lo hizo Esdras como un escriba preparado en la ley de Moisés (Esd. 7:10). Significa meditar en estos testimonios día y noche como el salmista dijo que lo hacía en el Salmo 1:2. En lugar de reaccionar con miedo ante lo que tramaban los malvados, nuestro peregrino meditaba sobre lo que Dios decía que sería la vida para los que vivían según Sus preceptos y eran guiados y dirigidos en Sus respuestas y en Sus caminos por Sus testimonios. En otras palabras, la Palabra de Dios proporciona un terreno sólido y estable en medio de una sociedad caída y depravada.

También proporciona un terreno sólido y estable a las personas que viven en una sociedad finita y limitada. El salmista termina esta estrofa señalando que ha visto el fin de la perfección (v. 96). Esto significa que cuando contempla la vida y ve lo mejor que existe en la creación o entre los hombres, es inherentemente limitado. Ha visto y observado las limitaciones de todas las perfecciones terrenales. Si nuestro peregrino es en verdad el Daniel de antaño, piensa en las perfecciones de la sabiduría y la cultura humanas que existían a su alrededor en la antigua Babilonia. La cultura babilónica era legendaria por la sabiduría de sus sabios, los caldeos. Sin embargo, Daniel vio la limitación de esa sabiduría en la incapacidad de esos sabios para interpretar el sueño del rey (Dn. 2). Daniel vio cómo el asombroso poder y la fuerza de Nabucodonosor para conquistar y gobernar el mundo de su tiempo llegó a un humillante fin cuando el rey pasó siete años en una locura espantosa (Dn. 4).

Vio la asombrosa maravilla de los jardines colgantes de la ciudad y las masivas e inexpugnables murallas de esa ciudad y cómo fueron llevadas a la nada en una noche por la invasión persa. Verdaderamente había visto todas las perfecciones terrenales y descubierto sus límites. Pero había algo que era más amplio que todas las sabidurías terrenales: ¡una sabiduría de lo alto que es sumamente amplia! Una sabiduría perfecta que no está sujeta a las limitaciones de toda sabiduría terrenal: ¡el mandamiento de Dios! Una palabra establecida para siempre en el cielo y, por lo tanto, no limitada por las mismas restricciones que ataban la sabiduría de los hombres caídos.

Fue a esta sabiduría a la que se apegó nuestro salmista. Por ella elegiría vivir y ser instruido. A ella huiría en busca de protección. Bajo ella descansaría y encontraría refugio en la tormenta. En ella encontraría vida y gozo. De ella sacaría fuerzas para el camino de un día más.

A este libro también debemos acudir. En este libro también debemos descansar. Será también nuestra sabiduría. En su instrucción encontraremos todo lo que necesitamos para la vida y la piedad, no importa cuán oscura sea la noche o cuán violenta sea la tormenta que nos asalte en el camino. Pisamos tierra firme cuando nos apoyamos en una Palabra de Dios que está asentada para siempre en el cielo. Al ser así, es un punto de apoyo seguro para nosotros durante nuestra peregrinación en la tierra.

Amar la Palabra de Dios - Vivir a la manera de Dios

Estrofa 13- Versículos 97-104

¡Cuánto amo Tu ley!
Todo el día es ella mi meditación.
Tus mandamientos me hacen más sabio que mis enemigos,
Porque son míos para siempre.
Tengo más discernimiento que todos mis maestros,
Porque Tus testimonios son mi meditación.
Entiendo más que los ancianos,
Porque Tus preceptos he guardado.
De todo mal camino he refrenado mis pies,
Para guardar Tu palabra.
No me he desviado de Tus ordenanzas,
Porque Tú me has enseñado.
¡Cuán dulces son a mi paladar Tus palabras!,
Sí, más que la miel a mi boca.
De Tus preceptos recibo entendimiento,
Por tanto aborrezco todo camino de mentira.

La mayoría de los cristianos afirmarían con seguridad la misma declaración que hace el salmista de amar la ley de Dios en el verso inicial de la estrofa. Muchos creyentes afirman con confianza su adoración eterna de la Palabra de Dios sin considerar que se les puede pedir que confirmen esa afirmación. Muchos que afirman amar la Biblia más que a la vida misma tienen escasas pruebas de su absoluta devoción. En algunos casos, su evidencia viene en forma de una lealtad equivocada a un relato particular de la Palabra de Dios, mientras que sus vidas o ministerios no reflejan casi ninguna conformidad con las exigencias contenidas en ella. A veces su amor consiste principalmente en hablar y cantar sobre la Palabra de Dios en la iglesia, pero no hay voluntad de ajustarse a las exigencias de las Escrituras en el resto de su vida. Sin embargo, este no era el caso del salmista. Tampoco puede ser el caso de cualquier peregrino que desee experimentar la estabilidad en el sufrimiento y la aflicción mostrada por el salmista a lo largo de su viaje espiritual. Su afirmación de amar la ley de Dios sonó verdadera en el contexto de su vida cotidiana. Puede y debe serlo en la nuestra.

Su confesión segura (v. 97a)

¡Oh, cuánto amo yo tu ley!

Su Proclamación - *¡Amo yo tu ley!*

El salmista comienza esta estrofa proclamando su amor por la ley de Dios en términos inequívocos y fervientes que brotan de lo más profundo de su corazón. Es curioso que este amor ferviente por la ley de Dios es de igual forma dulce para su alma (v. 103).

Tan ferviente es su confesión de este amor por la ley de Dios que es el único centro de la estrofa. No hay peticiones al Señor ni mención de aflicciones, ni rastro del estado emocional depresivo que impregnaba las dos estrofas anteriores. En cambio, hay un grito de afirmación gozosa que expresa amor puro y sin adulterar por la ley de Dios.

Sin embargo, esta no es ni la primera ni la única vez que el salmista declara su amor por la Palabra de Dios. En los v. 47, 48 y 127 afirma su amor por los mandamientos de Dios. Proclama su amor por los estatutos o testimonios de Dios en el v. 119. Ama los preceptos de Dios en el v. 159. Aquí ama la instrucción o «*torá*» de Dios. En los vv. 113 y 163 reitera su amor por la ley de Dios. Está claro que ha llegado a amar la Palabra de Dios, y este amor se convierte en un tema dominante a lo largo de su peregrinación.

Intensidad de su amor por la ley de Dios

¿Cuál es exactamente la naturaleza de su amor por la Palabra de Dios? A menudo, el término amor se refiere a la afinidad de una persona por algo o alguien.

Sin embargo, el término en sí empleado por el salmista se centra en realidad en un componente del amor, distinto al de la afinidad o el afecto. El término se utiliza a menudo en el Antiguo Testamento en contextos donde se menciona la obediencia como un compañero de viaje esperado por este término. ***Hace referencia al compromiso con algo o alguien que se manifiesta en acciones y respuestas apropiadas.***

Por ejemplo, en Éxodo 20:6, Dios declaró que mostraría bondad amorosa a aquellos que lo amen y guarden sus mandamientos. En Deuteronomio 10:13-13, Moisés recordó a Israel que los requisitos que Dios les imponía no eran gravosos ni numerosos. Más bien debían temer al Señor, andar en Sus caminos, amarlo, servirlo con todo su corazón y alma, y guardar Sus mandamientos y estatutos. Así, cuando el salmista proclama su amor por la Palabra de Dios, no está simplemente expresando un afecto cariñoso por las instrucciones de Dios. Está expresando su compromiso personal de vivirlas en su caminar, conformando su vida a esa instrucción. El objeto de su amor comprometido no es otro que la «*torá*» de Dios: la voluntad revelada de Dios para la vida de su siervo.

Su prueba confirmatoria (vv. 97b, 98b, 99b)

Todo el día… son mi meditación.

¿Existe alguna evidencia bíblica aclaratoria que confirme la afirmación de alguien de amar la ley de Dios? ¿Cómo se puede evaluar realmente una afirmación como esta? Esta estrofa afirma que tales pruebas existen y ofrece una revelación precisa de lo que las componen.

La evidencia incluye experimentar los beneficios de tal amor por la ley de Dios en la vida personal.

Incluye la aplicación coherente de la instrucción de Dios o «*torá*» a las prácticas y hábitos de vida.

Se muestra en respuestas espirituales que son definidas y establecidas por la Palabra de Dios a las circunstancias de la vida. Todas estas son evidencias confirmatorias importantes que apoyan la afirmación de un hombre de amar verdaderamente la Palabra de Dios.

Sin embargo, hay una prueba principal sin la cual ninguna de las demás es posible. Es precisamente esta evidencia la que el salmista presenta de su vida como punto de partida para establecer la veracidad de su afirmación de amar la Palabra de Dios. Esta primera y principal evidencia es su práctica constante de meditar en la Palabra de Dios.

¿Qué quiere decir exactamente el salmista cuando afirma que la ley de Dios es su meditación todo el día? La meditación en esta estrofa (y en las Escrituras en general) implica algo más que la contemplación tranquila. La meditación no es pasiva. ***Es una meditación activa o una contemplación reflexiva de toda o parte de la Palabra de Dios con el propósito de conformar la vida de uno ¡a la Palabra de Dios!***

Pero, aunque este pudo haber sido siempre su deseo, anteriormente en el salmo, él da evidencia de que esta práctica de la meditación pudo haberse desarrollado progresivamente en su vida (vv. 15, 23, 27, 48, 78).

Al principio de su viaje comprendió la importancia de la mediación y tiene la plena intención de hacerlo en su vida, pero no deja de ser una intención. Lo encontramos meditando en el v. 27, pero en su mayor parte, durante las primeras etapas de su peregrinación, la meditación, aunque ciertamente valorada, seguía siendo una buena intención.

Sin embargo, en el momento en que nos encontramos con nuestro peregrino en esta estrofa, la meditación ha ido más allá de la intención aspirada para convertirse en una práctica firme y comprometida. En realidad, está haciendo lo que en las estrofas anteriores pudo haber sido su buena intención. Ahora es su práctica constante. Las palabras de Dios están siempre con él (v. 98). Son su meditación constante (v. 99).

Esta práctica se mantiene a lo largo de las estrofas restantes del salmo y, de hecho, se hace más dulce. Por ejemplo, en el v. 148 el salmista expresa su anhelo de que caiga la noche para poder disponer de un tiempo tranquilo e ininterrumpido para contemplar y considerar la Palabra de Dios sin las interrupciones y distracciones de la vida durante el día. Es evidente que nuestro peregrino ha progresado en su capacidad y deseo de meditar en la Palabra de Dios. Y nosotros también podemos.

No nos volvemos buenos en meditación por nuestras buenas intenciones. Nos volvemos buenos meditadores cuando las tormentas de la vida nos obligan a recurrir a la palabra para sobrevivir. No nos convertimos en buenos «meditadores» para impresionar a Dios o a los demás, sino para sobrevivir a la vida. Encuentra a un hombre que medita profundamente en la Palabra de Dios, y cuyas palabras y caminos son moldeados por esa Palabra, y encontrarás a un hombre que soporta las cicatrices de la aflicción, el sufrimiento y la prueba en el camino.

Su beneficio consecuente (vv. 98-100)

El beneficio supremo de amar la Palabra es obtener la verdadera sabiduría bíblica.

La naturaleza de esta sabiduría

La sabiduría descrita en esta estrofa se expresa en tres términos diseñados para ayudarnos a comprender la naturaleza plena de lo que Dios ha prometido dar a quienes meditan en Sus Palabras.

El primer término se traduce por la palabra «sabiduría» en la mayoría de las traducciones.

En el v. 98 la forma verbal indica que el salmista ha sido hecho sabio por los mandamientos de Dios. ***La sabiduría en este sentido tiene que ver con la destreza o habilidad basada en un conocimiento preciso y exhaustivo que uno ha aprendido a aplicar correctamente a la vida.***

Así que el primer componente de la sabiduría plena que le llega al hombre que medita en la Palabra de Dios es la habilidad y la capacidad de tomar el conocimiento que está adquiriendo y adaptarlo adecuadamente a su vida.

El segundo término utilizado por el salmista se traduce como «entendimiento» en el v. 99.

Este término apunta a la comprensión que conduce a la prudencia. Es algo más que la capacidad de recordar la información o reproducir los hechos. ***Es la capacidad de calar hondo en el verdadero significado de esa información y de discernir no solo el sentido, sino la intención del mensaje.***

Aquellos que valoran la Palabra de Dios se encuentran casi instintivamente sabiendo cuál es el camino correcto ante Dios. De este «entendimiento» surgen la conversación y la conducta prudentes.

El último término para sabiduría en esta estrofa es «discernimiento». Se traduce como «entendimiento» en el v. 100; pero el término hebreo se traduce en otros lugares como «discernimiento». ***Este tercer término habla de la capacidad de discernir correctamente para hacer elecciones correctas y tomar decisiones apropiadas.*** Cuando un hombre posee sabiduría, entendimiento y discernimiento, posee un tesoro de valor inestimable.

El valor de esta sabiduría

El valor de esta maravillosa sabiduría obtenida de la meditación constante y cuidadosa en la Palabra de Dios es que hace a un hombre más sabio que aquellos que lo rodean e intentan influenciarlo de una manera u otra mientras viaja por el camino de la Palabra.

Seguir los mandatos de Dios le ha hecho más sabio que el más astuto de sus enemigos (v. 98).

Si nuestro peregrino era realmente Daniel (como hemos sugerido antes), entonces quizás sus enemigos eran caldeos paganos. En ese caso, ¿cómo escapó a sus complots astutos y trampas tendidas para atraparlo y destruirlo? Los mandamientos de Dios eran su seguridad. Lo hicieron más sabio que sus enemigos y, al obedecerlos, Dios lo preservó y lo elevó por encima de sus semejantes.

Un buen caso podría ser el astuto complot urdido por los magos caldeos en un intento de desacreditar la lealtad de Daniel al Rey y destruir su vida entre ellos. Sin embargo, como Daniel obedeció el mandato divino de orar, Dios lo preservó de la boca de los leones. Y, al final de la historia, son los enemigos de Daniel los que acaban siendo destruidos en su propia trampa y devorados por los mismos leones que ellos pensaron que se comerían a Daniel.

Esta sabiduría de Dios no solo hace al hombre más sabio que sus enemigos, sino que lo hace más entendido que sus maestros (v. 99).

Es una afirmación sorprendente. Sin embargo, su afirmación de meditar en el testimonio que Dios ha dado en Su Palabra seguramente es la clave. Un hombre puede saber lo que Dios ha dicho sin creerlo lo suficiente como para conformar su vida a lo que Dios ha testificado. Tal hombre puede conocer la Palabra; pero su vida demuestra que no la ama lo suficiente como para vivir según su verdad. En consecuencia, tal hombre eventualmente sufrirá fracaso por falta de seguir la verdad, aunque posea la verdad que lo salvará.

Si Daniel escribió esto, entonces tal vez sus maestros fueron los que le enseñaron la lengua y la erudición de los caldeos (Dn. 1:4). Estos hombres eran los eruditos de la época y su fama se extendía por todo el mundo. De hecho, la tradición cuenta que los magos que vinieron a visitar al Señor después de Su nacimiento eran descendientes de los caldeos mencionados en el libro de Daniel. Daniel, su alumno, poseía una perspectiva más profunda que cualquiera de los que le enseñaron. De hecho, esta cualidad era tan legendaria que lo elevó a la posición más alta bajo Darío en el reino (Dn. 6:1-3). Anteriormente, Belsasar había elogiado a Daniel como hombre de luz y entendimiento y de excelente sabiduría (Dn. 5:15-16). Daniel fue capaz de resolver enigmas que eran evitados por los más sabios del reino, y lo hizo bajo tres monarcas diferentes: Nabucodonosor (Dn. 2:1-45); Belsasar (Dn. 1 5:13-29); y Darío (Dn. 6:1-3). ¿Qué fue lo que dio a Daniel un entendimiento tan profundo? Fue Dios. Los testimonios de Dios sobre la vida y la verdad guiaron a Daniel a buscar la revelación de Dios y a expresarla con precisión allí donde otros no tenían ni idea.

Por último, la sabiduría de Dios hace al hombre tener mayor discernimiento que cualquiera de sus mayores (v. 100).

Los ancianos de una comunidad son sus miembros más antiguos. Son aquellos a quienes la comunidad confía el liderazgo y a quienes buscan sabiduría y dirección y de quienes piden decisiones sabias y justas. Los ancianos suelen obtener esta confianza porque, bueno, son mayores y han vivido mucho y visto mucho.

Nuestro peregrino afirma tener más comprensión y discernimiento que cualquiera de los ancianos que le precedieron. Sin embargo, puede hacer esta afirmación no por su edad, sino por la fuente de su sabiduría.

La fuente de esta sabiduría

Dios mismo ha enseñado al salmista. El salmista da testimonio de que Dios le ha enseñado personalmente esta sabiduría (v. 102). Además, Dios está dispuesto a enseñar a todos los que estén dispuestos a cumplir el requisito que el salmista cumplió en su día.

El requisito de esta sabiduría

«La verdadera sabiduría no depende de una experiencia de toda la vida, sino de la obediencia a los preceptos de Dios». El término «preceptos» indica que la Palabra de Dios no es una mera sugerencia suya sobre cuál es la mejor manera en que el hombre viva una vida plena. El término en sí habla de las palabras de Dios como divinamente fijas e inherentemente autoritativas. Son Sus declaraciones de lo que Él ha designado y fijado y, por lo tanto, requiere de aquellos que invocan Su nombre.

Un hombre que desea el tipo de sabiduría descrita aquí por el salmista debe estar dispuesto a meditar profundamente en la

Palabra de Dios y a obedecer de todo corazón tanto el espíritu como la letra de las órdenes que Dios da para la vida.

Es cierto que la información es un componente necesario para alcanzar la sabiduría. Sin embargo, la información por sí sola es insuficiente para producir el tipo de sabiduría que nos ocupa en esta estrofa. Esa clase de sabiduría solo la tienen quienes han sido instruidos personalmente por Dios mismo. Ser un estudiante en el aula de Dios requiere obediencia de corazón por parte del estudiante para aplicar lo que Dios le ha enseñado a lo largo de la vida. Un comentarista lo expresó así: «Debes convertir el conocimiento en sabiduría, y eso requiere obediencia personal y comprometida».

Su aplicación coherente (vv. 101-102)

La prueba de que el salmista poseía realmente la clase de sabiduría descrita en esta estrofa viene en forma de aplicación coherente de esa sabiduría a las elecciones y la dirección de la vida. La aplicación de la sabiduría a su vida lo mantuvo alejado de todo mal camino y lo ató firmemente a los justos juicios de Dios.

El salmista ha descrito su vida como una peregrinación por un camino concreto: el camino expuesto en el primer salmo como aquel cuyo final trae el éxito y la vida espiritual a todos los que deciden caminar por él. Sin embargo, hay otros caminos a su disposición.

Apartó sus pies de los caminos del mal

Con frecuencia, mientras recorre el camino correcto, se enfrenta a tentaciones y oportunidades de apartarse de este camino por otros más apetecibles. Sin embargo, posee una sabiduría que lo hace refrenar sus pies de los caminos que muchos otros a su alrededor están eligiendo.

Se mantuvo intencionadamente en el camino correcto

El salmista refrenó sus pies de los malos caminos y también se negó a apartarse del fiel apego a los juicios o decisiones de Dios sobre la vida. Permaneció espiritualmente firme en el camino. Dios mismo «*toraizó*» a este peregrino, por lo tanto, se mantuvo fiel a las declaraciones de Dios. Cuando nos sentamos a los pies de Dios y le permitimos que sea nuestro maestro, Él tiene una manera de asegurarse de que dominemos Su material.

Lamentablemente, muchos peregrinos modernos no confían en Dios, sino que se apoyan en su propia sabiduría y entendimiento y eligen caminos cuyos comienzos parecen correctos y buenos, pero cuyo final amargo es la muerte.

Sus constantes respuestas espirituales (vv. 103-104)

La sabiduría descrita en esta estrofa se pone de manifiesto en la constante meditación bíblica sobre su fuente, la Palabra de Dios. Esta sabiduría hace al hombre más sabio que sus enemigos, sus educadores y sus mayores.

Su aplicación refrena al siervo de Dios de los malos caminos y lo ata estrechamente a los juicios de Dios. Pero tiene un beneficio adicional. La sabiduría obtenida de una vida de meditación bíblica moldea adecuadamente las respuestas internas de un hombre para que se deleite en las cosas buenas y aborrezca las malas.

La Palabra de Dios moldea los gustos espirituales del siervo de Dios

El salmista da testimonio de que las palabras de Dios son suaves para su boca y dulces como la miel. El término «dulce» en la primera parte del versículo es un término inusual que se traduce mejor como «suave». Se refiere a la facilidad con que algo entra en la boca y baja por la garganta.

La mejor comparación que se le ocurrió al salmista fue la miel. En nuestros días, las cosas dulces son fáciles de conseguir. Sin embargo, no era así en el mundo antiguo. La miel era una de las sustancias más dulces al alcance del hombre. Era muy apreciada y los hombres soportaban con gusto la picadura de las abejas para conseguir este dulce y refrescante manjar.

Esta sustancia dulce era suave y calmante cuando entraba en la boca y bajaba por la garganta. El comensal no solo disfrutaba de una delicia maravillosa y sabrosa, sino que pronto se sentía refrescado y reanimado. Este es el efecto que el salmista atribuye a la Palabra de Dios. Es dulce, suave y espiritualmente refrescante.

La Palabra de Dios endereza las respuestas del siervo de Dios

La meditación en la Palabra de Dios no solo formó adecuadamente sus gustos espirituales, sino que también fijó adecuadamente sus emociones. Dio testimonio de odiar todo camino falso (v. 104). Un hombre cuyas respuestas internas han sido establecidas con propiedad por la Palabra de Dios aprende a odiar con fervor ciertas cosas.

No tenemos equilibrio emocional si todo lo que experimentamos en nuestra vida es amor por Dios y por las cosas espirituales buenas de la vida. También debemos odiar con fervor las cosas que se oponen a Dios y son contrarias a Su voluntad. De la misma manera en que los gustos del salmista cambiaron para que lo que es aborrecible para los hombres naturales fuera dulce para él, así, lo que era dulce para el corazón pagano se volvió aborrecible para él. Su aversión a los caminos falsos lo marcó como uno de los verdaderos hijos de Dios y dio peso y credibilidad a su afirmación inicial de amar las leyes de Dios.

Nadie que ame verdaderamente las leyes de Dios puede amar al mismo tiempo los falsos caminos prohibidos por esas leyes. Lo que cambió los deseos naturales de nuestro peregrino en los aquí descritos fue la sabiduría obtenida en la Palabra de Dios. No son gustos adquiridos naturalmente por los hombres caídos. Solo se adquieren sentándose a la mesa de Dios y comiendo el pan espiritual preparado por Él. Tal vida se obtiene meditando fielmente en la Palabra de Dios y siguiendo las órdenes de Dios.

¿Cómo es una vida madura y equilibrada? Se parece a un corazón con deseos sanos.

Amar a Dios significa odiar los caminos falsos. La gente falsa ama los caminos falsos. Los siervos de Dios aman las órdenes de Dios y por ellas se alejan de los falsos caminos. La Palabra de Dios es dulce para ellos y en ella encuentran seguridad en la vida. Aprenden de antemano la locura del mal camino. Eligen ser enseñados por Dios en lugar de ser enseñados por las amargas consecuencias de elecciones equivocadas hechas intencionalmente.

No podemos terminar con una nota mejor que la exhortación que Bridges dirigió a sus lectores. «*Pero permítanme preguntarme, ¿he detectado los falsos caminos de mi propio corazón? Poco se hace en la religión espiritual, hasta que se descubren los pecados que me asedian. No me dejes conformarme con la tolerancia de los actos externos. El pecado puede ser reprimido, pero no mortificado; tampoco es suficiente que lo deje por un momento, sino que debo renunciar a él para siempre. Que no me separe de él como de un amigo querido, con la esperanza y el propósito de renovar mi familiaridad con él en un "tiempo más conveniente", sino que lo sacuda de mí, como Pablo sacudió la víbora al fuego, con determinación y aborrecimiento».*[35]

Como ya se ha observado, ***«no se puede ser laxo con el mal y esperar sacar provecho del uso de la Palabra».*** Es precisamente por el uso de la Palabra que aprendemos a aborrecer el mal. Es a través de la meditación constante en ella que las leyes, preceptos, estatutos, juicios y testimonios de Dios se vuelven dulces para nosotros como la miel. ***Por lo tanto, unámonos al salmista en su declaración: «¡Oh, cuánto amo yo tu ley! Todo el día es ella mi meditación».***

Luz para el camino de la vida

Estrofa 14 - Versículos 105-112

Lámpara es a mis pies Tu palabra,
Y luz para mi camino.
He jurado, y lo confirmaré,
Que guardaré Tus justas ordenanzas.
Estoy profundamente afligido;
SEÑOR, vivifícame conforme a Tu palabra.
Te ruego aceptes las ofrendas voluntarias de mi boca, oh SEÑOR,
Y enséñame Tus ordenanzas.
En peligro continuo está mi vida,
Con todo, no me olvido de Tu ley.
Los impíos me han tendido lazo,
Pero no me he desviado de Tus preceptos.
Tus testimonios he tomado como herencia para siempre,
Porque son el gozo de mi corazón.
He inclinado mi corazón para cumplir Tus estatutos
Por siempre, y hasta el fin.

Pedro, escribiendo a los peregrinos del Nuevo Testamento, exhortó a sus lectores a prestar cuidadosa atención y obediencia a la Palabra de Dios por su función de luz que brilla en un lugar oscuro (2 P. 1:19). El término que Pedro utilizó para referirse a las tinieblas indicaba algo más que la mera ausencia de luz. Pedro estaba recordando a sus lectores su llamado a vivir para Cristo en un contexto difícil y peligroso. Lo que les guiaría con seguridad por este «camino oscuro» era la Palabra de Dios. Pedro sabía de lo que hablaba por experiencia propia. Sin embargo, podía señalar a un peregrino anterior que también afirmaba la maravillosa forma en que la Palabra de Dios proporciona luz para guiar a los creyentes con seguridad y protección en su peregrinación a la casa del Padre.

Durante muchas estrofas hemos seguido el viaje del salmista por el camino de la Palabra. A lo largo de los altibajos del viaje ha permanecido firmemente resuelto a continuar por el camino elegido. Llegados a este punto, nuestro peregrino ha completado más de la mitad del camino, o al menos así lo parece en el testimonio que nos ha dejado en este salmo. Ha experimentado muchas cosas a lo largo del camino y, a través de todo ello, la Palabra de Dios le ha proporcionado guía, protección, seguridad y consuelo. Por eso, en parte, ha llegado a valorar la Palabra de Dios por encima de todos los tesoros terrenales.

Sin embargo, aún queda mucho camino por recorrer y el resto del salmo revela que el camino que queda por delante no será más fácil que el que ya se ha recorrido. De hecho, a partir de este momento, el salmista se enfrentará a una oposición feroz y constante. Seguirá avanzando, pero cada paso será difícil de dar.

En cierto modo, su experiencia es la nuestra. Cuanto más caminamos por la senda de la Palabra de Dios, más difícil se hace el camino. Cuanto más decididos estamos a permanecer fieles a las expectativas de Dios, más fuerte es la oposición a la que nos enfrentamos. El salmista revela que toda la vida cristiana, de principio a fin, es una batalla espiritual que cada creyente debe librar para progresar en el camino que ha elegido. Sin embargo, hay algo que el salmista descubrió que le ayudó y que puede ser nuestra ayuda también. Descubrió que Dios le había dado un importante recurso para guardarlo del peligro y guiarlo con seguridad a través del terreno peligroso que tenía por delante. Este recurso es la Palabra de Dios.

Su reconocimiento - Luz para el camino (v. 105)

Lámpara es a mis pies Tu palabra, y luz para mi camino.

La Palabra que preservó al salmista del mal en la estrofa anterior señala ahora a sus pies el verdadero camino por el que ha de ir seguro en presencia de sus enemigos y confiado ante su Dios.

En el verso inicial de la estrofa, el salmista da testimonio personal del inestimable recurso que le proporcionó guía y seguridad: «Lámpara es a mis pies tu palabra, y lumbrera a mi camino». En otras palabras, el salmista no se limita a observar una realidad teológica sobre la Palabra de Dios desde la comodidad y seguridad de su estudio. Está dando una afirmación poderosa y personal del valor que esta luz ha proporcionado en su propia vida personal. Ha dado luz a sus propios pies mientras caminaba personalmente por el sendero.

La identidad y la fuente de esta luz

De inmediato el salmista identifica la Palabra de Dios como la luz. Lo que confiere a la Palabra esta función indispensable es su fuente. Es luz porque desciende de Aquel que es la Luz y en quien no hay oscuridad alguna. La Palabra puede iluminar y guiar con seguridad el camino porque procede de Aquel que lo sabe todo (omnisciencia) y está en todas partes de ese camino (omnipresencia). La naturaleza de Dios da a Su Palabra la capacidad de guiar, dirigir y proteger a Su pueblo en el camino que Él ha marcado para que lo recorran en esa misma Palabra.

La naturaleza de esta luz

El salmista describe la Palabra de Dios de dos maneras particulares: como lámpara para sus pies y como luz para su camino. Quizás los lectores modernos, que viven en un mundo bañado por la luz, no perciban estas imágenes. La imagen de una lámpara para sus pies es la de una pequeña lámpara de aceite que sostiene el peregrino y que arroja una luz concentrada para iluminar la siguiente pequeña parte del camino donde sus pies están a punto de pisar. La imagen más cercana en nuestros días sería el haz de luz de una pequeña linterna iluminando el entorno inmediato. La Palabra de Dios es así. Proporciona una luz enfocada para guiar nuestras decisiones inmediatas y nuestra dirección. ¿Qué debemos hacer en una situación concreta? ¿Cuál es la respuesta adecuada que Dios desea de nosotros? ¿Qué dirección debemos tomar? Los pasos diarios de un hombre piadoso son guiados por la luz de la Palabra de Dios.

Sin embargo, el salmista también describe la Palabra de Dios como una luz para su camino. Esta segunda imagen es la de una fuente de iluminación más grande (quizás una gran antorcha encendida o incluso una luna llena que arroja luz sobre distancias más grandes del camino que tiene por delante). La Palabra de Dios tiene un efecto similar: proporciona la orientación que necesitamos para dar el siguiente paso en el camino. También ilumina todo el camino para que podamos ver el viaje completo y su destino final.

Una de las maneras en que la Palabra de Dios ilumina todo el camino es a través de los ejemplos que contiene de hombres y mujeres que han recorrido el camino delante de nosotros. Al leer sus experiencias, recibimos instrucciones para nuestro propio camino. Por ejemplo, aprendemos de la experiencia de José en casa de

Potifar que a veces la fidelidad se recompensa con el mal. También aprendemos que Dios, aunque esté silencioso a nuestros oídos, vela atentamente por Su hijo y obra todas las cosas para el bien de Su siervo. Tener esta luz nos permite caminar con seguridad cuando entramos en nuestra propia versión de la casa de Potifar.

La Palabra de Dios también nos alerta del peligro real que acecha justo al salir del camino. Al leer las cosas horribles que le sucedieron a David cuando se desvió del camino, nos hace recordar que a nosotros nos esperan peligros similares si seguimos sus pasos al alejarnos del camino.

La Palabra de Dios proporciona instrucciones específicas para cada paso del camino. Se nos dice cómo manejar nuestros matrimonios. Se nos dan instrucciones específicas en cuanto a la crianza de nuestros hijos. Se nos dice qué evitar y qué aceptar en la cultura pagana circundante. Se nos da orientación sobre cómo utilizar nuestros recursos, qué hacer cuando necesitamos provisión para la vida, cómo manejar el dolor y la muerte, y una serie de otras situaciones que seguramente encontraremos en el camino.

La Palabra de Dios también revela la totalidad del camino. Nos habla de una ciudad que Dios está construyendo y que espera a cada peregrino al final del camino. La Palabra de Dios nos advierte de lo que podemos esperar en cada etapa de nuestro viaje terrenal. Por muy oscuro que a veces parezca el camino, se acerca un día brillante y, cuando amanezca, ¡ya no habrá noche! Todo esto nos anima mientras recorremos el camino que nuestro peregrino recorrió delante de nosotros. Lo que él encontró es lo que nosotros podemos esperar encontrar, ¡y lo que él encontró fue que la Palabra de Dios proporciona una iluminación confiable para el camino!

El valor de esta luz

Hace algunos años tuve la oportunidad de viajar a Panamá con varios hombres de nuestra iglesia para llevar el evangelio a un grupo de indígenas panameños que vivían en una gran comarca (una reserva) en las regiones montañosas del país. Uno de los hombres y yo emprendimos un viaje a pie para asistir a un servicio celebrado en una aldea remota en el corazón de las montañas. Subimos y bajamos varias cordilleras y vadeamos varios ríos para llegar allí. Nuestro consuelo mientras soportábamos el viaje era la promesa de que el viaje de vuelta sería a caballo. Sin embargo, después del servicio vespertino descubrimos con consternación que no había caballos disponibles y que tendríamos que hacer el viaje de vuelta a pie en la oscuridad. Nos pusimos en marcha y nuestro guía llevaba una pequeña linterna para alumbrarnos durante el trayecto. En más de una ocasión nos libramos de sufrir heridas graves, ya que la luz nos alertó de algún punto peligroso que había más adelante y también nos mostró el sendero sin obstáculos que nos llevaría sin peligro. No puedo imaginar cómo habríamos hecho el viaje sin aquella linterna. Más de una vez, durante aquella oscura caminata, pensé en lo que pasaría si nos fallara la linterna. En aquel momento, ¡era lo más valioso que teníamos!

Ese es el testimonio de nuestro peregrino. La Palabra de Dios no es solo una fuente conveniente de ideas teológicamente correctas (por muy importante que sea ese pensamiento para los creyentes). Es una guía indispensable para una vida moral correcta en un mundo espiritualmente oscuro y depravado. Zemek señaló: «Esta luz celestial para el camino de la tierra es el bien más positivo que posee un discípulo y viene gentilmente de Dios a través de Su Palabra».[36] ¡Amén!

Su respuesta - He jurado, cumpliré (v. 106)

He jurado, y lo confirmaré, que guardaré Tus justas ordenanzas.

¿Cómo respondió el salmista al don de la Palabra de Dios? De inmediato manifestó un compromiso agradecido de seguir el camino iluminado por la Palabra de Dios. Imaginemos la locura de no seguir, por descuido o con intención, el camino iluminado por la luz. Qué locura desviarse intencionadamente de la seguridad del camino para vagar sin cuidado hacia el peligro que acecha en la oscuridad. Sin embargo, caemos en esta locura y nos exponemos a este peligro cuando no leemos o nos negamos a prestar atención a la instrucción de gracia dada en la Palabra de Dios.

Nuestro salmista tiene cuidado de evitar esa vida desatenta. En lugar de ello, jura cumplir los justos juicios de Dios. Lo que Dios identifica como el camino «justo» es el camino que el salmista decide seguir. No solo ha jurado con sus labios seguir ese camino; sus pies han confirmado su voto. Ha obedecido hasta ahora en su peregrinación y está decidido a seguir, delante del Señor, caminando en obediencia a la luz de Su Palabra.

Su juramento es su vínculo y su vida ha sido un esfuerzo decidido por permanecer en el «camino de la Palabra». Se ha atado a este camino y está decidido a continuar por él durante el resto de su viaje terrenal. Sin embargo, su determinación no elimina el peligro que le aguarda.

Su realidad (vv. 107a, 109, 110a)

Estoy profundamente afligido… En peligro continuo está mi vida… Los impíos me han tendido lazo…

Una cosa es hacer buenos votos a Dios. Cumplirlos es otra cosa muy distinta. El salmista se ha comprometido mediante un juramento solemne a obedecer la Palabra de Dios. Ahora se enfrenta a la realidad de obedecer en un contexto lleno de dificultades y peligros.

No es la primera vez que vemos al salmista en medio de la aflicción a manos de sus enemigos. Sin embargo, es la primera vez que describe la gravedad de su aflicción. Está probado en extremo y grandemente afligido.

Su descripción tampoco es exagerada. En el v. 109 revela que su situación encierra un peligro real y presente para su vida. Mientras camina a la luz de la Palabra de Dios, cada paso del camino es uno que él comprende plenamente que puede costarle la vida. Tomar la vida en sus manos era continuar en una acción o en una dirección con plena comprensión de que el resultado probable sería la muerte.

Enemigos poderosos y astutos han conspirado contra nuestro peregrino y han preparado trampas para atraparlo y ocasionarle la muerte. Él ha recibido luz para el camino y está obligado y decidido a caminar por esa luz. Sin embargo, sus enemigos están igualmente obligados y decididos a apartarlo de la seguridad del camino y llevarlo a las tinieblas de la desobediencia. Sin embargo, él no solo tiene un poco de luz para el camino inmediato, sino que tiene un reflector que ilumina todo el camino por delante. Esa luz penetra en las tinieblas donde acechan esos hombres y expone sus trampas al ojo vigilante del viajero, que puede así pasar con seguridad mientras permanezca en el camino.

Si nuestro salmista es Daniel, uno piensa inmediatamente en los muchos complots formados contra él y sus tres amigos hebreos por quienes odiaban a su Dios y despreciaban a Daniel por el favor que Dios le concedió a los ojos del rey. En más de una ocasión, la vida de Daniel estuvo en grave peligro y escapó siguiendo los pasos revelados ¡en la fiel Palabra de Dios!

¿Cómo deben orar los peregrinos cuando se encuentran en peligro mientras caminan por la senda segura que ha sido iluminada por la Palabra de Dios?

Sus peticiones (vv. 107b -108)

SEÑOR, vivifícame conforme a Tu palabra. Te ruego aceptes las ofrendas voluntarias de mi boca, oh SEÑOR, y enséñame tus ordenanzas.

Lo que una persona ora ante tal peligro y en medio de tal aflicción dice mucho de su carácter interior y de su verdadero compromiso con Dios. Nuestro peregrino revela su verdadero carácter y su genuino corazón por Dios al orar por tres cosas en medio de un punto oscuro y peligroso del camino.

Vivifica mi corazón (v. 107b)

Nuestro peregrino levanta la voz y clama a Dios por fuerza y vida. No es una petición nueva. Siempre ha pedido a Dios fuerza ante las dificultades y vida ante el peligro. Reconoce plenamente que, aunque puede ver dónde está el camino seguro, no tiene fuerzas por sí mismo para hacer que su pie camine por donde le lleva el sendero. Por eso pide a Aquel que iluminó el camino que le dé fuerzas para caminar. Esa debe ser también nuestra oración.

Además, pide a Dios que asegure su corazón mientras camina en presencia de sus enemigos. Una cosa es ver el camino y oír que otros han pasado a salvo por ahí delante de ti. Sin embargo, llega el momento en que tú personalmente debes recorrer ese difícil tramo del camino. Para ese momento, tus pies necesitan fuerza y tu corazón necesita valor. El salmista pide ambas cosas cuando suplica a Dios que vivifique o reanime su hombre interior.

Acepta mi adoración (v. 108a)

En medio del peligro y la dificultad, el salmista no olvida alabar a Dios de todo corazón. No importa su circunstancia, desea que Dios acepte su adoración. Esto proporciona una percepción asombrosa de su corazón. Para él, más importante que la seguridad o incluso la supervivencia ¡es la aceptación de su adoración!

Pide a Dios que acepte la ofrenda voluntaria de su boca. Su alabanza no es forzada. No procede de una actuación rutinaria o de un ritual. Es sincera y genuina. Es su respuesta natural e instintiva en una crisis: «Señor, ayúdame a alabarte adecuadamente en medio de esta situación».

Su sacrificio sale de sus labios, así que debe ser alabanza lo que pronuncia a Dios, más que algún sacrificio físico o regalo que trae al Señor. En medio de sus difíciles circunstancias, ¡quiere agradar a Dios con sus palabras! Qué lección para nosotros. Estamos más tentados a pecar con nuestras bocas en medio de circunstancias dolorosas y difíciles. Somos más propensos a desagradar a Dios con nuestras palabras cuando soportamos una aflicción prolongada y Él parece guardar silencio. Nuestro peregrino da un poderoso ejemplo al orar para que Dios le permita decir palabras de alabanza a Dios en medio del dolor. Sin embargo, tal alabanza no brota naturalmente de nuestros labios caídos, debemos ser instruidos en tal alabanza y es por esta instrucción que ahora el salmista ora.

Ilumina mi mente (v. 108b)

Hasta ahora, los justos juicios de Dios han iluminado el camino. Sin embargo, el salmista reconoce su necesidad de una iluminación e instrucción continuas por parte de esos justos juicios y le ruega a Dios que siga enseñándole con Su Palabra.

Ha pedido a Dios que lo vivifique (v. 107) y ahora le pide que lo ilumine (v. 108). No debemos pasar por alto la importante conexión que el salmista establece entre la vivificación y la iluminación. La primera brota de la segunda. Es la iluminación de la Palabra de Dios la que vivifica nuestros corazones. La Palabra de Dios nos fortalece. La Palabra de Dios nos libra del peligro. La Palabra de Dios nos asegura en el camino. La vivificación en el camino viene de la iluminación de la Palabra.

Muchos creyentes oran con diligencia para pedir ayuda o liberación de alguna dificultad o peligro en la vida. Sin embargo, sus oraciones suelen quedar sin respuesta. A veces los creyentes se desesperan y se enojan con Dios por no ayudarlos. Con tristeza, ellos fallan en darse cuenta que Dios les ha dado una provisión maravillosa por la cual se efectúa la liberación que ellos con tanta desesperación quieren y necesitan: ¡Su Palabra!

Oran desesperadamente por liberación pero nunca piensan en pedirle a Dios que les ayude a obtener un entendimiento más profundo y completo de Su Palabra. Por lo regular la liberación que necesitan se encuentra en alguna instrucción que Dios ya ha dado en Su Palabra. Es totalmente apropiado pedirle a Dios que nos libre del peligro en el camino. Sin embargo, es igualmente importante pedirle a Dios que nos ilumine con Su Palabra mientras buscamos Su protección y liberación. A menudo la protección que necesitamos y la liberación que deseamos se encuentran en Su Palabra.

Su determinación (vv. 109-110)

En peligro continuo está mi vida, con todo no me olvido de tu ley. Los impíos me han tendido lazo, pero no me he desviado de tus preceptos.

Nuestro peregrino no solo ora cuando se enfrenta a un peligro en el camino, sino que decide permanecer en él. La resolución de permanecer en el camino consta de dos importantes componentes espirituales.

No volveré atrás - No me he olvidado de tu ley

Ante el peligro de muerte, nuestro peregrino decide no dejar que el miedo lo aparte de la ley de Dios. El término «olvidar» no se refiere a olvidar mentalmente lo que Dios ha dicho. Se refiere más bien a dejar de obedecer intencionadamente lo que Dios ha dicho. Olvidar en la Biblia es en esencia rechazar. El salmista ha resuelto que nada lo hará rechazar los mandamientos de Dios.

No me apartaré/alejaré – Pero yo no me desvié de tus mandamientos

Los peregrinos se enfrentan a la tentación de desviarse de la obediencia a los mandamientos de Dios ante el peligro. También se enfrentan a la tentación de desviarse cuando son distraídos por las tentaciones de los hombres malvados. Nuestro peregrino se enfrentó a tales tentaciones en su viaje. Habla de los lazos o trampas que le tendieron los hombres malvados. Su intención al tender esas trampas era apartar al peregrino de la seguridad del camino.

Tal vez cuando se dieron cuenta de que no podían conseguir que renunciara al camino que había elegido, intentaron desviarlo de él. Pero la luz de la Palabra de Dios expuso al salmista la nefasta intención que ellos tenían y fortaleció su resolución de permanecer en el camino marcado por los eternos y sabios decretos de Dios.

Con qué facilidad nos desviamos del camino si no valoramos debidamente la Palabra de Dios. Si fallamos en desear instrucción en esa Palabra, pronto nos encontraremos vagando fuera de la seguridad del camino establecido para que nuestros pies viajen. Antes de que nos demos cuenta, ¡nos encontraremos atrapados en la misma trampa que decidimos evitar!

¿Qué nos ayudará a no tropezar? ¿Qué anclará con firmeza nuestros pies al camino iluminado por la Palabra de Dios de tal manera que nunca resbalen? Esa seguridad se consigue cultivando un amor profundo y duradero por la Palabra de Dios. Cuando realmente amemos la Palabra de Dios más que a nada, ¡esta será la fuente suprema del verdadero gozo y tesoro duradero en esta vida!

Su regocijo (vv. 111-112)

Tus testimonios he tomado como herencia para siempre, porque son el gozo de mi corazón. He inclinado mi corazón para cumplir Tus estatutos. Siempre, y hasta el fin.

El salmista proclamó que los testimonios de Dios eran la fuente de gozo supremo en su vida. ¿Qué hacía que fuera así, en especial cuando antes en el salmo él luchó con esta situación en particular? Tan grande era la tendencia de sus ojos a encontrar gozo en «cosas sin valor» que suplicó a Dios que apartara sus ojos de tal inutilidad. Ahora, como es evidente, Dios ha respondido a su oración y ahora nuestro peregrino tiene lo que pidió antes: ¡los testimonios de Dios son su deleite!

El motivo de su regocijo - Son mi herencia

La Palabra de Dios se ha vuelto preciosa porque se ha convertido en su única herencia. Cada judío verdadero tenía su herencia física en la tierra de la promesa como un tesoro de valor inconmensurable. No importaba qué tragedia le sucediera a un hombre o cuán endeudado estuviera, su herencia permanecería. De hecho, Dios puso estipulaciones en Su ley para proteger la herencia de un hombre asegurando que eventualmente regresaría a él (o a su familia) si por alguna razón la tierra había sido confiscada como garantía de una deuda no pagada.

Por muy atractiva que fuera la oferta, ningún judío verdadero vendería su herencia. Acab lo descubrió cuando trató de comprar la viña de Nabot. De hecho, para obtener esa viña, Acab tuvo que robarle la vida a Nabot.

Si nuestro peregrino es Daniel, ha perdido su tierra. Él y su pueblo han sido deportados a la fuerza de la tierra de la promesa y exiliados a una tierra extranjera lejos de Jerusalén. Sin embargo, Daniel tenía algo aún más valioso que su herencia de tierra. Tenía los testimonios de Dios y ¡nunca renunciaría a ellos! Incluso en un lugar lejano, eran suyos y le proporcionaban seguridad y protección.

Cuán convincente es esto para nosotros. Afirmamos que atesoramos la Palabra de Dios, pero la mayoría de nosotros no la valoraría por encima de nuestro placer o nuestra seguridad, y mucho menos por encima de nuestra vida. Con qué rapidez nos apartamos de sus instrucciones o retrocedemos ante sus exigencias. Atesoramos el placer terrenal y el tesoro temporal mucho más de lo que atesoramos la riqueza eterna de la Palabra de Dios.

El resultado de su regocijo - He inclinado mi corazón

Su posesión eterna le trajo un inmenso gozo presente. Este gozo hizo que «inclinara» su corazón hacia los estatutos de Dios en lugar de alejarse de ellos. La fuente de nuestro gozo terrenal dará forma y orientará la dirección de nuestras vidas terrenales.

Los corazones pueden volverse hacia el Señor o pueden alejarse de Él. Salomón es un poderoso recordatorio de esta verdad. Comenzó con un corazón inclinado hacia Dios y la sabiduría que proviene de Él. Esto agradó inmensamente a Dios y, en consecuencia, Salomón recibió riquezas incalculables y mucho más de la mano de Dios. Sin embargo, solo unos pocos años después, el corazón de Salomón se inclinó lejos de Dios. Esto desagradó inmensamente a Dios. Aunque Salomón conservó sus juguetes terrenales, en el proceso perdió todo lo que tenía valor eterno (1 R. 11:9 ss.).

¿Cómo se manifiesta esta determinación en la vida de un peregrino? ¿Cómo la detectarías en tu propia vida? Nuestro peregrino lo expresó bien: «Cumpliré tus estatutos de forma total (por completo) y lo haré hasta el fin (de manera consistente y constante)».

Alguien describió la vida cristiana fiel como una larga caminata en la dirección correcta. Eso es lo que quiere decir el salmista cuando promete observar la Palabra de Dios de forma completa, consistente y constante. Se propone obedecerla plena y completamente. Y pretende hacerlo en todos sus caminos y durante todos sus días.

Así es una vida cristiana madura. Viene como resultado del sufrimiento y la aflicción en el camino. Viene como resultado de aprender a valorar la Palabra de Dios más que la vida o cualquier cosa que la vida pueda ofrecer. Viene como resultado de reconocer la Palabra de Dios como el verdadero tesoro y todo lo demás que la tierra ofrece es meramente oropel y baratijas de plástico.

Un largo paseo en la dirección correcta... un largo paseo. En una dirección. Asegúrate de que es la dirección correcta. Que esa dirección está iluminada por la luz de las Escrituras. Así que ¡empecemos a caminar!

Quinta parte: Resistencia (Estrofas 15-18)

Aferrados a la mano que nos sostiene

Estrofa 15 - Versículos 113-120

Aborrezco a los hipócritas,
Pero amo Tu ley.
Tú eres mi escondedero y mi escudo;
En Tu palabra espero.
Apártense de mí, malhechores,
Para que guarde yo los mandamientos de mi Dios.
Sostenme conforme a Tu promesa, para que viva,
Y no dejes que me avergüence de mi esperanza.
Sostenme, para estar seguro,
Y que continuamente preste atención a Tus estatutos.
Has rechazado a todos los que se desvían de Tus estatutos,
Porque su engaño es en vano.
Como basura has quitado de la tierra a todos los impíos,
Por tanto amo Tus testimonios.
Mi carne se estremece por temor a Ti,
Y de Tus juicios tengo miedo.

Sin lugar a dudas, el Salmo 119 está en el Antiguo Testamento como un ejemplo estelar de poesía hebrea altamente estructurada y diseñada con complejidad. Es posible que los lectores actuales contemporáneos no aprecien al inicio el impacto de esa afirmación, en especial debido a nuestra comprensión de la naturaleza y el uso de la poesía en la comunicación. La mayoría de nosotros pensamos en la poesía principalmente como una forma creativa de introducir y expresar emociones y sentimientos en el proceso de la comunicación. Además, lo que entendemos por poesía suele implicar la rima o la métrica (una especie de ritmo literario).

Sin embargo, para el lector de lengua hebrea, la poesía bíblica tenía un sentido y una función muy diferentes. Por ejemplo, la poesía hebrea no se «siente» de la misma manera que la poesía común. La rima o la métrica casi no tienen sentido en la estructura de la poesía bíblica. Además, la poesía hebrea (en especial cuando la utilizan escritores bíblicos) cumple una función diferente: es la expresión y el énfasis de ideas más que de sentimientos o emociones. Mediante el uso de párrafos literarios construidos con cuidado, el escritor expresaba o enfatizaba verdades importantes y las hacía atractivas y accesibles a su lector.

El Salmo 119 es uno de los ejemplos más difíciles y complejos tanto de la forma como de la función de la poesía hebrea. Las veintidós estrofas que componen el salmo están organizadas en grupos de ocho versos y cada estrofa se identifica con una letra del alfabeto hebreo. Esta estructura es un recurso poético conocido como *acróstico*. Aún más sorprendente es que la primera palabra de cada verso de cada estrofa se abre con una palabra que comienza con la letra asignada a esa estrofa.

Es evidente que alguien invirtió mucho tiempo y energía en la construcción del salmo. Esta disposición habla de la intencionalidad del autor, así como de la importancia de su mensaje. Además, es posible que el salmo se haya estructurado así para ayudar al lector a retener y recordar su mensaje.

El gran mensaje que comunica el salmista tiene que ver con caminar por la senda de la Palabra de Dios. De manera más puntual, la ventaja de tal camino, los requisitos para el éxito y lo que el peregrino experimentará durante el viaje. Cada estrofa aporta alguna verdad importante relacionada con este tema para preparar mejor a los lectores que deseen seguir el mismo camino recorrido por este peregrino.

Cuando llegamos a esta estrofa, nuestro peregrino ya ha recorrido la mitad del camino. Hemos observado que el salmo traza su viaje progresivamente. Sin embargo, también hemos observado que, de vez en cuando, las experiencias de una estrofa anterior se repiten en una estrofa posterior con mayor intensidad. Las decisiones tomadas al principio del viaje se ponen a prueba una y otra vez en circunstancias nuevas o más intensas. Las observaciones anteriores se confirman en las estrofas posteriores. Los compromisos anteriores se reafirman y se hacen nuevos llamados a medida que el viaje se hace cada vez más difícil.

En todo esto, la pasión de nuestro salmista por recorrer el camino de la Palabra no ha decrecido ni ha disminuido su compromiso. En todo caso, se ha acentuado junto con la intensificación de la dificultad del camino. Ya no es la aspiración soñadora de un joven sin experiencia o de un novato sin experiencia. Por el contrario, es la afirmación profunda de un hombre que ha sido puesto a prueba por las tormentas de la vida y, aunque magullado y maltrecho, ¡sigue aún, con más firmeza, decidido a permanecer en el camino!

Al principio del viaje, su conversación estaba llena ya sea de propósitos maravillosos en cuanto a todo lo que aspiraba a hacer por Dios, o de desesperadas súplicas de ayuda a medida que la dificultad del viaje empezaba a hacer mella en él. Sin embargo, aunque nuestro peregrino es el mismo individuo que nos habla ahora, no es la misma persona. Ha crecido en el camino y el camino lo ha fortalecido y lo ha hecho más sabio, más fuerte y más resistente. En consecuencia, aunque el camino es mucho más difícil en esta etapa del viaje, nuestro peregrino camina con una fuerza y una confianza nacidas en el viaje que no estaban presentes cuando comenzó el camino.

Su compromiso establecido (vv. 113-114):

Aborrezco a los hipócritas, pero amo Tu ley. Tú eres mi escondedero y mi escudo; en Tu palabra espero.

A estas alturas, nuestro peregrino se ha formado una respuesta fija e inquebrantable ante quienes se le oponen en el camino. Tiene sentimientos claramente definidos sobre lo que rechaza y lo que abraza, y no teme declararlos con valentía. No tiene tiempo ni espacio para los que vacilan en el camino. La idea de ser «hipócrita» no significa, en esencia, que una persona sea indecisa o incapaz de tomar decisiones firmes. A menudo un hombre «hipócrita» ha llegado a decisiones muy firmes y resueltas que dan lugar a su «hipocrecía».

Ser hipócrita o de doble ánimo en las Escrituras tiene que ver principalmente con la lealtad del corazón de la mente de uno. Un corazón de doble ánimo es un corazón dividido que le da a otro la lealtad o fidelidad que le pertenece exclusivamente a alguien. Una persona de doble ánimo es aquella que camina en el sendero pero le da lealtad y fidelidad a quienes caminan en la otra dirección. Nuestro peregrino no tiene nada que ver con un viajero así. En cambio, ¡su lealtad está dedicada solo a Dios y a Su Ley!

En este contexto, odiar no expresa esencialmente una emoción del corazón, sino la orientación y dirección decisivas del corazón y de la vida de una persona. Muchos viajeros en el camino no se han orientado solo a Dios y no se han comprometido de manera plena y sincera a moldear y conformar sus vidas a la Torá de Dios.

A menudo, estos individuos dividen su lealtad para obtener un aparente beneficio. Un beneficio importante que un viajero puede necesitar en el camino es el de la provisión o la protección. Mientras que otros podrían caminar por el camino de la Palabra y buscar en otras cosas provisión o protección, nuestro peregrino se niega a dividir su corazón. En lugar de eso, se aferra a Dios. Solo Dios es su «escondite» o su refugio. Solo Dios es su «escudo» o protección. Si Dios falla en cualquiera de los dos casos, ¡todo está perdido! ¿Cuál era la diferencia entre nuestro peregrino y sus compañeros de viaje de doble ánimo? Muy sencillo, él confiaba en lo que Dios decía, mientras que ellos no. Él caminaba por fe en la Palabra de Dios; ellos caminaban por vista.

Cada uno de nosotros debe hacer la misma elección. ¿Orientaremos nuestros pies por fe o por vista? ¿Dividiremos nuestro corazón y nos apartaremos de la ley de Dios cuando parezca que nos ha olvidado? ¿En quién o en qué confiaremos entonces? Dios puede ser y será nuestra provisión y protección pero solo cuando nos comprometamos exclusivamente con ¡Su Palabra!

Su fuerte declaración (v. 115)

Apártense de mí, malechores, para que guarde yo los mandamientos de mi Dios.

Una cosa es hacer compromisos internos y privados para permanecer leal a Dios. Otra muy distinta es declarar esas decisiones con valentía en medio de hombres desleales. No es la primera vez que el salmista interactúa con nosotros o con Dios sobre los malvados que ha encontrado en su camino. A lo largo del salmo, ha compartido con nosotros, los lectores, sus sentimientos hacia esos hombres. Con frecuencia también ha hablado con Dios sobre ellos. Sin embargo, esta es la primera vez en el salmo que nuestro peregrino se dirige directamente a los malhechores. Y no hay dudas ni vacilaciones cuando habla: no tartamudea cuando se dirige a ellos con valentía y abiertamente. «Apártense de mí, malechores».

En algún momento de nuestro camino, cada uno de nosotros debe llegar al punto en el que de manera personal, decisiva, abierta y permanente pongamos todo lo que tenemos en Dios y estemos en contra de aquellos que obran el mal ante Sus ojos.

El salmista no solo es claro en estar separados de los malhechores, sino también en su compromiso de guardar y obedecer los mandamientos de Dios. Para el salmista, la separación no solo es de algo, sino también hacia algo. Está separado de los que rechazan a Dios y de lo que Dios ha ordenado. Y lo que ha sido interiorizado y expresado a Dios y a nosotros hasta este punto en el Salmo, ahora es profesado abiertamente y proclamado con valentía a esos mismos malhechores.

Su continua dependencia (vv. 116-117)

Sosténme conforme a Tu promesa, para que viva, y no dejes que me avergüence de mi esperanza.

Estas proclamaciones valientes tienen consecuencias en la vida real. El salmista lo sabe muy bien. Por eso apela a Dios para que le dé sustento y seguridad a la luz de su osada declaración. Este es realmente el núcleo de la estrofa: ¡una súplica a Dios para que sostenga al peregrino que se ha aferrado a Dios!

En el v. 116 clama por el sostenimiento divino sobre la base de que Dios lo ha prometido en Su Palabra a aquellos que se aferran a Él. El salmista se la jugó todo en una sola cosa: lo que la Palabra de Dios ha dicho que Dios haría por los que confían en Él. Suplica a Dios que su confianza no lo defraude.

Pero ¿qué sostendrá el corazón de nuestro viajero mientras espera la respuesta de Dios? Nada menos que Dios mismo. Con la misma valentía y confianza con que se dirigió a sus enemigos, el salmista se dirige ahora a Dios. Al dirigirse a sus enemigos, el salmista hizo con valentía y sin pudor declaraciones que lo pusieron más allá del punto de no retorno. Una vez hecha su osada declaración, ya no había posibilidad de comunicación o seguridad con los hipócritas. De la misma manera, nuestro salmista hace una declaración valiente a Dios de la cual no hay vuelta atrás. Si Dios, a quien nuestro salmista se aferra con firmeza, no lo sostiene, no habrá esperanza para nuestro peregrino.

Su confianza se expresa en forma de un nuevo compromiso de observar continuamente los estatutos de Dios. Se trata tanto de una expectativa confiada de que Dios lo sostendrá y de que podrá seguir obedeciéndole, como de la expresión de su deseo de que Dios lo proteja para que pueda seguir obedeciéndo Sus estutos.

Lo que debería llamarnos la atención es que el salmista no está haciendo un «trato» con Dios en el que promete obediencia a cambio de protección o provisión. No está discutiendo con la Deidad, tal como somos tan propensos a hacer cuando nos enfrentamos a dificultades o pruebas. Su corazón está orientado a obedecer y su deseo es tener la oportunidad de continuar rindiendo tal obediencia a Dios. Ha puesto toda su confianza en la Palabra que ha llegado a amar para obedecer. Su apelación a Dios se basa directamente en las declaraciones de Dios que están en esa Palabra. Su confianza está en la Palabra y en lo que revela sobre Dios, más que en alguna obediencia prometida a Dios pero solo si Él la cumple.

Su constante observación / convicción (vv. 118-119)

Has rechazado a todos los que se desvían de Tus estatutos, porque su engaño es en vano. Como basura has quitado de la tierra a todos los impíos, por tanto, amo tus testimonios.

Ahora nuestro peregrino revela la base de su valiente declaración en el v. 115: la respuesta establecida de Dios hacia esos mismos hombres descritos antes como malhechores y aquí como aquellos que «se desvían de tus estatutos». Su decisión de separarse de ciertas personas se basaba en lo que sabía sobre la respuesta de Dios a aquellos que ponen su corazón en desviarse intencionadamente de Su voluntad declarada. Desviarse en el v. 118 es intencional y deliberado en oposición a accidental o no intencional. Aquellos que están siendo descritos son hombres que, de manera intencionada, han rechazado las directivas declaradas de Dios y se han negado de forma voluntaria y repetida a obedecer lo que Dios ha ordenado con tanta claridad.

La respuesta establecida de Dios a tales hombres es rechazarlos. Así como ellos se han vuelto y han despreciado Su Palabra, ahora Él los desprecia y los rechaza. En este contexto, el engaño no consiste solo en mentiras habladas, sino más bien en una vida desleal que es básicamente falsa. ¡Esto es en realidad cierto cuando la persona en cuestión afirma ser un seguidor de Dios!

El salmista observa además que Dios no solo rechaza a esas personas, sino que las aparta de su presencia como un fundidor apartaría la escoria del metal precioso que está fundiendo.

A la luz de la asombrosa y terrible realidad que aguarda a los hipócritas, el salmista decide no contarse entre ellos. Tales individuos se caracterizan por alejarse de manera intencionada de los estatutos de Dios. Por lo tanto, el salmista declara su determinación de que su vida esté marcada por la característica opuesta: ¡un amor profundo y permanente por los testimonios de Dios!

Su respuesta personal (v. 120)

Mi carne se estremece por temor a Ti, y de Tus juicios tengo miedo.

Cuando la estrofa llega a su fin, el salmista termina con una afirmación sorprendente, en la que confiesa un profundo temor de Dios y de Sus juicios. Esta afirmación es sorprendente porque la estrofa inicia con el salmista profesando su profundo amor y afecto por Dios y por Su Palabra. ¿Cómo es posible que estas dos emociones tan intensas convivan al mismo tiempo en el mismo corazón?

De manera interesante, la Biblia hace una fuerte correlación entre el amor y el temor en especial cuando Dios y Su Palabra son los objetos de estas emociones. En otras palabras, estas emociones no solo son compatibles entre sí, sino que son componentes indispensables para amar a Dios como es debido y vivir para Él de manera aceptable.

Un equilibrio saludable de amor y temor es necesario para una orientación adecuada de la vida hacia Dios que resulte en una obediencia sana y bíblica, rendida de la manera correcta y por la razón correcta.

¿Qué aspecto tiene el amor a Dios cuando está debidamente equilibrado por el temor de Dios? ¿Cómo lo detectarías en tu propia vida? Se parece a una vida de obediencia equilibrada que se pone del lado de Dios en todos los asuntos. Parece una vida que se aferra a Dios y solo a Él. Se muestra en la lealtad exclusiva a Dios y a Su Palabra. ¡Dios nos sostiene cuando nos aferramos a Él de esa manera!

Cultivar la ética cristiana: Creer para actuar

Estrofa 16 - Versículos 121-128

He practicado el juicio y la justicia;
No me abandones a mis opresores.
Sé fiador de Tu siervo para bien;
Que no me opriman los soberbios.
Desfallecen mis ojos por Tu salvación
Y por la promesa de Tu justicia.
Haz con Tu siervo según Tu misericordia
Y enséñame Tus estatutos.
Yo soy Tu siervo, dame entendimiento
Para que conozca Tus testimonios.
Es tiempo de que actúe el SEÑOR,
Porque han quebrantado Tu ley.
Por tanto, amo Tus mandamientos
Más que el oro, sí, más que el oro fino.
Por tanto, estimo rectos todos Tus preceptos acerca de todas las cosas,
Y aborrezco todo camino de mentira.

Todos hemos experimentado la dolorosa desilusión de ver a alguien a quien amamos mostrar un carácter o conducta no bíblicos. Aún más desalentadora es la verdad de que en algún momento nosotros también hemos sido culpables de lo mismo. La creencia debe moldear nuestro comportamiento y el carácter debe reflejarse en nuestra conducta. Sin embargo, incluso para los creyentes, no siempre es así. Por eso debemos estar profundamente agradecidos por la misericordia de Dios y por la gracia que nos perdona cuando no estamos a la altura de lo que Dios nos ha hecho, de lo que Su Palabra nos ha prescrito y de lo que Su gracia nos capacita para hacer.

Recientemente fui testigo de primera mano de las dolorosas consecuencias que puede sufrir un ministerio debido al comportamiento poco ético de alguien. Aunque este individuo no estaba involucrado en ninguna inmoralidad sexual o irregularidad financiera, su conducta no cumplía con las normas éticas establecidas por Dios en Su Palabra. En consecuencia, sus decisiones y acciones subsecuentes trajeron gran dolor a sus amigos y plantearon preguntas importantes sobre su integridad. Su comportamiento mostró desviaciones significativas en múltiples áreas de la Palabra, las mismas que había enseñado a otros a abrazar y obedecer.

Aunque ninguno de nosotros desea plantear este tipo de asuntos éticos sobre nuestras propias vidas o ministerios, todos somos propensos a comportamientos que no se ajustan a las creencias bíblicas que nosotros mismos adoptamos y enseñamos a los demás a que las sigan. Nuestro peregrino no es una excepción. Comprendió la importancia de vivir coherentemente dentro del marco moral y ético establecido por la Palabra de Dios. Desde muy pronto se comprometió a caminar en la luz disipada por la Palabra de Dios para que su vida fuera limpia ante el Señor y sus caminos se establecieran en la dirección correcta por el camino correcto.

Muchas estrofas después, nuestro peregrino regresa para comprobar que su decisión de cultivar una ética bíblica fue acertada. Hemos seguido su viaje durante quince estrofas y, a lo largo de todo el camino ha intentado vivir con coherencia sus convicciones internas sobre el carácter de Dios y Su Palabra.

Los ocho versículos que componen esta estrofa validan el compromiso permanente del salmista de cultivar y desplegar una vida de integridad ética frente a presiones y persecuciones difíciles de creer. Esta validación se expresa mediante cuatro afirmaciones importantes que nuestro salmista peregrino hace en esta estrofa.

La afirmación de su ética (vv. 121-122)

He practicado el juicio y la justicia; no me abandones a mis opresores. Se fiador de Tu siervo para bien; que no me opriman los soberbios.

El salmista comienza y termina esta estrofa con una valiente afirmación de fidelidad ética personal a Dios y a Su Palabra (vv. 121, 128). Se ha comportado en coherencia con su fe en Dios. Su conducta se ha ajustado a las normas éticas y morales establecidas en la ley de Dios. Ha hecho justicia y rectitud.

Para el salmista, la justicia y la rectitud no son meros conceptos abstractos o principios teológicos. Él las ha practicado de verdad. Su trato con los demás ha sido justo y equitativo. Ha actuado correctamente a los ojos de Dios y de los hombres. En el camino de la vida, sus decisiones y acciones han sido informadas por la Palabra de Dios y han estado a la altura de las expectativas divinas.

Sin embargo, no puede decirse lo mismo de sus opresores. Por el contrario, han actuado injustamente ante Dios y han presionado y afligido a Su siervo. Han actuado de manera traicionera contra el pacto de Dios y contra los leales a ese pacto.

Su afirmación se convierte en la base de una decidida apelación a Dios. A la luz de su cuidadosa atención a las normas de Dios, apela a la atención y protección de Dios. Pide a Dios que no lo abandone en manos de sus enemigos, como se abandonaría a un soldado o a un siervo inútil y agotado. Su lealtad a Dios y atención constante a Sus expectativas son incuestionables. Sobre esa base, a cambio, Dios debería actuar con justicia y liberar a su siervo afligido.

Pero no es solo el comportamiento externo y la obediencia constante lo que mueve el corazón y la mano de Dios. El salmista tampoco basa su caso solo en su conformidad externa. Hay una razón más profunda y convincente: la relación. El salmista disfruta de una relación profunda y personal con Dios. Tres veces en la estrofa apela a esa relación al describirse a sí mismo como «siervo» de Dios.

Tendemos a pensar que «siervo» es un simple empleado. Sin embargo, el término bíblico es rico en imágenes. Cuando el salmista se refería a sí mismo como «siervo» de Dios, se refería a una relación profunda y comprometida entre él y Dios. En el centro de esa relación estaba la lealtad amorosa. No era una relación de mera conveniencia, sino de profundo amor mutuo y lealtad comprometida por ambas partes. Por eso apela a Dios para que le sirva de «garante» en el momento en que lo necesite.

En última instancia, el salmista señala que ha sido leal a Dios y a Su Palabra actuando con justicia y rectitud. Hay otros que no han sido leales en absoluto. No han cumplido las expectativas del pacto de Dios. Por lo tanto, Dios debe actuar lealmente a Su pacto y hacer justicia y rectitud por Su siervo.

Las representaciones son ricas. El término «garante» designa a una persona que actúa en nombre de otra con la que tiene alguna obligación relacional. En la época de Rut, una viuda estaba atada bajo el cuidado de un pariente cercano. Antes de que pudiera ser liberada de esa relación, tenía que ser redimida. Cuando Booz fue a hacer los arreglos para su matrimonio, actuó como quien la «redimía» de la mano de su pariente en una compra ceremonial sellada por la «ceremonia de la sandalia». En tiempos de Isaías, el rey Ezequías se encontraba en una situación desesperada en la que perdió la esperanza de la vida misma. Desesperado, apeló a Dios para que «actuara en su favor» y Dios así lo hizo (Is. 38:14). Aquí nuestro salmista se encuentra oprimido por hombres orgullosos y arrogantes que han sido desleales al pacto de Dios, han hecho caso omiso de las leyes de Dios y, sin la intervención divina, destruirán al siervo de Dios.

¿Qué debe hacer un creyente cuando se enfrenta a circunstancias desesperadas que amenazan con aplastarlo y destruirlo? El salmista apela a Dios para que se interponga entre él y sus enemigos, para que prometa hacer el bien a su siervo. Y el salmista confía en que Dios actuará con justicia en este asunto y librará a Su siervo de la mano de quienes lo oprimen. Esta confianza se basa firmemente en la relación de pacto que mantiene con Dios. La realidad y la salud de su relación de pacto se evidencian en su comportamiento comprometido con el pacto.

Nosotros, como el salmista, disfrutamos de una relación de pacto comprometida con Dios. Nuestra relación se basa en la obra de Cristo y nos fue extendida por gracia. Sin embargo, como personas que han sido hechas justas, debemos actuar con rectitud ante Aquel que nos hizo así. La realidad de nuestra relación se basa en la gracia. La salud de esa relación depende en cierta medida de nuestro compromiso de actuar conforme a las expectativas éticas, morales y espirituales de Dios. Nosotros, como este peregrino, debemos afirmar y asumir con valentía nuestras responsabilidades éticas ante Dios.

La afirmación de su devoción (vv. 123-124)

Desfallecen mis ojos por Tu salvación y por la promesa de Tu justicia. Haz con Tu siervo según Tu misericordia, y enséñame Tus estatutos.

Una cosa es tener buenas intenciones o incluso haber vivido de forma ética en el pasado. Otra cosa es mantener esa vida durante largos períodos de aflicción o persecución. Esta ha sido la circunstancia del salmista durante muchas estrofas de este salmo. No es la primera vez que lo encontramos «buscando hasta no poder más» la liberación del Señor.

Para los creyentes, esta es la verdadera prueba de la integridad ética genuina. ¿Permaneceremos constantes en nuestro amor a Dios y coherentes en nuestro comportamiento hacia Él cuando Dios parezca estar ausente o despreocupado por nuestra situación? ¿Qué impedirá que nuestros pies se salgan del camino? ¿Qué nos anclará al camino de la Palabra?

El salmista encontró su punto de anclaje en la justa promesa de Dios. Él ha buscado la liberación de Dios y lo que lo mantuvo buscando fue una palabra justa de Aquel que es justo. Debido a que el salmista estaba convencido del carácter justo de Dios, estaba dispuesto a confiar su vida a la Palabra justa de Dios.

También contaba profundamente con la amorosa misericordia de Dios. El término «misericordia» refleja el amor leal y comprometido que Dios tiene por todos los que están en relación de pacto con Él. Su amor lo obliga a actuar en favor de ellos. Nuestro peregrino apunta a esta relación en su grito de ayuda a Dios.

En esencia, su argumentación se desarrolla en tres líneas. En primer lugar, apela a su propia conducta recta y a su conformidad ética con la Palabra de Dios (121-122). A continuación, señala las acciones desleales e injustas de otros que se resisten a Dios y se rebelan contra Su Palabra. Por último, apela al carácter justo de Dios y le pide que trate con justicia a su siervo justo.

Quizás lo más sorprendente de esta petición es lo que pide en su llamado a Dios para que actúe en justicia y liberación. Pide instrucción divina e iluminación sobre los estatutos de Dios. Para nuestro peregrino, algo aún más importante que la liberación inmediata es la instrucción en el camino correcto. Más que la vida misma, el salmista quiere saber cómo agradar a su Maestro, lo que nos lleva ahora a la tercera de sus afirmaciones.

La afirmación de su relación (vv. 125-126)

Yo soy Tu siervo, dame entendimiento para que conozca Tus testimonios. Es tiempo de que actúe el SEÑOR, porque han quebrantado tu ley.

El salmista ha dado testimonio personal de que su vida se ajusta a las expectativas morales y éticas de Dios. Sus circunstancias actuales revelan que esa lealtad está profundamente arraigada en la estructura de su carácter. Pero ¿a qué se debe este tipo de compromiso?

Su compromiso surge de una profunda relación personal con Dios, que está viva y ha resistido las pruebas y tormentas de la vida. La afirmación de su relación se expresa en este grito: «¡Yo soy tu siervo!».

Es la tercera vez que se describe a sí mismo de este modo tan íntimo. Creo que está haciendo algo más que expresar su condición humilde ante el Señor. Creo que el salmista hace un llamado fuerte y lo fundamenta en la fuerza de su relación íntima con Dios. La intimidad con Dios nos hace valientes para pedirle grandes cosas.

Le pide al Señor que le conceda discernimiento (v. 125) para poder percibir (conocer) plenamente los testimonios de Dios. Su deseo de sabiduría no se basa en lo que la sabiduría le otorgará; más bien, está impulsado por un deseo desesperado de practicar adecuadamente lo que Dios ha establecido como Su voluntad declarada para la vida y la piedad (testimonios).

En medio de su propia afirmación valiente, el salmista clama para que Dios actúe en defensa de Su Palabra, porque ha sido despreciada a cabalidad y desatendida voluntariamente por sus opresores. Los hombres han actuado con infidelidad hacia la ley justa de Dios. Han cometido iniquidad contra el carácter justo de Dios. Han atentado contra el siervo justo de Dios. A la luz de esto, es hora de que el Dios Justo actúe según Su carácter justo, defienda Su Palabra justa y libere a Su siervo justo.

Los que oprimen al siervo de Dios lo hacen, en esencia, por un rechazo de la Palabra de Dios establecido y decidido. Han quebrantado el pacto de Dios y lo consideran sin valor. En cambio, el siervo de Dios lo ha honrado y valorado por encima de su bienestar e incluso de su vida. A la luz de lo que ha estado sucediendo, Dios debe actuar para honrar su Palabra si es lo que el salmista cree que es: justa.

Su afirmación de ser bíblico (vv. 127-128)

Por tanto, amo Tus mandamientos más que el oro, sí, más que el oro refinado. Por tanto, estimo rectos todos Tus preceptos acerca de todas las cosas, y aborrezco todo camino de mentira.

Al acercarse al final de la estrofa, el salmista reafirma su profundo amor y compromiso con la Palabra de Dios. Esta declaración es importante y necesaria, dado lo que sus muchos opresores han estado haciendo y diciendo sobre la Palabra de Dios. La desprecian. La han despreciado. La desobedecen de manera voluntaria y total. Lo han estado haciendo abiertamente, con osadía, y durante un largo período de tiempo. Debido a que la Palabra de Dios ha sido despreciada de esta manera pública, el salmista se levanta y declara con fuerza que ¡su lealtad está con la Palabra de Dios!

Aunque otros a su alrededor desprecian los mandamientos de Dios, nuestro peregrino los honra. Los ama y valora más que el oro más refinado. Otros rechazan las Palabras de Dios y niegan Sus preceptos; nuestro peregrino responde a ellos y los recibe como la expresión exacta de Dios sobre cualquier tema que toquen. En otras palabras, ¡tienen toda la razón en todo lo que dicen! Otros se resisten y se rebelan contra las expectativas éticas y morales de Dios; ¡nuestro peregrino responde voluntariamente y conforma su carácter y conducta a esas normas! Ama lo que Dios ama y odia lo que Dios odia. Esta es la esencia de una vida ética que agrada a Dios y que está informada bíblicamente.

El punto de vista de un hombre sobre las Escrituras define su carácter y moldea su conducta. El salmista valoraba de manera suprema la Palabra de Dios, por eso la obedecía con gozo y en su totalidad. Con agrado ordenó sus pasos para ajustarse a esa Palabra ya que creía que todas las declaraciones de Dios eran completamente exactas y moralmente autoritativas. Al final, lo que produjo fue un odio o rechazo a todo camino falso. Dado que amaba la Palabra de Dios y creía en sus preceptos, estos moldeaban su carácter y determinaban su conducta. El creer en ellos produjo un comportamiento que rechazaba todo camino falso. Se resistió a todo lo que las normas de la Escritura describen como conducta no ética e inaceptable para el siervo de Dios. ¡Que nosotros hagamos lo mismo en nuestra vida!

Una luz brillante para un lugar oscuro

Estrofa 17 - Versículos 129-136

Maravillosos son Tus testimonios,
Por lo que los guarda mi alma.
La exposición de Tus palabras imparte luz;
Da entendimiento a los sencillos.
Abrí mi boca y suspiré,
Porque anhelaba Tus mandamientos.
Vuélvete a mí y tenme piedad,
Como acostumbras con los que aman Tu nombre.
Afirma mis pasos en Tu palabra,
Y que ninguna iniquidad me domine.
Rescátame de la opresión del hombre,
Para que yo guarde Tus preceptos.
Haz resplandecer Tu rostro sobre tu siervo,
Y enséñame Tus estatutos.
Ríos de lágrimas vierten mis ojos,
Porque ellos no guardan Tu ley.

Muchos siglos después de que se escribiera este salmo, el apóstol Pedro escribió a otro grupo de peregrinos y los exhortó a prestar atención a la Escritura porque era como una luz que brilla en un lugar oscuro y peligroso (2 P. 1:19). Su grito es un eco neotestamentario del grito del salmista registrado en la estrofa diecisiete de este salmo.

Esta estrofa se encuentra en una sección del salmo que describe lo que nuestro peregrino encontró después de recorrer el camino de la Palabra durante muchos años. Uno esperaría que el viaje fuera más fácil cuanto más se avanzara por el camino. Sin embargo, ese no es el caso de los que eligen caminar por esta senda. En muchos sentidos, el viaje se hace más difícil y requiere aún más compromiso y esfuerzo constante para permanecer en el camino.

Cuanto más tiempo se viaja, más intensa es la oposición que se puede encontrar en el camino. Más se da cuenta de su propia debilidad y tendencia a fracasar o desviarse del camino. ¿Qué guiará sus pasos? ¿Qué mantendrá firme su pie cuando el camino se vuelva escarpado y pedregoso? ¿Qué lo ayudará a ver el camino y a detectar el peligro que lo acecha? La respuesta es, por supuesto, la Palabra de Dios.

Sin embargo, esta estrofa no se limita a repetir una verdad observada por el salmista en una parte anterior del salmo. El salmista no se limita a reiterar que la Palabra de Dios guiará sus pasos y mantendrá limpio su camino, como observó en la segunda estrofa (vv. 9-18) al comienzo del viaje. Ahora amplía su observación inicial y añade información recogida de lo que ha experimentado en el viaje. Lo que ha aprendido y afirma aquí es lo siguiente: la Palabra no solo revela el camino e ilumina la senda, sino que guarda y protege a quienes recorren la senda revelada por su luz. Tiene poder directivo y protector.

Hablando ahora como un viajero experimentado, el salmista afirma el valor de la Palabra de Dios y llega a darse cuenta de su necesidad de ayuda divina para entender cómo comprometerse plenamente con tan poderosa provisión del Señor para aquellos llamados a caminar por el camino de Su Palabra.

La experiencia confirma poderosas observaciones sobre la Palabra de Dios (vv. 129-131)

Maravillosos son Tus testimonios, por lo que los guarda mi alma. La exposición de Tus palabras imparte luz; da entendimiento a los sencillos. Abrí mi boca abrí y suspiré, porque anhelaba Tus mandamientos.

Mirando hacia atrás en el largo camino que ha recorrido, el salmista observa que el viaje agotador lo ha dejado anhelando más de la Palabra de Dios (v. 131). Como un ciervo perseguido por sus cazadores, el salmista ha llegado a un lugar seguro y tiene la boca abierta, la garganta reseca y jadea en busca de aquello que lo refresque, fortalezca y reanime. Anhela beber profundamente de la fuente de la Palabra de Dios y, con esa agua que da vida, fortalecerse para la siguiente porción del camino. Llama la atención que el salmista ha aprendido por experiencia qué es lo que tiene esta agua que le da tal poder de conservación de la vida.

La Palabra es poderosa por su naturaleza (v. 129)

De inmediato, el peregrino sediento exclama: «¡Maravillosos son tus testimonios!». El término «maravilloso» se refiere a algo más que la simple apreciación de la belleza de estas palabras. El término se refiere a algo que es tan brillante que deja al espectador atónito y sin aliento.

Además, el término, tal como lo utiliza aquí el salmista, se refiere a algo que está tan por encima de su capacidad de comprensión que, aparte de la iluminación divina y la capacitación, estas palabras seguirán siendo un libro cerrado.

Lo ha observado anteriormente en el salmo, cuando clamó a Dios que abriera sus ojos (iluminación) y concediera a Su siervo la capacidad de ver cosas «maravillosas» de la ley divina (119:18). Durante muchas estrofas, Dios ha estado respondiendo a esa oración y el salmista vuelve ahora a su observación inicial y la confirma con la voz de su experiencia: «¡Tus palabras de verdad están llenas de maravillas! Son asombrosas y sobrecogedoras».

Dios no solo ha concedido la petición del salmista y le ha revelado cosas maravillosas de la ley, sino que el salmista ha estado cumpliendo su parte del trato: ha estado conformando su vida a lo que Dios le ha mostrado. Ha estado guardando y obedeciendo los testimonios de Dios.

Su experiencia a lo largo de las estrofas ha confirmado la poderosa naturaleza de los testimonios de Dios y el salmista ha respondido moldeando y conformando su vida a lo que Dios ha testificado.

La palabra vale por su función (v. 130)

Si el versículo 129 subraya la naturaleza poderosa de la Palabra de Dios, el 130 centra la atención en su valiosa función para los peregrinos. Esa función es dar luz. Esta luz imparte entendimiento o discernimiento a aquellos cuya mente está abierta a las verdades reveladas en la Palabra de Dios.

Puesto que Dios es luz y fuente de toda verdad, Sus palabras están marcadas por esas cualidades. Debido a Su naturaleza, las palabras de Dios arrojan luz e imparten discernimiento a quienes están abiertos a recibir su instrucción.

El término «exponer» en el versículo 130 significa «abrir», y en este contexto hace referencia a la iluminación que se produce cuando la verdad de las palabras de Dios se abre a la comprensión del lector. Cuando las palabras de Dios se entienden correctamente, ¡iluminan la vida!

Esa luz, a su vez, imparte comprensión o discernimiento a un tipo particular de peregrino: el que es «simple». A veces, en las Escrituras este término descriptivo se utiliza de forma negativa para describir a una persona que es ingenua o fácilmente influenciable o engañable. Sin embargo, el término significa simplemente de mente abierta. Aquí se refiere a una persona cuya mente está abierta a la iluminación de las palabras de Dios. Una persona cuya mente está abierta a lo que Dios ha dicho será un peregrino sabio y valiente en el camino de la vida. Esta clase de persona, la sencilla, es completamente opuesta a aquellos cuyos corazones y mentes están cerrados a Dios y a Su verdad. Hay hombres orgullosos y arrogantes a quienes no les sirve de nada la luz de la Palabra de Dios. Estiman esas palabras como inútiles y sin valor. En consecuencia, creyéndose sabios, se vuelven necios y tropiezan por la vida en tinieblas morales y espirituales porque no se vuelven a la luz.

El salmista se ha encontrado de vez en cuando con la opresión de estos hombres del camino. Sin embargo, a diferencia de ellos, él desea profundamente la Palabra de Dios y está abierto a su instrucción. Desea vivir a su luz. La imagen es poderosa. Se queda con la boca abierta como un ciervo exhausto después de escapar de los cazadores. Jadea como un animal sediento de agua. Busca la vida y la luz que imparte la Palabra de Dios y su experiencia lo lleva a arrodillarse, donde hace sus peticiones con confianza a la Fuente de estas palabras poderosas y valiosas.

La experiencia motiva peticiones personales relacionadas con la Palabra de Dios (vv. 132-135)

Vuélvete a mí y tenme piedad, como acostumbras con los que aman Tu nombre. Afirma mis pasos en Tu Palabra, y que ninguna iniquidad me domine. Rescátame de la opresión del hombre, para que yo guarde Tus preceptos. Haz resplandecer Tu rostro sobre tu siervo, y enséñame Tus estatutos.

Las peticiones no son nuevas para nuestro peregrino. Ha estado pidiendo a Dios constantemente a lo largo de su viaje. De hecho, todo el salmo ha sido una conversación continua con Dios y, a menudo, durante el viaje, el salmista ha pedido cosas a Dios. Esta estrofa no es diferente. Su confianza en la Palabra de Dios no elimina sus peticiones; de hecho, ¡amplía su alcance! Lo que ve en la Palabra lo anima a presentar al menos siete peticiones.

Pedido de atención personal (v. 132a)

La primera petición que el salmista dirige al Señor es una ferviente súplica de la atención personal de Dios. Según algunas versiones, el salmista dice: «Mírame». Sin embargo, el texto hebreo emplea la palabra «vuélvete», que implica un clamor ferviente para que Dios dirija una atención personal y total al clamor de Su siervo y actúe en favor de ese siervo.

Pedido de afecto misericordioso (v. 132b)

Su petición de atención divina va seguida inmediatamente de una súplica de afecto misericordioso. El término empleado se refiere a compasión o favor. Tal compasión o favor proviene de un anhelo por el bienestar de su objeto. Y esto es siempre lo que Dios siente hacia los que le pertenecen y aman su nombre. Mirarlos con afecto misericordioso es la respuesta constante y continua de Dios, y por eso el salmista cuenta con ello y se lo pide a Dios.

Posibilitar la intervención (v. 133)

A continuación, el salmista pide a Dios que dirija sus pasos. Lo que tiene en mente es mucho más que una mera dirección u orientación. En realidad, le pide al Señor que «afirme» o estabilice su pie en el camino.

Recorrer el camino de la Palabra no es fácil. Hay muchos obstáculos y peligros y, a menos que haya una ayuda externa con la que el salmista pueda estabilizar sus pasos, está casi perdido.

Dicha estabilidad es proporcionada por las declaraciones fieles de Dios (promesa). Esta estabilidad viene «según» la promesa de Dios. Como dice la frase, en realidad dice «por» su promesa. La Palabra de Dios no solo guía nuestro paso, sino que estabiliza nuestro pie por medio de la capacitación divina para que no tropecemos en el camino.

Protección divina (v. 133)

La cuarta petición revela que el temor del salmista de que su pie pudiera tropezar no era imaginario. De inmediato suplica al Señor por protección contra el poder esclavizador del pecado. «Ninguna iniquidad se enseñoree de mí» es, en esencia, una petición para que el pecado no domine su vida ni ejerza dominio sobre sus pasiones.

Aquí reconoce su propia tendencia y afinidad al pecado y pide la intervención divina para que la tiranía del pecado no ejerza ningún poder sobre él ni obstaculice su marcha por el camino que ha elegido ante el Señor.

Redención poderosa (v. 134)

Su tendencia pecaminosa no es el único peligro en el camino. Nuestro peregrino ha encontrado opresores antes y los encontrará de nuevo en este salmo. De hecho, se vuelven más problemáticos cuanto más avanza el peregrino en su viaje. Su opresión es esclavitud y obstaculiza su progreso en el camino.

Si nuestro peregrino es de hecho Daniel, se encontró con tal esclavitud con frecuencia. Uno puede imaginarse fácilmente a Daniel orando esto al Señor mientras era arrestado y llevado ante el rey por quebrantar la recién acuñada ley que prohibía orar a todos los dioses excepto al rey. Sus opresores llevaron a Daniel a un foso de leones feroces. Estoy seguro de que Daniel encontró la ocasión para hablar a Dios acerca de los leones, ¡tanto de los de dos como de los de cuatro patas!

El término «rescátame» procede de una palabra que significa soltar o liberar. A menudo esa liberación se compraba a un precio. Sin embargo, en el corazón de la palabra está la idea de libertad o liberación de la esclavitud o la opresión. El salmista tiene una razón muy específica para pedir esa liberación. Desea la libertad para ser libre de guardar aún más los preceptos de Dios.

Este tipo de deseo está totalmente en consonancia con el deseo de Dios para Su pueblo. Muchos siglos después, Pablo, escribiendo a Tito, le recordaba que Cristo vino a redimir a un pueblo y a limpiarlo del pecado y de la contaminación para que pudiera dedicarse con pasión a las buenas obras (Tit. 2:11-15). Esto es justo lo que desea el salmista y lo que pide al Señor.

Mención beneficiosa (v. 135a)

Hay una gran recompensa en guardar los preceptos y testimonios de Dios, según evidencia la siguiente petición. Esa recompensa es el disfrute del favor divino en la vida de uno. Esto es precisamente lo que anhela el salmista: que Dios haga resplandecer Su rostro sobre Su siervo.

En esta estrofa abundan las imágenes de luz. Dios es luz. Su Palabra es luz. La iluminación es esencial para recorrer el camino de la vida con seguridad y éxito. Cuando estos conceptos se unen, emanan de Dios mismo. Él es luz y cuando caminan en Su luz disfrutan de Su favor en su viaje.

Sin embargo, caminar en la luz requiere la iluminación de Dios con respecto a Su Palabra, y esto comprende la petición final de esta estrofa.

Instrucción espiritual (v. 135b)

«¡Enséñame tus estatutos!». Este es el grito más repetido del salmista en este salmo. A lo largo de todo su camino ha estado pidiendo a Dios que le instruya en el camino y le enseñe lo que la Escritura revela y exige.

Por eso no nos sorprende oírle formular de nuevo esta petición. Sin embargo, al contemplarla, lo que puede hacernos reflexionar es la urgencia, el fervor y la regularidad de esta petición. Es un deseo siempre presente en su corazón. No se contenta con la lección de ayer, busca una nueva para hoy. No se contenta con lo que ha comprendido, sino que desea comprender más. Hasta que no seamos como este salmista —hasta que nuestro corazón no tenga un hambre insaciable de más comprensión de la Palabra de Dios— nunca alcanzaremos nuestro pleno potencial como peregrinos.

La razón es la diferencia entre un viaje y una peregrinación. El objetivo de un viaje es ir de un lugar a otro. El objetivo de una peregrinación es formar al peregrino. Lo que nos forma es la Palabra. Nunca aprenderemos a extraer los tesoros de la Palabra de Dios a menos que nos neguemos a conformarnos con las pequeñas pepitas que recogemos en la superficie. Hasta que no usemos en la cabeza la lámpara de minero, tomemos el pico y la pala y los unamos a un deseo sincero de cavar hondo hasta encontrar el tesoro de la verdad, daremos forma al viaje en lugar de permitir que el viaje dé forma a nuestras vidas.

Este hombre ha cambiado desde que lo conocimos hace diecisiete estrofas. Aunque el cambio se haya producido lentamente y a través del fuego de la aflicción, no por ello ha dejado de suceder. Su búsqueda de la Palabra lo ha convertido en un hombre de la Palabra.

Al comprometernos de manera significativa e intencional con la Palabra de Dios mientras caminamos en el camino de la Palabra, somos iluminados para que caminemos en seguridad y protección. La Palabra nos permite caminar con confianza y perseverancia. También nos anima a buscar al Señor con valentía para pedirle cosas más grandes. En ninguna parte es esto más evidente que en sus respuestas a la vida, en la medida que se desarrolla a su alrededor.

La experiencia produce respuestas fervientes a la Palabra de Dios (v. 136)

Ríos de lágrimas vierten mis ojos, porque ellos no guardan tu ley.

El salmista ha dado un glorioso testimonio de la belleza de la Palabra de Dios. Es su deleite más profundo. Realmente la ama más que miles de monedas de oro o plata. No entiende por qué otros no la valoran como él.

Se entristece profundamente cuando se infringen las leyes de Dios. Ha aprendido a llorar por el pecado (Mt. 5:4) y sus lágrimas corren copiosamente por sus mejillas como corre el agua por un canal de riego. Ha aprendido a ver la vida desde la perspectiva de Dios. Ha aprendido a sentir como siente Dios cuando la vida se desarrolla en el camino de su jornada. Cuando se cumplen las leyes de Dios, se goza con Dios. Cuando esas leyes se quebrantan, se entristece como Dios se entristece. Su dolor y angustia no se debe a lo que ha experimentado, sino por lo que se le ha hecho a Dios. Su ley ha sido flagrantemente desobedecida y tal rebelión contra la maravillosa Palabra de un Dios aún más maravilloso es demasiado para que el salmista la tolere y por eso llora copiosamente. Llora por lo que se ha hecho contra Dios. Llora también por lo que se hará a los rebeldes.

Un comentarista señaló: «Nada debería afligirnos más con respecto a nuestros semejantes que cuando quebrantan la ley de Dios y el temible castigo al que se enfrentarán por hacerlo». A medida que nos involucramos de manera significativa e intencional con la Palabra de Dios mientras caminamos en el camino de la Palabra, somos iluminados para que caminemos en seguridad y protección. La Palabra nos permite caminar con confianza y de manera perdurable. También nos anima a buscar al Señor con valentía para peticiones mayores.

Por eso la Palabra es tan valiosa para el salmista y por eso debe serlo para nosotros. Nosotros, como el salmista, vivimos en un mundo oscuro y peligroso. ¡La seguridad está en la Luz! La luz de Dios guía y revela el camino seguro para nuestros pies. Nos protege y preserva del peligro en el camino. A medida que vivimos nuestras vidas en la Luz, ¡nos parecemos cada vez más al Dador de Luz!

Pedro dijo a sus compañeros peregrinos que esta luz se elevaría en sus corazones hasta la aparición del sol. Lo que quería decir era que cuanto más buscamos conocer la Luz y vivir según sus exigencias, más nos capacita Dios para comprender la Luz. Cuanto más comprendemos, más capaces somos de obedecer. Cuanto más obedecemos, más somos limpiados y formados por la Luz. ¡Y con el tiempo nos encontraremos pareciéndonos al Sol! ¡Y ese Sol es Cristo! La luz brillante de la Palabra de Dios nos lleva a través de los lugares oscuros del camino y nos trae a salvo a casa para morar con la Luz ¡para siempre!

Confianza en el crisol de la crisis

Estrofa 18 - Versículos 137-144

Justo eres Tú, SEÑOR,
Y rectos Tus juicios.
Has ordenado Tus testimonios con justicia,
Y con suma fidelidad.
Mi celo me ha consumido,
Porque mis adversarios han olvidado Tus palabras.
Es muy pura Tu palabra,
Y Tu siervo la ama.
Pequeño soy, y despreciado,
Pero no me olvido de Tus preceptos.
Tu justicia es justicia eterna,
Y Tu ley verdad.
Angustia y aflicción han venido sobre mí,
Pero Tus mandamientos son mi deleite.
Tus testimonios son justos para siempre;
Dame entendimiento para que yo viva.

Nada pone a prueba la fuerza de nuestras convicciones como el fuego de una crisis personal. De hecho, es en el crisol de la crisis donde los conceptos se transforman en convicciones. Al igual que el alfarero cuece el esmalte de una vasija de barro, Dios utiliza el fuego de la aflicción para hacer permanentes ciertas verdades en nuestras vidas. En el valle de la aflicción y en la casa del dolor los conceptos que tan fácilmente abrazamos sobre Dios y Su Palabra, al comienzo de nuestro viaje, afloran como convicciones sostenidas con firmeza y totalmente comprobadas, que han sido «probadas a fuego».

En la estrofa dieciocho de este salmo, nuestro peregrino está cansado y maltrecho, pero de ningún modo derrotado. De hecho, sale del fuego, comprometido con más firmeza de la que tenía al principio del viaje, para recorrer el camino de la Palabra. Los conceptos que creía verdaderos sobre Dios, expresados en las primeras estrofas de este salmo, ahora son convicciones firmes que lo mantienen en movimiento sin importar cuán difícil sea el camino.

Pero estas convicciones no le resultaron fáciles al Salmista ni se formarán con facilidad en nuestros propios corazones y vidas. Los que desean el carácter de nuestro peregrino deben estar dispuestos a caminar por donde él caminó. Para muchos, ese es un precio demasiado alto. En lugar de soportar la dificultad del camino, a menudo nos vemos tentados a buscar un atajo para alcanzar un carácter piadoso. Cuando descubrimos que no existe tal atajo, resulta trágico que muchos abandonen el viaje y se aparten del camino.

Sin embargo, para los que están dispuestos a continuar el viaje, esta parte del salmo proporciona instrucción y aliento para recorrer esta parte del camino. Quizás la mejor manera de examinar esta instrucción y percibir este aliento sea mirar esta estrofa a través del lente de las estrofas anteriores del salmo. ¿Dónde empezó nuestro peregrino? ¿Dónde está ahora? ¿Y cómo desarrolló la seguridad en el camino? Son preguntas importantes. Y las respuestas pueden sorprenderte.

Conceptos espirituales concebidos

Desde el comienzo del viaje, el salmista nos informa de sus convicciones teológicas y de su orientación espiritual. No oculta lo que guía sus decisiones. Tampoco se nos oculta lo que pasa por su mente y su corazón en ningún momento del viaje. Por la gracia y la sabiduría de Dios se nos ofrece una visión sin precedentes de la mente, el corazón y el alma de un peregrino que hace siglos recorrió con éxito el camino que nosotros estamos recorriendo. Nuestra visión no se limita a la descripción externa de cómo caminó y lo que encontró. Nos lleva a las cámaras interiores de su alma y nos da a conocer sus pensamientos y sentimientos más íntimos a lo largo del camino.

Esta percepción íntima, dada con generosidad por nuestro Padre Celestial, nos informa y nos prepara para lo que encontraremos en el camino y experimentaremos en nuestras propias mentes y corazones mientras nuestros pies recorren el mismo sendero que este peregrino, el cual ya se ha convertido en un amigo cercano.

Una de las cosas que vemos en el largo viaje de este hombre es la transformación de sus primeros conceptos y creencias sobre Dios, Su Palabra y el camino de la justicia en convicciones plenamente formadas y profundamente arraigadas. ¿Cuáles eran esos primeros conceptos y en qué medida son similares a los nuestros?

Conceptos sobre Dios

Aunque las primeras estrofas de este salmo no contienen afirmaciones directas que revelen los conceptos teológicos del salmista sobre el carácter de Dios, hay muchas afirmaciones indirectas que sí lo hacen. Sin duda, nuestro peregrino fue educado muy pronto en el carácter santo, justo y recto del único Dios verdadero. De joven, habría memorizado la Torá y ciertamente habría entendido y creído que Dios era misericordioso, clemente y fiel. También habría estado íntimamente familiarizado con los mandamientos de Dios y las consecuencias de la obediencia y la desobediencia, tal como se expresan en los pasajes de bendición y maldición del pacto en Deuteronomio.

Estos conceptos, aunque el salmista no los menciona directamente, aparecen como creencias sobreentendidas tras muchas de sus afirmaciones directas. Por ejemplo, su creencia de que Dios recompensa a los que guardan Su Palabra y maldice a los que hacen iniquidad está detrás de las declaraciones iniciales del salmista (vv. 1-3). Su concepto de que Dios es recto y justo está detrás del v. 7. Su creencia de que Dios es el único que debe ser honrado y exaltado por encima de todos los demás, da lugar a su exaltación de Dios en el v. 12. Su creencia de que Dios es justo y reprende a los injustos se ve claramente en versículos como el 21. El salmista no solo tiene creencias sobre Dios, sino que también ha llegado a conclusiones sobre la Palabra de Dios.

Conceptos sobre la Palabra de Dios

Como hemos visto a lo largo de nuestro recorrido por las diecisiete primeras estrofas, nuestro peregrino tiene en gran estima la Palabra de Dios. Describe su naturaleza multifacética utilizando ocho términos diferentes. Cree claramente que los que viven y ordenan sus vidas según la Palabra de Dios son aprobados por Dios y gozan de su bendición especial. Confiesa su creencia de que la Palabra de Dios es justa, recta, fiel y verdadera (v. 7). Más importante aún, nos dice cómo se siente respecto a esta revelación divina. Desea vivir de acuerdo con ella (v. 5). Persigue la Palabra de Dios con pasión (v. 10). Se goza por los estatutos tanto como se gozaría por una gran riqueza (v. 14). La revelación de Dios es lo que deleita su alma (v. 16, 24). Lo que siente por la Palabra de Dios produce en él un profundo deseo de comprenderla (v. 18) para poder obedecerla (v. 5, 8, 11, 15, 16) y vivir (v. 17).

Conceptos sobre el camino

El salmista comienza el salmo presentándonos el concepto de andar por el «camino». Como hemos visto, este «camino» es una senda espiritual que recorren los justos. Este camino está expuesto en la Palabra de Dios y los que desean permanecer en él lo hacen ordenando su vida según la ley de Dios (v. 1). Los que desean andar por el camino deben ser purificados por la Palabra de Dios (v. 9). El éxito en el camino requiere meditación y observación cuidadosa de lo que Dios ha revelado en Su Palabra (v. 15). Lo que hace que este camino sea tan atractivo es la creencia del salmista de que hay una bendición divina especial para aquellos que se comprometen a caminar por el camino de la Palabra (vv. 1-8).

Así que, claramente, desde las etapas iniciales de su viaje, el salmista ha albergado ciertos conceptos y creencias sobre Dios, Su Palabra y el camino de vida que los creyentes deben seguir. Para ser claros, describir estas creencias como «conceptos» no implica que el salmista las mantuviera de forma tenue o con algún grado de duda. Por el contrario, su propio testimonio habla de la naturaleza profundamente arraigada de estas creencias. Sin embargo, hay una diferencia entre la creencia que surge de la instrucción y esa misma creencia confirmada por la prueba y la experiencia. El contenido de la creencia o concepto sigue siendo el mismo. Lo que cambia es el carácter o la naturaleza de esa creencia. Cuando una creencia o concepto que me han enseñado ha sido demostrado por la experiencia o las pruebas, ese concepto se convierte en una convicción firmemente arraigada.

Al tiempo que el salmista llega al punto de su viaje descrito en la estrofa 18, los conceptos que expresó con fervor en los versos iniciales del Salmo han sido repetidamente probados y comprobados por múltiples facetas de aflicción y prueba. Ahora se han convertido en verdades de las que nuestro peregrino está profundamente convencido. Lo que eran conceptos al comienzo de su viaje se han convertido ahora en convicciones.

Convicciones firmes

¿Qué ha cambiado respecto a lo que cree nuestro peregrino? Ciertamente no el contenido de su creencia. Ahora sigue convencido de las verdades que expresó antes en el salmo. Sin embargo, sostiene esas verdades con una certeza más profunda. El contenido de su creencia no ha cambiado, pero el carácter de su creencia se ha profundizado, pasando de conceptos teológicos que creía verdaderos a convicciones probadas y firmemente arraigadas en su corazón y en su alma. De lo que se ha convencido es de la justicia de Dios y de la rectitud de Su revelación.

Su declaración valiente - lo que afirma/cree (vv. 137, 138)

¡Justo eres tú, oh Jehová, y rectos son tus juicios! En algún momento del largo viaje, nuestro peregrino se ha convencido con firmeza de que la revelación de Dios es recta. Sus reglas son justas y equitativas. Sus mandamientos y esperanzas están marcados por la justicia y emitidos con total fidelidad (vv. 137, 138). Su conclusión es que la Palabra de Dios es pura como un metal sumamente precioso, refinado por el proceso de refinación. Un comentarista destaca: «Él [el salmista] se deleita en el refinamiento de la revelación cuando habla de que la Palabra ha sido sometida a una prueba de fuego extrema, es decir, que es "refinada a cabalidad… pura como un metal precioso fundido en el horno"». Se ha convencido firmemente en su creencia original de que la Palabra de Dios es justa, correcta y equitativa y, en consecuencia, se aferra a ella en las tormentas de la vida.

Afirma con valentía que las reglas y decisiones de Dios son «rectas» (v. 137) en contraposición a las deshonestas, y esto es así por el carácter justo de Aquel que las emitió. Nuestro peregrino confía en la absoluta rectitud de la Palabra por la que vive, porque confía en el carácter justo del Dios que está detrás de esta palabra justa.

Un comentarista señaló: «La justicia es uno de los atributos fundamentales de Dios, y puede expresarse en la recompensa a los fieles y en el castigo a los malvados. También se manifiesta en la ayuda a los necesitados y oprimidos. En sentido jurídico, significa que Dios es irreprochable y que no se le puede reprochar nada».[37] Dios siempre ha sido y será así en su carácter y conducta (v. 142).

Así es el carácter del Dios que pronunció la Palabra por la cual nuestro peregrino ha elegido guiar su camino. Debido a su fuente, esta Palabra está marcada y formada por el mismo carácter que su Autor. El salmista señala esto al destacar: «Tus testimonios, que has recomendado, son rectos y muy fieles» (v. 138). Aunque algunos comentaristas creen que los términos «rectitud» y «fidelidad» son descripciones de la Escritura, tal vez sea mejor verlos como una descripción del carácter de Dios al dar la Escritura. En rectitud y fidelidad Dios ordenó Sus testimonios.

Esta estrofa es, pues, una intensa afirmación de lo que el salmista se ha convencido: que el Dios que creía justo y recto lo es de hecho. A partir de esta base sólida, el salmista nos dice también cómo ha llegado a sentir su firme convicción respecto a la rectitud de Dios y de Su Palabra.

Su devoción ferviente - cómo siente lo que cree (vv. 140, 143)

El conocimiento de que Dios es siempre recto y justo en Sus palabras y obras da a nuestro salmista fuerza para el día y gozo en el camino (v. 140). Produce profundo gozo y ferviente devoción a Dios, a Su Palabra y a Su camino (v. 140, 143).

Quizás la mayor evidencia de su ferviente devoción a Dios es su amor por la Palabra de Dios, independientemente de sus efectos en su propia situación personal (v. 140). Ama la Palabra de Dios por lo que es y no solo por sus beneficios. Esto refleja una madurez superior a la de la primera estrofa.

Un comentarista opinó que el salmista podría expresarlo con estas palabras: «Por eso la amo. La amo porque es pura, santa, verdadera; no solo porque me salvará. Aparte de toda referencia a mí mismo, amo la verdad como verdad; amo la pureza como pureza; amo la ley como ley; amo la santidad como santidad».[38] Esto es muy diferente de la forma en que la mayoría de nosotros amamos la Palabra de Dios. Amamos la Palabra de Dios por los beneficios que recibimos de sus páginas. A menudo, cuando esos beneficios están ausentes en nuestra situación personal, acudimos a la Palabra de Dios para averiguar por qué faltan y qué debemos hacer para ver un retorno de esos beneficios y bendiciones. Finalmente, si esos beneficios no aparecen, a menudo nos alejamos de la Palabra.

Sin embargo, esto no es en absoluto lo que dice el salmista. Sin negar las bendiciones que vienen de leer y obedecer la Palabra de Dios, él va más allá de lo que la Palabra hace, a lo que la Palabra es como razón para amarla. Ama la Palabra por lo que es: verdad justa y recta, y no solo por lo que puede hacer por él. A pesar del dolor de sus circunstancias personales y de la aparente ausencia de intervención o bendición divina, el salmista sigue firmemente convencido del carácter justo de la Palabra de Dios y se regocija en ella, aunque parezca que sus beneficios le han sido negados al menos por el momento.

Como está convencido del carácter inquebrantablemente justo de la Palabra de Dios, se apasiona cuando la ve despreciada y denigrada por otros que deberían saberlo mejor (v. 139). Los adversarios que menciona son, con probabilidad, compañeros judíos que habrían sido plenamente formados y educados en la Torá, pero que ahora la dejan de lado intencionalmente y se niegan a regirse por sus mandatos. Ante tan osada rebelión contra Dios y Su Palabra, nuestro peregrino se consume de justa indignación (v. 139). Está celoso (celo) por la Palabra de Dios y su pasión es tan fuerte que lo lleva literalmente al lugar del agotamiento. Qué diferente es nuestra experiencia. A menudo somos agotados por nuestros sentimientos vehementes; sin embargo, raramente esos sentimientos vehementes son verdaderamente porque la ley de Dios ha sido quebrantada. La mayoría de las veces, nuestros sentimientos vehementes se despiertan debido a las circunstancias difíciles y a las consecuencias negativas que la desobediencia de otros tiene sobre nuestra propia vida.

Aunque pueda parecer que somos celosos por el honor de Dios y por Su Palabra, de hecho, a menudo estamos principalmente molestos porque el desprecio de esa Palabra por otros ha impactado negativamente en nuestras vidas y no porque haya sido despreciada. Lo que de verdad amamos es el beneficio que se deriva de la Palabra y mientras esos beneficios no sean interrumpidos, podemos estar conceptualmente de acuerdo en que es algo trágico que la Palabra de Dios esté siendo despreciada, pero raramente actuaremos por profunda preocupación solo porque hombres injustos han despreciado la justa Palabra de Dios. Este no fue ciertamente el caso de nuestro peregrino. Sin embargo, su profunda convicción respecto a la rectitud de la Palabra y la justicia de Dios es más profunda que una respuesta emocional producida en su corazón. Su convicción lo lleva a la acción.

Su dedicación personal - lo que hace a la luz de lo que cree (v. 141)

La convicción que ha sido cultivada en su alma produjo una profunda lealtad en el corazón del salmista expresada por una obediencia fiel. Dios es justo. Su Palabra es recta y verdadera. Todo esto produce en el salmista un compromiso de conducta recta. Y esta lealtad se muestra principalmente en el comportamiento que es fiel a la Palabra de Dios.

Puede ser leal a Dios en tiempos de gran crisis personal porque está totalmente convencido de que Dios es justo y fiel y también lo es Su Palabra. Como Su Palabra es verdadera, también es digna de confianza. Por eso el salmista se entrega a su revelación. No olvida su instrucción moral. Se deleita en su sustancia. Desea comprender el significado de su contenido.

Sin embargo, la mayor declaración de su dedicación es la frase: «No me he olvidado de tus mandamientos» (v. 141). En la literatura bíblica, el término «olvidar» tiene connotaciones morales. Significa mucho más que retener o no retener alguna verdad en la memoria. El tipo de «olvido» que el autor bíblico tiene en mente ocurre cuando la Escritura está a la vista de todos. Olvidar es dejar de lado voluntaria, intencional y de manera rebelde una declaración o expectativa que Dios ha establecido claramente en Su Palabra. El salmista se compromete a evitar este tipo de olvido moral. Se niega a dejar de lado las declaraciones y expectativas de Dios, incluso cuando se encuentra en circunstancias que otros podrían utilizar para justificar su alejamiento de la Palabra. Lo rodean adversarios que se han rebelado voluntariamente contra la voluntad de Dios, la cual les ha sido revelada con claridad. Parece a los ojos externos que Dios se ha «olvidado» de él. Sin embargo, él se niega a olvidar a Dios o Su Palabra. En esto hay una gran lección espiritual para todos los futuros peregrinos.

La mayoría de nosotros, que hemos elegido unirnos al salmista en el camino de la Palabra, retrocederíamos ante la idea de «olvidar» a Dios. Nos apresuraríamos a afirmar nuestra creencia en Dios y a asegurarnos de que tal creencia está de acuerdo con la revelación bíblica sobre Dios. Entonces, ¿cómo «olvidamos» a Dios? La respuesta es engañosamente sencilla. Nos «olvidamos» de Dios cuando ignoramos o desobedecemos Su Palabra. Recordar a Dios es reconocer Su justicia y reconocer Sus justas reglas (v. 137). Tal reconocimiento produce sumisión humilde y conformidad personal a Su Palabra. No someterse y conformarse a Su voluntad revelada constituye un «olvido» moral de Dios y socava las declaraciones y afirmaciones que hacemos en nuestro credo.

¿Qué ha producido este tipo de obediencia devota en el salmista que tiene su origen en su convicción profundamente arraigada sobre Dios y Su Palabra? ¿Cómo se convirtieron sus conceptos teológicos en convicciones que cambian la vida y que soportan repetidas pruebas en las circunstancias más duras?

Soportando la crisis personal

Una de las afirmaciones más importantes de la estrofa es la declaración del salmista de que la Palabra de Dios ha sido probada a cabalidad (v. 140). Por eso puede hacer las afirmaciones valientes y seguras que hace sobre su carácter fiel y justo.

La frase que utiliza para describir esta prueba es «sumamente pura». Describe una prueba de fuego que expone la verdadera naturaleza y carácter del objeto que se está probando. Al refinar los metales preciosos el propósito del fuego es purificar el metal a un mayor grado. Sin embargo, cuando se trata de las Palabras de Dios, son totalmente puras y nada puede mejorar su carácter justo. Así que el salmista no está insinuando que de alguna manera la Palabra de Dios se ha vuelto más pura para él o para otros debido a la prueba. Más bien lo que está observando es que el fuego de la prueba ha revelado algo acerca de la Palabra de Dios que siempre ha sido verdadad: ¡es sumamente refinada! En otras palabras, el fuego no purificó la Palabra; más bien, ¡reveló la extrema pureza y confiabilidad de la Palabra!

Otra manera de entender al salmista es observar que ha probado la Palabra de Dios en el fuego de la crisis y ha descubierto que es totalmente confiable y, por tanto, ha depositado su confianza en la Palabra para todas las circunstancias futuras, por difíciles o dolorosas que puedan ser para él. Este conocimiento de que Dios es siempre recto y justo en Sus palabras y en Sus obras da fuerza y gozo al salmista, que se declara de nuevo siervo del Señor (v. 140). Esta estrofa registra al menos tres puntos de crisis diferentes en los que el salmista ha descubierto la confiabilidad de la Palabra de Dios y se ha apoyado firmemente en sus preceptos.

En primer lugar, ha encontrado confiable la Palabra de Dios cuando estaba rodeado de antagonistas e infieles (v. 139). El término que emplea implica que estos hombres lo estaban molestando al atormentarlo y acosarlo. El motivo de su hostilidad parece ser su compromiso devoto con la Palabra de Dios, que ellos han dejado de lado intencionadamente por considerarla inútil y sin valor. Él, en cambio, ha llegado a la conclusión de que la Palabra de Dios es eternamente recta porque fue dada por Dios, que es eternamente justo. En consecuencia, en lugar de desechar esta Palabra cuando es atacado por sus enemigos, se aferra a lo que sabe que es verdadero y confiable.

En segundo lugar, ha encontrado confiable la Palabra de Dios cuando se ha enfrentado al rechazo y la humillación ante los hombres. Ha sido considerado pequeño e insignificante a los ojos de sus compañeros y ha sido despreciado y rechazado como una persona sin importancia (v. 141). Una vez más, el punto de este rechazo parece ser su compromiso devoto con la Palabra de Dios. Los que desprecian a Dios y desechan Su Palabra seguramente harán lo mismo con los que tienen en alta estima la Palabra de Dios. Sin embargo, el salmista se consuela en la eternidad de Dios y en la constancia y estabilidad de Su Palabra (v. 142). En poco tiempo sus enemigos, por poderosos que parezcan, desaparecerán de la tierra. Al final serán eternamente humillados ante el Dios cuya Palabra despreciaron. El salmista, en cambio, gozará para siempre de una posición justa ante Dios, porque se ha apoyado en Su Palabra eterna.

Por último, nuestro salmista ha encontrado la Palabra de Dios confiable en medio de los problemas y la angustia (v. 143). Describe las dolorosas circunstancias que le han sobrevenido y que lo han rodeado por todas partes. Los términos utilizados (aflicción y angustia) describen la angustia fuerte que los creyentes encuentran en circunstancias adversas. Nuestro peregrino nos está dando a conocer lo que experimentó internamente al encontrarse con la aflicción y la persecución. La tribulación y la angustia se refieren al estrés emocional y a la presión que suelen acompañar a las pruebas. En este caso, le han sobrevenido al salmista por el permiso providencial de Dios. Le han sobrevenido de repente y con ferocidad. Lo han alcanzado y dominado y lo presionan sin tregua. ¿Cómo encontró nuestro peregrino la fuerza para continuar? Deleitándose en los mandamientos de Dios. Un comentarista señaló: «Sin embargo, aunque su dolor era muy real, el discípulo no estaba totalmente consumido por sus circunstancias, sino que se elevaba por encima de ellas a través del consuelo de los mandamientos de Dios. De hecho, él no ve estos recursos divinos como un contrapeso o incluso como neutralizadores de sus pruebas, sino que los percibe de manera positiva como los medios misericordiosos de su profunda estabilidad y confianza».[39]

En otras palabras, las pruebas y aflicciones de la vida que tan a menudo tienden a alejar a los creyentes de Dios y de Su Palabra han sido las mismas cosas que han llevado al salmista a Dios a través de Su Palabra. Aquí ha encontrado verdadera ayuda y profundo consuelo. En todo esto, la Palabra de Dios y su excesiva justicia superan las presiones sobre él. En medio de su crisis, el salmista descansa seguro en la Palabra de Dios porque, en pruebas pasadas, la ha probado a cabalidad y ahora está dispuesto a vivir de acuerdo con ella. Ama esta Palabra con su corazón (v. 140). Se deleita en ella con su mente (v. 143). Obedece sus mandatos con su voluntad (v. 141). Y desea comprenderlos mejor para disfrutar de una vida espiritual abundante (v. 144).

Expresión de la dependencia continua

El salmista ha expresado su segura convicción sobre el carácter maravilloso de la Palabra de Dios. Sin embargo, no está contento con su comprensión actual de esta Palabra. Desea una mayor comprensión e iluminación de Dios para poder entender mejor a Dios a través de Su Palabra (v. 144).

La Palabra justa concede la vida de un Dios justo a todos los que abrazan su verdad. De hecho, la Palabra hace que su oyente sumiso sea justo a los ojos de Dios. El salmista no pide más revelación, sino mayor iluminación y comprensión de lo que ya posee.

El objetivo de su oración por una mayor comprensión no era la liberación de los enemigos o el alivio de la presión y la aflicción. Más bien, pide esta iluminación para poder vivir. Lo que tiene en mente no es simplemente la existencia humana física. Le pide a Dios que dé sentido a su vida, y ese sentido solo le llega a través de Su Palabra.

Tremper Longman, en su enorme comentario sobre los Salmos, señaló: «Aunque todavía no ve el resultado de sus problemas actuales, el salmista sabe que su Dios es "justo", que Su Palabra es "justa" y "fiel", y que Sus promesas han sido probadas repetidamente en la historia redentora. Sabe en quién ha puesto su confianza; por eso, no desafía la integridad del Señor, sino que ora con humildad para "comprender" y poder revivir en su interior».[40]

Esta estrofa inicia con afirmaciones de la justicia del Señor y termina con una afirmación de la justicia de Su Palabra. Entre estas dos afirmaciones eternas el salmista vive en un contexto de problemas y aflicción. El lugar seguro está en el Señor y el camino es Su Palabra. Por eso ama la Palabra de Dios con todo su corazón (v. 140). Se deleita en esta Palabra con su mente (v. 143). Orienta su voluntad a obedecer lo que Dios ha mandado (v. 141). Y desea una mayor comprensión de la Palabra que da vida (v. 144). ¡Que este sea también nuestro testimonio cuando nos sobrevengan problemas y aflicciones!

Sexta parte: La dependencia (Estrofas 19-22)

La oración en presencia de los perseguidores (1.ª parte)

Estrofa 19 - Versículos 145-152

He clamado con todo mi corazón; ¡respóndeme, SEÑOR!
Guardaré Tus estatutos.
A Ti clamé; sálvame,
Y guardaré Tus testimonios.
Me anticipo al alba y clamo;
En Tus palabras espero.
Mis ojos se anticipan a las vigilias de la noche,
Para meditar en Tu palabra.
Oye mi voz conforme a Tu misericordia;
Vivifícame, oh SEÑOR, conforme a Tus ordenanzas.
Se me acercan los que siguen la maldad;
Lejos están de Tu ley.
Tú estás cerca, SEÑOR,
Y todos Tus mandamientos son verdad.
Desde hace tiempo he sabido de Tus testimonios,
Que para siempre los has fundado.

A medida que hemos seguido los pasos del salmista a lo largo de diecinueve estrofas, hemos visto, la mayoría de las veces, que encontró una intensa oposición en el camino. La persecución ha sido una parte constante de su vida. Ha sido dolorosa, prolongada y, por lo general, vengativa en lo personal.

A veces la persecución ha venido del exterior y sus perseguidores han sido aquellos que quizás el salmista más esperaba que fueran sus aliados en un lugar extranjero (compañeros judíos). Sin duda también experimentó la oposición de aquellos que deseaban deponerlo del lugar y la posición a la que Dios lo había designado para Su gloria y para cumplir Sus propósitos.

Si nuestro peregrino era en definitiva Daniel, la naturaleza y el origen de su persecución se hacen aún más evidentes. Debió de ser asombrosamente frustrante para sus enemigos, los magos (sabios) caldeos, ver al monarca más poderoso del mundo influido por el poder y la sabiduría del Dios de este esclavo hebreo.

La lealtad y la constancia espiritual de Daniel a Dios y a Su pacto, y la de sus tres amigos fieles, debieron ser extremadamente convincentes para aquellos de sus compatriotas que pudieron haber puesto en juego sus convicciones en un esfuerzo por ganar poder e influencia en un lugar pagano y en una administración pagana. En otras palabras, la persecución procedía tanto de sus contemporáneos como de sus propios compatriotas, y era feroz, prolongada y persistente.

Además, nuestro salmista se enfrentaba a miedos y aflicciones internas. Al igual que Pablo (más de medio siglo después), sufrió la presión externa de la oposición, así como la presión interna de los temores y la ansiedad, y además de toda esta presión, soportó el peso de la carga espiritual de su pueblo en cautiverio (al igual que Pablo soportó la carga de las iglesias que había plantado).

Con sorpresa, el registro inspirado de su viaje revela que nuestro peregrino permaneció constante en su devoción a Dios a pesar de sus circunstancias. Permaneció obediente en su deber a Dios frente a la más dura persecución. Permaneció leal en su lealtad a Dios incluso cuando Dios permanecía en silencio o parecía estar ausente en las situaciones que eran particularmente agonizantes para nuestro peregrino.

¿Cómo resistió este hombre? ¿Qué le impidió derrumbarse bajo el peso de todo lo que enfrentó y soportó por causa de la justicia y el servicio a un Dios que a veces parecía dolorosamente ausente y deliberadamente silencioso ante el clamor de este siervo fiel? La respuesta, al parecer, es sencilla: ¡la oración guiada por la Palabra! En resumen, lo que mantuvo a nuestro peregrino en marcha cuando el camino era angustiosamente difícil fue su continua conversación con Dios. Siguió comprometido en un diálogo continuo (conversación) con Dios, incluso cuando a veces sonaba y se sentía más como un monólogo, y es esta disciplina particular de la gracia el centro de esta estrofa.

Esto es particularmente importante para nosotros, porque la oración tiende a ser la disciplina de gracia más débil y descuidada en nuestro camino personal con Dios. Con franqueza, muchos peregrinos fracasan y, es triste, que algunos se apartan por completo del camino, no porque no conozcan o crean la Palabra, sino porque no se comunican con su Autor.

Aunque esta estrofa no pretende ser una exposición completa de la teología de la oración, sí nos ofrece una visión cercana de un peregrino que ora en medio de una profunda presión y un prolongado dolor en el camino. Aunque debemos personalizar esta oración y adaptarla a nuestro propio camino, su oración es a la vez instructiva e inspiradora para quienes siguen sus pasos.

Por lo regular, nuestro enfoque ha sido tomar cada estrofa y dejar que el orden de los versículos determine el flujo de nuestra discusión. Por ejemplo, si adoptáramos ese enfoque para esta estrofa, observaríamos de inmediato que los seis primeros versículos del salmo podrían ordenarse como petición y testimonio. La petición del salmista se expresa en los vv. 144-145 y se reiteran en el 149. Entre estas dos secciones, el salmista hace una pausa en la oración. Entre estas dos secciones, el salmista da testimonio de su confianza en las promesas de ayuda divina que se encuentran en la Palabra de Dios y ancla su alma a ellas día y noche. La siguiente sección de la estrofa (v. 150) revela la razón de su súplica desesperada: los malvados se acercan para destruirlo. Sin embargo, el salmista sabe que Dios está cerca, y esta cercanía le reconforta y es la razón de su súplica desesperada (v. 151). Ora con confianza por lo que ha aprendido a lo largo de los años sobre la Palabra de Dios: es confiable (verdadera), y esto es así porque Dios la ha establecido para siempre (v. 152).

Si bien es cierto que la estrofa se desarrolla de este modo, no es la única manera, ni quizás la mejor, de considerar lo que quiere decir el salmista. En lugar de seguir el flujo del pasaje en una secuencia, nuestro enfoque será considerar esta estrofa de una forma temática con el fin de examinar con cuidado lo que esta sección enseña a los futuros peregrinos con respecto a la importancia de la oración guiada por la Palabra.

Antes de comenzar, conviene hacer otro comentario. La mayoría de los creyentes afirman el valor y la importancia de la oración. La mayoría, si no todos, han orado alguna vez, sobre todo en tiempos de crisis. Lo que hace que esta estrofa sea tan valiosa no es simplemente que alienta a la oración como un medio importante por el que un peregrino navega por una parte difícil del camino, sino más bien que hay un tipo particular de oración que el salmista practicó en esta estrofa. En otras palabras, no se está alentando simplemente a pedir ayuda a Dios, aunque el salmista en realidad lo hace. Lo que se alienta es el tipo de oración que se basa en la Palabra de Dios, está saturada de ella y es impulsada por ella. Es lamentable que este tipo de oración sea poco frecuente entre el pueblo de Dios, incluso entre los que han sido creyentes durante años.

El contexto de la oración guiada por la Palabra - Los impíos se acercan (v. 150)

No es de extrañar que el tipo de oración que encontramos en esta estrofa (así como en la siguiente) se produzca en un contexto particular: el de la persecución. Mientras nuestro peregrino examina el camino por el que camina, observa que otros se acercan. Al fijarse más, discierne que los que se acercan no lo hacen por amistad, sino con mala intención (v. 150).

De inmediato nos informa que los hombres que se acercan persiguen un propósito perverso. Los describe como hombres que «siguen» o persiguen apasionada y persistentemente la «maldad». El término utilizado para describir la «maldad» a la que estos hombres se han dedicado se asocia en otras partes del Antiguo Testamento con la idolatría y la inmoralidad que tan a menudo marcó la vida de los atrapados en el culto falso o desviado.

Estos hombres, marcados por un carácter vil y dedicados a propósitos perversos se acercan a nuestro peregrino para hacerle daño. Tal vez sean los que persiguieron al salmista al principio de su viaje (v. 110). Lo más probable es que estén relacionados de algún modo con Dios y con su pacto. Sin embargo, a diferencia del salmista, que se dedica a vivir en obediencia leal a Dios y a cumplir las expectativas de Su pacto, estos hombres son unos infractores del pacto empeñados en perseguir lo que Dios ha prohibido y comprometidos en perseguir a los que son leales a Dios.

Los hombres que se acercan al salmista están lejos de Dios y de Su Palabra. Su cercanía es ciertamente un peligro real y presente, y es motivo de seria preocupación por parte de nuestro peregrino. Son enemigos poderosos que, si se les da la oportunidad, tienen el deseo y la capacidad de causarle graves daños. Este tipo de enemigos no se limitan al pasado. Están siempre presentes entre los siervos fieles de Dios. ¿Qué hizo nuestro peregrino en presencia de sus enemigos? Oró. Y lo hizo porque estaba convencido de que, por muy poderosos que fueran sus enemigos, había Alguien aún más poderoso que también estaba cerca (v. 151).

El fundamento de la oración guiada por la palabra - Dios está cerca (v. 151)

En presencia del peligro y rodeado de enemigos dedicados a su destrucción, nuestro peregrino levanta la voz y clama a Dios pidiendo ayuda. No nos sorprende oírle clamar a Dios en oración: eso es justo lo que haríamos nosotros si estuviéramos en su lugar. Lo que nos sorprende es la seguridad que impregna su grito de auxilio. Esa confianza no es una respuesta natural, sino que surge de algo externo a lo cual ha anclado su mente.

Lo que da a su oración el tono confiado que con claridad está presente en esta estrofa es su absoluta convicción de que Dios también está cerca y de que es accesible a Su pueblo cuando está en apuros.

Se trata de algo más que un mero reconocimiento y afirmación teológica de la omnipresencia de Dios. La afirmación que hace el salmista sobre la «cercanía» de Dios no se refiere a la proximidad física o geográfica de Dios. Habla de «cercanía» en un contexto relacional. Un comentarista lo expresa así: «*Cercano* es una palabra de parentesco. El Señor se ha comprometido a ser nuestro pariente más cercano que, en nuestra desesperanza, toma todas nuestras necesidades como suyas». El tipo de «cercanía» del que habla el salmista se refiere al interés profundo y personal que Dios tiene por cada uno de sus siervos. Él conoce personalmente sus circunstancias. Está profundamente interesado en sus asuntos cotidianos. Él está poderosamente comprometido a actuar en su favor para sostenerlos en su aflicción, para librarlos de sus aflicciones, y para protegerlos y preservarlos de sus enemigos. Esto es lo que el salmista tiene en mente cuando observa ¡que Dios está cerca!

Y el Dios que está personalmente interesado e involucrado en la vida de cada uno de sus siervos ha invitado a esos siervos a acercarse a Él en su momento de necesidad. El camino de acceso es la oración, el tipo de oración confiada que nuestro salmista emplea en esta estrofa. Nuestro salmista ha meditado cuidadosa y continuamente en la Palabra de Dios, donde ha aprendido que Dios se ha comprometido a estar cerca de Su pueblo en las formas que acabamos de describir. Este conocimiento motiva al salmista (y a nosotros) a acudir inmediata y valientemente a Dios en busca de ayuda.

En esencia, esto es lo que Santiago proclama a sus lectores del Nuevo Testamento cuando nos invita a «acercarnos a Dios» y nos recuerda que, cuando lo hagamos, «Él se acercará a nosotros» (Stg. 4:7-8). Nos acercamos a Dios, quien está cerca de nosotros, acudiendo con valentía a Él en la oración.

Este tipo de oración exige que creamos que Dios existe —que Él es realmente quien la Escritura afirma ser—, y que Él recompensa (responde) a aquellos que le buscan diligentemente —que Él realmente actúa con fidelidad a lo que la Escritura afirma que hará por Su pueblo (He. 11:6). Las personas que creen profundamente en estas verdades son capaces de acercarse a Dios y orar el tipo de oraciones que nuestro peregrino ora aquí. Pero ¿cuál es el carácter y la naturaleza de esa oración?

La naturaleza de la oración guiada por la Palabra (vv. 145-147)

Afirmar que los peregrinos oran cuando tienen problemas es obvio. Sin embargo, ese es precisamente el mensaje de esta estrofa. ¿Por qué llama el Señor nuestra atención sobre una verdad tan evidente? Esta estrofa hace mucho más que informar de lo que hizo el salmista cuando se enfrentó a la proximidad de problemas y peligros. En realidad, estos versículos nos están instruyendo en la práctica de la oración cuando oramos. Casi medio siglo más tarde, Santiago afirmó que las oraciones eficaces de un hombre justo valen mucho (Stg. 5:16). Esta estrofa es un antecedente veterotestamentario de la afirmación de Santiago sobre la oración eficaz.

Durante diecinueve estrofas hemos observado a este peregrino en su viaje y, sea lo que sea lo que concluyamos sobre él, su carácter justo está fuera de toda duda. En todos sus caminos y durante todos sus días hasta ahora ha respondido con humildad a Dios y ha vivido en obediencia a Su Palabra. No se ha resistido a Dios. Y lo mismo ocurre en esta estrofa. Fundamenta su petición de ayuda en su intento constante de guardar con cuidado los estatutos de Dios (v. 144) y de obedecer sus testimonios (v. 145).

Este es el primer aspecto de la oración guiada por la Palabra: ¡viene del corazón y la boca de un discípulo guiado por la Palabra que practica personalmente la Palabra! Esta no es la vana promesa de un hombre desesperado que intenta obtener algo de su Dios mediante promesas vacías de obediencia futura. No lo es. Sus promesas de obediencia futura a los estatutos y testimonios de Dios se basan firmemente en su obediencia constante tanto en el pasado como en el presente. La obediencia no siempre es un requisito previo para que las oraciones lleguen a oídos de Dios. Nunca debemos imaginar que nuestra rectitud obliga a Dios a moverse por obligación y no por Su propio placer y gracia. Sin embargo, decir que la justicia no está involucrada en ningún grado para obtener el oído de Dios es ir más allá de lo que Dios mismo declara en Su Palabra. Él nos dijo en términos inequívocos que las oraciones de cierta clase de siervo servirían de mucho; y la clase de hombre que Él tiene en mente es un «justo» (Stg. 5:16). Además, Santiago deja claro en el contexto del pasaje que el tipo de justicia que tiene en mente es algo más que la justicia imputada que Dios aplica a todos los creyentes en el momento de su justificación. Cuando Santiago relaciona la justicia de este hombre con la confesión de pecados de unos a otros, está claro que tiene en mente la práctica de una conducta ética y moral correcta por parte de un hombre que ha sido hecho justo por Dios. ¡Las oraciones de un discípulo que practica la justicia son muy valiosas!

Este tipo de oración no solo se basa en la práctica recta de un discípulo obediente, sino que también se caracteriza por la persistencia (vv. 147, 148). Las oraciones de esta estrofa no solo proceden de un peregrino que practica la rectitud con constancia, sino que también son oraciones eficaces. Una de las cosas que hacen efectivas las oraciones de este siervo obediente y leal es su persistencia en orar. Varias cosas en la estrofa revelan que este es el caso.

Cinco de los ocho versículos contienen apelaciones directas a Dios en la oración. En la mayoría de los casos, el salmista utiliza el tiempo perfecto (vv. 144, 145, 147, 148). Aunque el tiempo perfecto seguido de un imperativo expresa intensidad y fervor, también implica persistencia. Sus repetidas súplicas dejan claro que para el salmista no se trataba de una única petición. Oró con fervor, pero también lo hizo repetida y persistentemente. Cinco de los versículos contienen distintas variedades de su petición singular de ayuda divina ante un peligro abrumador. No oraba repetidamente oraciones de memoria como si fuera a ser escuchado por sus «muchas palabras». Se presentó repetida y persistentemente ante Dios con su súplica.

En esta estrofa, su práctica habitual era levantarse antes del amanecer para acercarse a Dios con su súplica (v. 147). Su jornada no solo comenzaba en oración, sino que terminaba en oración. Sus ojos permanecían despiertos durante las vigilias nocturnas para meditar en la Palabra del Dios a quien oraba (v. 148). En la antigüedad, antes de la era de los relojes digitales, la noche se dividía en tres partes llamadas vigilias. El salmista dio testimonio de la gravedad de su aflicción porque lo mantuvo despierto durante toda la noche. Sin embargo, en lugar de permitir que su alma fuera destrozada por la ansiedad y la preocupación, eligió sabiamente meditar en la Palabra de Dios.

Por último, su oración estaba marcada por la intensidad y la pasión de todo corazón ante el Señor (v. 145). Dos cosas lo ponen de manifiesto en esta estrofa. En primer lugar, el salmista utiliza una forma particular de dirigirse directamente a Dios en su oración (vocativos). «Respóndeme, Jehová». «Sálvame». «Oye mi voz». «Vivifícame». Uno nunca se atrevería a dirigirse así a un desconocido o a un señor lejano. Sin embargo, no debemos suponer que el salmista se tomaba libertades al dirigirse a Dios de una manera impropia de alguien en su posición. De hecho, una oración tan sincera por parte del salmista era posible precisamente por su posición en relación con Dios. Cuando se dirige a Dios, el salmista utiliza tres veces en esta estrofa el nombre del Dios del pacto (vv. 145, 149, 151). Es el nombre con el que Dios se ha comprometido con su pueblo en una relación de pacto. Esa relación supone la fidelidad de las declaraciones de Dios y la fidelidad de Sus acciones hacia aquellos con quienes ha entrado en una relación de pacto. Debido a que el salmista ha cumplido de manera consistente con sus obligaciones de pacto, puede venir en confianza y apelar a Dios para que cumpla con Sus compromisos de pacto con Su siervo.

Lo segundo que revela la intensa y ferviente pasión del salmista es el término «con todo mi corazón» (v. 145). Anteriormente en el salmo, nuestro peregrino había declarado su lealtad de todo corazón a la vida obediente (v. 58). Aquí utiliza la misma expresión para describir su intenso deseo de liberación. Este término no se limita a señalar la desesperación que siente el salmista y que lo motiva a buscar la liberación de la mano de sus perseguidores. Ciertamente, pide y desea esa liberación. Sin embargo, su oración está impulsada por una relación espiritualmente sana con Dios que brota de un corazón completo y singular en su lealtad y fidelidad a Dios. A diferencia de sus perseguidores, cuyos corazones han sido arrastrados y seducidos por la maldad, el salmista ha guardado diligentemente su corazón (Pr. 4:23) y, en consecuencia, la dirección de su vida ha sido hacia Dios. Su oración viene de una vida que está orientada en una dirección hacia Dios y que está saturada por un pensamiento guiado por la Palabra. En otras palabras, aunque sus circunstancias externas están llenas de peligro, su vida interior es fuerte y saludable. Su oración, aunque ofrecida en circunstancias desesperadas, no está llena de desesperación. Por el contrario, es una oración confiada que procede de un corazón que confía plenamente en Aquel a quien se dirige la oración.

El objeto de la oración guiada por la Palabra: un Dios que cumple el pacto (v. 149)

¿Qué produjo este tipo de confianza incondicional en nuestro peregrino? La respuesta está en el carácter de Aquel a quien ora. Tres veces en esta estrofa el salmista se dirige directamente a Dios como Yahvéh (v. 145, 149, 151). El nombre sagrado detrás del término «SEÑOR» en esta estrofa es Yahvéh. Este es el nombre de Dios que habla de Su relación de pacto con el pueblo que eligió después de liberarlo de Egipto y darle Su ley de pacto (Ex. 6:3-8).

Debemos tener cuidado de no pensar que Dios no tenía relaciones personales y profundas con Su pueblo antes de la entrega del pacto mosaico. Este pasaje deja claro que Dios sí tuvo una relación íntima con Abraham y los patriarcas. Dios claramente hizo promesas, entró en pactos y actuó fielmente con ellos. Sin embargo, con la entrega del pacto mosaico, Dios estableció a los descendientes de los patriarcas como Su nación elegida y entró en una relación de pacto en la que se obligó a sí mismo a actuar como su único Dios, siempre y cuando cumplieran con los términos del pacto en el que habían entrado con Él.

Es en esta calidad, como Dios de pacto, que el salmista tiene en mente cuando se acerca a Dios para hacer su súplica. Suplica a Dios que escuche su voz «conforme a [Su] misericordia» (v. 149). La expresión «conforme» se refiere a la medida en que sucede algo. En este caso, el salmista anticipa que Dios escuchará porque medirá su obligación de responder según Su bondad amorosa. Como hemos visto en estrofas anteriores, «bondad amorosa» es un término conocido que apunta al amor leal de Dios. Dios ha entrado voluntariamente en una relación con Su pueblo y se ha comprometido en amor a actuar con lealtad en su favor, satisfaciendo sus necesidades, protegiéndolos de sus enemigos y dándoles energía para la vida y el servicio. En resumen, Dios ha prometido en Sus ordenanzas que si Su pueblo medita en Su ley día y noche y no se aparta de ella ni a derecha ni a izquierda, entonces Él hará que su camino sea exitoso y los prosperará en todo lo que se propongan hacer por amor a Su nombre (Jos. 1:8-10; Sal. 1:1-6).

Nuestro salmista ha vivido según el pacto que Dios había dado a Su pueblo. Ha observado fielmente las directivas (estatutos) permanentes y duraderas de Dios. Ha regido su vida por los testimonios permanentes de Dios. Está firmemente convencido de que los mandamientos de Dios son firmes e inquebrantables y representan la realidad con exactitud y son autoritativos: «son verdad» (v. 151). Ha vivido de acuerdo con el pacto de Dios y ahora se acerca con confianza y valentía al Dios de ese pacto y apela por las cosas que Dios ha pactado dar a aquellos que caminan fielmente ante Él según Su Palabra.

En otras palabras, la confianza que impregna la oración de nuestro peregrino procede de su compromiso con la Palabra de Dios y de su confianza en la confiabilidad eterna de esa Palabra (v. 152). Al acercarse a esta Palabra infalible aprendió la verdadera naturaleza de Dios, en particular que Él muestra un amor leal a Sus elegidos. Como «elegido», nuestro peregrino señala su lealtad constante a Dios y a Su pacto como fundamento de sus valientes peticiones de ayuda. Tal oración no es presuntuosa ni arrogante cuando está instruida y formada por las mismas palabras que Dios ha dado a Su pueblo. Por eso hemos observado que el salmista no se limita a levantar oraciones, sino que levanta oraciones guiadas por la Palabra.

El contenido de la oración guiada por la Palabra - *¡Respóndeme!* (v. 145)

¿Qué pide un discípulo gobernado por la Palabra cuando ora oraciones llenas de Palabra en tiempos difíciles? En pocas palabras, suplica la ayuda de Dios. Nuestro peregrino lo expresa en su clamor de corazón: «¡Respóndeme!».

Su clamor ante el Señor no es un simple llanto ante Él. Más bien es un grito intenso y urgente a Dios pidiendo ayuda. Lo que más desea el salmista es la seguridad de que Dios lo escucha y responderá a su clamor. El término «respóndeme» se refiere a la respuesta de Dios que desea el salmista. Imagina a alguien que se inclina para escuchar la voz de otro o que se mueve para satisfacer la necesidad expresada por otro. En otras palabras, el salmista quiere que Dios responda a su clamor moviéndose y actuando en su favor. La respuesta concreta que desea de Dios se expresa y matiza en otros tres términos que emplea en sus apelaciones directas a Dios.

En primer lugar, desea que Dios le responda salvándole o librándole de sus enemigos y de las malas intenciones que han tramado contra él (v. 146). Este término («sálvame») expresa su deseo de que Dios lo rescate y lo lleve a un lugar amplio y seguro en el camino. En este caso, el término implica el concepto de victoria sobre los enemigos. El salmista está orando para que Dios lo rescate concediéndole la liberación y la victoria sobre el complot malvado que sus enemigos han urdido contra él. Si nuestro peregrino es realmente Daniel, tal vez este complot fue el que los magos caldeos tramaron para manipular al rey a fin de ejecutar a Daniel por no cumplir el mandato de no orar a ningún dios excepto al rey durante treinta días. Tanto si el salmista es Daniel como si el peligro concreto era la guarida del león, lo que está claro es que este hombre pide a Dios que le responda con ¡liberación y victoria!

En segundo lugar, el salmista desea que Dios le responda ayudándole a resistir mientras espera su rescate (v. 147). El término utilizado aquí («clamé») expresa un grito de auxilio en medio de una crisis. Desea que Dios le responda acudiendo rápidamente en ayuda de su siervo sufriente.

En tercer lugar, desea que Dios le responda preservando su vida («vivifícame») en medio de las circunstancias peligrosas que se han presentado contra él (v. 149). El salmista apela a la «justicia» u «ordenanza» de Dios como el medio por el cual Dios preservará su vida a salvo en medio del peligro (v. 149). El término particular en cuestión tiene que ver con las decisiones justas de Dios dictadas en conformidad con Su carácter y en conjunción con Sus propósitos. En otras palabras, el salmista le está pidiendo a Dios que preserve su vida por medio de las decisiones justas que Él toma a medida que se desarrollan los acontecimientos que rodean esta difícil circunstancia. Pero ¿qué anima a orar tan directamente?

El compromiso que fortalece la oración basada en la Palabra: la obediencia de por vida (vv. 145-146).

Una vez más encontramos al salmista pidiendo a Dios más vida. Como antes, pide esta vida no con fines egoístas, sino para tener más oportunidades de observar los estatutos de Dios (v. 145) y guardar Sus testimonios (v. 146).

Se presenta con valentía ante el trono de la gracia y anuncia su intención de seguir caminando por la senda de la Palabra con fidelidad y obediencia. Tampoco se trata de una nueva dirección para su vida. Viene anunciando su intención futura, pero puede señalar su comportamiento pasado como evidencia de que esta ha sido, es y continuará siendo la pasión de su vida. Ha vivido de forma obediente. Actualmente obedece. Y desea que Dios lo rescate para poder seguir viviendo fielmente ante Dios.

Haríamos bien en evaluar nuestra oración desde esta perspectiva. ¿Por qué pedimos las cosas que pedimos? ¿Por qué deseamos prolongar la vida? ¿Qué pretendemos hacer con la provisión y la protección que pedimos si Dios nos las concede? El salmista es claro a este respecto. Desea hacer más de lo que ya ha estado haciendo: ¡caminar por el camino de la Palabra! A este fin se compromete con su oración.

La confianza de la oración guiada por la Palabra - Fidelidad divina (vv. 151-152)

¿Qué produce el tipo de confianza que da lugar al tipo de oración que el salmista ora en esta estrofa? Lo que es más importante, ¿cómo se cultiva esa confianza en el alma de un creyente?

El salmista puede orar con confianza porque está seguro de que Dios está cerca. Lo sabe por una fuente inquebrantable: ¡la propia Palabra de Dios! En el v. 151, nuestro peregrino afirma con confianza que los mandamientos de Dios son firmes (verdad). El término que emplea para «verdad» es la palabra de la que derivamos nuestro término «amén». Habla de la fiabilidad y confiabilidad de lo que Dios ha ordenado. El salmista puede confiar en la Palabra de Dios precisamente porque es confiable y firme. Es el cimiento teológico sobre el que su vida puede mantenerse firme contra todo asalto.

La Palabra de Dios tiene este carácter firme y fiel porque Dios estableció que fuera así mucho antes de la vida del salmista (v. 152). El salmista podía mirar cientos de años atrás, a los días de Abraham, y leer lo que Dios prometió hacer por él, y ver que Dios era realmente fiel a Su Palabra. Podía leer lo que Dios dijo a Moisés y a Josué. Podía leer el registro dejado por Samuel. Podía comprometerse fácilmente con la Palabra dada a David para la vida y la adoración. Y podía ver fácilmente que lo que Dios estableció hace mucho tiempo era de hecho eternamente cierto. El tiempo había demostrado una y otra vez que se podía confiar en lo que Dios decía porque provenía de una Fuente eternamente digna de confianza y verdadera.

Por último, el salmista ha aprendido este carácter fidedigno de la Palabra de Dios al principio de su peregrinación. No se trata de una verdad teológica que haya aceptado conceptualmente. Ha comprobado en repetidas ocasiones que la Palabra de Dios es digna de confianza desde el principio de su peregrinación hasta ahora. Zemek, en su comentario, lo expresa así: «He aquí lo que el salmista ha concluido acerca de esa Palabra: *Hace mucho tiempo aprendí que Dios ha fijado y establecido firmemente sus testimonios. Por tanto, son eternamente válidos y confiables en todas las circunstancias y en todos los escenarios, incluida mi dificultad actual*».[41]

En este momento, el salmista se acerca al final de su peregrinación terrenal. Lo conocimos de joven, al comienzo del camino. Lo hemos seguido durante muchas décadas de su vida. Hace mucho tiempo creía que la Palabra de Dios era verdadera y digna de confianza. Décadas después sigue creyendo que es así. Y esta verdad teológica confirmada en la experiencia de la vida produce una profunda confianza que se expresa en la oración guiada por la Palabra. Los siervos de Dios se acercan a Él orando así como lo hace el salmista en esta estrofa. Pueden hacerlo porque, como él, disfrutan de una relación de pacto con Dios gracias a la obra de Jesucristo en la cruz.

Dios, quien actuó con amor para salvarlos del pecado, no los abandonará ahora en manos de sus enemigos. Su Palabra para nosotros es tan fiel y firme como lo fue para el salmista. En sus días, él miró hacia atrás en el tiempo, a lo que Dios dijo a Moisés, y vio que Dios había sido fiel. Ahora, han pasado miles de años y nosotros miramos hacia atrás al testimonio del salmista y podemos afirmar que Dios le fue tan fiel como el salmista observó que había sido con Moisés. Y Él también nos será fiel.

Como el salmista, podemos descansar en la antigua e inmutable Palabra de Dios. Sus estatutos son estables. Sus testimonios son permanentes. Sus promesas nunca fallan. Por tanto, podemos esperar con confianza en el Dios que proclaman. Podemos regocijarnos plenamente mientras esperamos que Él actúe en nuestro favor. Podemos someternos alegremente y obedecer con gozo, sin importar cuál sea nuestra circunstancia inmediata. Podemos descansar tranquilamente y esperar con confianza en medio del dolor, la confusión, la aflicción y la persecución. La Palabra de Dios no ha cambiado. Nunca ha fallado. Revela a un Dios que nunca cambia, siempre fiel, que ha prometido actuar con amor y fidelidad hacia nosotros de acuerdo con Su Palabra. Esto es lo que nos mueve a orar cuando los problemas y la aflicción nos llaman. Cuando descansamos en una Palabra inquebrantable que revela a un Dios inmutable que nos ama, esa Palabra impulsa nuestras oraciones y las satura con su verdad. Cuando nos acercamos a Dios por medio de Su Palabra, ¡Él usa esa Palabra para acercarse a nosotros!

La oración en presencia de los perseguidores (2.ª parte)

Estrofa 20 - Versículos 153-160

Mira mi aflicción y líbrame,
Porque no me olvido de Tu ley.
Defiende mi causa y redímeme;
Vivifícame conforme a Tu palabra.
Lejos está de los impíos la salvación,
Porque no buscan Tus estatutos.
Muchas son, oh SEÑOR, Tus misericordias;
Vivifícame conforme a Tus ordenanzas.
Muchos son mis perseguidores y mis adversarios,
Pero yo no me aparto de Tus testimonios.
Veo a los malvados y me repugnan,
Porque no guardan Tu palabra.
Mira cuánto amo Tus preceptos;
Vivifícame, SEÑOR, conforme a Tu misericordia.
La suma de Tu palabra es verdad,
Y eterna cada una de Tus justas ordenanzas.

En esta estrofa, el salmista continúa su oración de liberación iniciada en la estrofa anterior. Sin embargo, el peligro que aún estaba lejano en la última estrofa ha llegado en esta. Aunque claramente angustiado, el salmista se acerca al Señor en oración y descansa confiadamente en las perfecciones, promesas y protección que Dios le ofrece a través de Su Palabra. La fe que se formó en la oración guiada por la Palabra de la estrofa anterior no se tambalea ni vacila ante el peligro presente que se ha hecho realidad en esta estrofa.

Las realidades a las que se enfrenta nuestro peregrino mientras camina en presencia de sus enemigos lo impulsan a Dios en una súplica de vida (vv. 154, 156, 159). El carácter de Dios y la perfección de Su Palabra dan fuerza y valentía a su petición de ayuda. Al final de la estrofa, el salmista ha asentado su alma en estas verdades, de modo que camina seguro en medio de la angustia.

Cuando nuestro peregrino llega a esta estrofa, está rodeado de una multitud de grandes y poderosos enemigos (v. 157). Sin embargo, está seguro y a salvo en el camino porque también está rodeado de las muchas y maravillosas misericordias de Dios (v. 156). Estas misericordias se convierten en la base de una serie de ocho apelaciones directas e intensas a Dios, cinco de las cuales se producen en los dos primeros versos de la estrofa (vv. 153-154). En el centro de estas súplicas está la petición reiterada de que Dios «mire» (vv. 153, 159) para que el salmista pueda vivir (v. 156, 159).

La fluidez de la estrofa se expresa mediante un recurso literario comúnmente utilizado en la poesía bíblica del Antiguo Testamento conocido como quiasmo. Un quiasmo se parece a la letra x (su nombre procede en realidad de la letra x). A cada frase del principio de la estrofa le corresponde una frase similar en el final de la estrofa. El enunciado situado en el punto medio de la «x» suele estar en el centro de la estrofa y suele ser la idea central o principal de la estrofa. En este caso, el quiasmo está formado por ideas similares y no por enunciados idénticos. Si lo escribiéramos, quedaría así:

a. Señor, mira y dame vida (vv. 153-154)
  b. A los impíos no les importa nada tu Palabra (v. 155)
    c. Sin embargo, tus compasiones son muchas (v. 156)

d. ¡Dame, pues, la vida! (v. 156)

c. Aun así, hay muchos enemigos (v. 159)

b. A ellos (los infieles) no les importa nada tu Palabra (v. 158)

a. Señor, mira y dame vida (vv. 159-160)

¿Por qué ora uno en presencia de sus perseguidores? ¡La vida! Esto es lo que oró nuestro peregrino en el día de su aflicción. Esto es también lo que oró el Señor en la víspera de su tentación. Dios respondió a la oración de Su propio Hijo con la muerte, para poder conceder la vida a todos sus hijos adoptivos en el día de su sufrimiento. Su muerte significa vida para todos los que siguen el camino de la Palabra. A causa de este hecho de gracia, nosotros, como nuestro amigo peregrino, podemos venir con peticiones específicas sabiendo que Aquel que no retuvo a Su Propio Hijo querido no retendrá ninguna cosa buena y necesaria de Sus queridos hijos.

Sus peticiones fervientes (vv. 153-155)

Sin duda, el salmista se encuentra de nuevo en una situación desesperada. Aunque no es la primera vez que se encuentra en una situación tan desesperada, su súplica al Señor está marcada por una intensidad y una confianza que van más allá de lo que había expresado en las estrofas anteriores.

Lo que él experimentó en el camino no es extraño a todos los creyentes que se esfuerzan seriamente por recorrer el camino de la Palabra. En lugar de hacerse más fácil, el camino se hace más difícil. Los desafíos son más duros y los riesgos más altos cuanto más tiempo se camina ante el Señor. Sin duda, los peregrinos que han dedicado tiempo a profundizar en el conocimiento de la Palabra de Dios disponen de más recursos. Aquellos que se han apoyado en la Palabra de Dios en dificultades pasadas encuentran más fácil volver a hacerlo cuando se enfrentan a nuevos problemas. La presencia de esa confianza es la fuente de la que brotan sus intensas y fervientes súplicas de ayuda divina.

Estas súplicas constituyen buena parte del contenido de su oración. Se expresan en forma de ocho vocativos. Un vocativo es una forma gramatical de lanzar una enérgica apelación en forma de demanda a una segunda parte, en este caso, Dios. Basándose en su conocimiento de Dios y en su profundo compromiso con la relación que mantiene con Él, el salmista habla con valentía y pasión y pide a Dios que haga ciertas cosas en su favor. Esas peticiones están expresadas en el lenguaje más fuerte posible al alcance del salmista. Ciertamente, son peticiones. Pero esas peticiones son algo más que casuales. Son apelaciones fuertes y directas a Dios para que haga algo. En otras palabras, el salmista acude a Dios de manera apropiada, pero también ferviente y persistente, y no piensa detenerse hasta que Dios le conceda lo que le pide.

Nueve veces en esta estrofa nuestro peregrino se presenta ante el Señor con peticiones particulares. Suplica al Señor que examine sus circunstancias y actúe respectivamente (vv. 153, 159). Desea que el Señor lo rescate (v. 153). Apela a Dios para que tome y defienda su caso (v. 154) y lo redima (v. 154). Tres veces suplica al Señor que le conceda fuerzas y vida renovadas (vv. 154, 156, 159). Y, por primera vez, ruega imprecatoriamente que Dios niegue la salvación a sus enemigos (v. 155).

¡Mírame! (vv. 153, 159)

Es evidente que el salmista sigue experimentando la agitación interior de sus traumáticas circunstancias y, desesperado, clama por la intervención divina. El término «mirar» en el texto viene de un verbo hebreo que significa «ver». A veces se traduce «contemplar». En este párrafo se traduce «mira» o «toma nota».

Para que quede claro, el salmista no está suponiendo que Dios ignora sus circunstancias. En otras palabras, no trata de informar a Dios como si Dios no lo supiera. Tampoco trata de llamar la atención de Dios sobre sus circunstancias como si Dios estuviera distraído o desatento. Más bien, está apelando a Dios para que tome nota de sus circunstancias a fin de que pueda intervenir y actuar consecuentemente. Este término no es pasivo en su apelación. El salmista pide a Dios que «vea» la situación que tanto aflige a su siervo.

Y tiene amplios precedentes bíblicos para una petición tan osada. Así es precisamente como Dios respondió a otros de sus siervos que actuaron con fe y se encontraron en extrema necesidad de la intervención divina precisamente a causa de su obediencia. Este fue el caso de Abraham, cuya obediencia fiel lo llevó a colocarse ante un altar con un cuchillo levantado sobre su amado Isaac. Dios vio la fe de Abraham y «se ocupó» de sus circunstancias proporcionándole un carnero atrapado en un matorral cercano. Dios miró a Abraham y a Isaac y les proporcionó lo que necesitaban desesperadamente para su liberación y su vida. En 1 Samuel 16, Samuel, afligido por el rechazo de Saúl como rey, recibe de Dios la orden de ir a la casa de Isaí, donde Dios había «visto» a su nuevo rey. Al preguntarle cuál sería la mejor manera de llevar a cabo esta incómoda y peligrosa tarea, Dios le dijo a Samuel que Él «se encargaría de ello».

El salmista repasa una historia rica en relatos de la provisión de Dios y viene con valentía a pedir lo mismo para sí mismo. Él, como estos antiguos hombres de fe que lo precedieron, se encuentra en las circunstancias a las que se enfrenta debido a su compromiso de vivir por la fe y seguir el camino de la Palabra. Su obediencia fiel lo condujo directamente al problema al que ahora se enfrenta. Su obediencia continua se convierte en la base sobre la que se asientan sus fervientes súplicas ante Dios.

¡Líbrame! (v. 153)

La intervención divina por la que suplica el salmista adopta la forma de liberación de su difícil situación. El término que emplea significa sacar o liberar de un problema. Como fundamento de su súplica, el salmista señala que su vida se ha caracterizado siempre por no olvidar la ley de Dios. Expresa su testimonio en tiempo perfecto para indicar su compromiso vital profundo y duradero de actuar conforme a la exigencia moral de Dios. El término conocido «recordar» aparece de nuevo y nos recuerda que el salmista está haciendo mucho más que recordar mentalmente la ley de Dios. Está conformando su vida y moldeando su comportamiento de manera activa, intencionada y coherente, para estar a la altura de lo que Dios espera de su vida cotidiana.

¡Defiendeme! (v. 154)

El tercer imperativo traslada las imágenes a la sala del tribunal. El salmista apela a Dios para que se haga cargo de su asunto y «luche» por él. El término puede significar una lucha física en la que un campeón lucha por la causa de otro. También puede referirse a un escenario legal en el que un individuo se convierte en el defensor judicial de otra parte (o a veces en contra). En este caso, el salmista apunta a su testimonio de vida y sobre esa base apela a Dios para que tome su caso y se convierta en un abogado personal dedicado a vindicar a Su cliente, en este caso, el salmista.

¡Redímeme! (v. 154)

En este caso, el abogado es algo más que un «peso pesado del derecho» contratado para acudir en ayuda de un cliente con el que no tiene más obligación que la creada por el acuerdo de aceptar el caso. En el caso del salmista, su abogado es también su pariente cercano. Esta relación sustenta las imágenes del cuarto imperativo.

El término «redimir» de inmediato habría hecho recordar a los lectores originales una imagen particular creada por aquel que hace la «redención». La redención es más que una reivindicación: es la liberación de una serie de circunstancias difíciles. Esta liberación vendría de la mano de un «redentor». El término utilizado en esta estrofa indica una estrecha relación familiar entre el redimido y el redentor. El redentor es un pariente cercano, similar a la relación que Booz tenía con Rut cuando la redimió mediante la «ceremonia de la sandalia» en Rut 4:1-12.

En el caso del salmista, considera la naturaleza personal de su relación con Yahvéh y apela a que Dios actúe a la luz de esa relación. En otras palabras, como él y Dios estaban íntimamente vinculados por una relación de pacto, Dios era su pariente-redentor y, por tanto, estaba obligado a actuar en su favor. Tampoco es el salmista el único que disfruta de esta relación. Todos los peregrinos que andan por el camino de la Palabra y que se dedican a amar Su Palabra y a cumplir Su ley gozan de este tremendo privilegio y pueden hacer este mismo llamado.

¡Vivifícame! (vv. 154, 156, 159)

Todas sus súplicas fervientes desembocan en una petición culminante de vida renovada. Todo el pueblo de Dios de vez en cuando se cansa en el camino. A veces, todos están agotados por la implacable y despiadada persecución de su enemigo espiritual, Satanás. En este caso, las propias experiencias personales del salmista reflejan las de todos los que siguen sus pasos. Expone la súplica que todos deseamos gritar a Dios cuando parece que no podemos reunir fuerzas para dar un paso más en el camino.

«Vivifícame» es un grito fuerte y desesperado que pide nuevas fuerzas y una vida renovada cuando todas las fuerzas han desaparecido. No es la primera vez que el salmista hace este llamado y, en esta estrofa, ¡lo repetirá tres veces! En el contexto de la dificultad e incluso de la muerte es natural que los hijos de Dios clamen por la vida al Dios que los vivificó del pecado y los puso en el camino para empezar. Claman al Dios que les dio la vida al principio del camino para que los reanime, ¡dándoles más vida mientras dure el viaje!

El llamado adquiere una expresión de confianza cuando el salmista considera lo que Dios ha prometido en Su Palabra. Vivifícame conforme a tu promesa (v. 154). Vivifícame conforme a tus ordenanzas (v. 156). Vivifícame conforme a tu misericordia (v. 159). Dame más vida y fuerza y mídelas según la confiabilidad de tus promesas, la inmutabilidad de tus mandatos morales y la profundidad inconmensurable de tu amor leal y misericordioso.

¡No salves a los malvados! (v. 155)

Obsérvese el carácter potencialmente imprecatorio de este imperativo. Puede ser que el salmista esté observando que la liberación de sus enemigos parece una posibilidad lejana. O podría ser que está observando que sus enemigos no disfrutan de la salvación del Señor debido a su carácter malvado y sus caminos desobedientes.

Sin embargo, la gramática del versículo ofrece una tercera posibilidad. Podría ser que el salmista estuviera orando una oración imprecatoria contra los enemigos de Dios: «¡Lejos está de los impíos la salvación!». Si este es el caso, está pidiendo a Dios que actúe de acuerdo con Su Palabra y que juzgue a aquellos que persisten en ignorar a Dios y desobedecer Sus mandamientos.

Esto no debe interpretarse necesariamente como que el salmista pide a Dios que condene eternamente a sus enemigos. No olvidemos que Cristo nos recuerda que debemos orar por nuestros enemigos. Sin embargo, cuando los enemigos de Dios actúan en contra de Dios, con frecuencia los Salmos contienen ejemplos de oraciones dichas por el pueblo de Dios que fue testigo de este tipo de maldad devota y afrenta decidida contra Dios. En tales casos, oraban para que Dios trajera la justa recompensa por tal maldad de la que Él advirtió repetidamente en Su Palabra. Debido a que tales enemigos rechazan abiertamente la Palabra de Dios, entonces es justo y apropiado que experimenten el juicio del que Dios advirtió varias veces.

En otras palabras, estos enemigos no están desobedeciendo en ignorancia la Palabra de Dios o actuando en contra de las expectativas morales de Dios. Lo están haciendo con pleno conocimiento de la Palabra de Dios, así como de Sus advertencias de lo que tales malhechores pueden esperar. Cuando los hombres que conocen a Dios se niegan a someterse a Él y desafían abiertamente las leyes de Dios, por aleccionador que sea, es apropiado pedirle a Dios que lleve a cabo el juicio que Él prometió en Su Palabra que traería sobre tales hombres.

Sus respuestas personales (vv. 156-158)

¿Cómo deben responder los siervos de Dios cuando se encuentran en circunstancias similares a las de nuestro salmista en esta estrofa? Evidentemente, la oración es una respuesta instintiva, y la oración del salmista en esta estrofa (y en la anterior) nos ayuda a perfilar el modo en que debemos orar cuando nos encontremos en este tramo del camino.

Sin embargo, los peregrinos también experimentan respuestas emocionales que surgen casi de improviso de sus corazones. ¿Cuáles son esas respuestas y, lo que es más importante, qué podemos hacer para modelarlas adecuadamente ante el Señor? En otras palabras, ¿cómo respondemos a nuestras reacciones naturales cuando nos enfrentamos a una dificultad tremenda o a una prueba prolongada?

Muchos son mis perseguidores (vv. 157-158)

La reacción del salmista es común a la mayoría de nosotros cuando nos enfrentamos a una prueba abrumadora o a una persecución severa: «¡Es demasiado!». «¡Señor, muchos son mis enemigos y son más fuertes que yo!».

Estos hombres son descritos como de carácter perverso (v. 155) porque se niegan a obedecer la Palabra de Dios. Son desleales e infieles porque han actuado traicioneramente contra el pacto que Dios ha hecho con ellos (v. 158). Han apostatado del pacto de Dios. Y son «adversarios» (v. 157) porque persiguen despiadada e implacablemente a los que se esfuerzan por vivir en rectitud.

¿Cómo se siente un hombre justo ante enemigos de esta naturaleza? Los repugna (v. 158). Esto va más allá de simplemente detestar sus caminos pecaminosos. Expresa su aversión a tales hombres. El término «repugnar» expresa un asco violento o una repulsión profunda. Estos hombres que están violentamente comprometidos a quebrantar la Palabra de Dios y cuyos corazones están marcados por una repulsión profundamente arraigada del carácter de Dios son repugnantes para el salmista, no por lo que está experimentando de su mano, sino más bien por lo que están haciendo y expresando contra Dios.

Muchas más son tus misericordias (v. 156)

La reacción natural del salmista cuando se enfrenta a enemigos abrumadores es contrarrestada por un recordatorio de las muchas misericordias de Dios que son suyas. Aunque haya muchos enemigos, ¡hay más misericordias! La compasión y la misericordia de Dios desbordan al salmista y superan con creces la carga de sus atormentadores.

La compasión de Dios es más que «lástima» por sus siervos. Habla de la participación activa de Dios para sostenerlos y finalmente liberarlos de su difícil situación. Dios es rico en esta cualidad. Su compasión es muy grande y brota de Su perfecta fidelidad a las promesas que ha hecho en Su Palabra.

Frente a la infidelidad de sus opresores (v. 158) se alza un Dios fiel (v. 156) que ha prometido actuar en favor de sus siervos leales que permanecen fieles a Su Palabra (v. 157b).

Sus razones persuasivas (vv. 153, 157, 158, 159)

Aunque está desesperado, el salmista se presenta confiadamente ante Dios con peticiones osadas. Su valentía se basa en cuatro razones que presenta a Dios al exponer su caso. Todas estas razones están presentadas con palabras como «porque», «pero», «conforme a» [«por tu» en algunas pocas versiones en español], que alerta al lector de que estas afirmaciones sirven de base a la que apela el salmista. Dios debe actuar «por» estas razones.

Además, las razones que presenta son todas partes permanentes y coherentes de su carácter. Cada razón toma la forma de algo que el salmista ha practicado o expresado constantemente a lo largo de su peregrinación. Todas están expresadas como verbos en tiempo perfecto, lo que indica que han sido su práctica persistente y constante.

He sido obediente a tu ley (v. 153)

Su petición de liberación del sufrimiento se basa en «recordar» la ley de Dios. Como hemos observado a lo largo de este salmo, el término «recordar» denota algo más que el mero recuerdo mental de algo. Olvidar la ley de Dios implica desatender y desobedecer activamente algo de lo que se es plenamente consciente. Olvidar la ley de Dios respecto a la idolatría o la inmoralidad no significa que uno olvide lo que Dios ha dicho sobre tales asuntos. Más bien, olvidar implica que uno ha desatendido intencionalmente lo que sabe que Dios ha dicho en estas áreas.

El salmista apela confiadamente a Dios en busca de ayuda porque no ha hecho caso omiso de nada de lo que sabe que Dios ha dicho. Ha intentado obedecer y respetar todo lo que sabe sobre las expectativas de Dios.

He sido fiel a tu Palabra (v. 157)

La segunda razón de su confianza descansa en su persistente fidelidad a la Palabra de Dios. A diferencia de sus perseguidores que se han apartado y apostatado de esa Palabra, el salmista ha permanecido leal y fiel. Ha mantenido el pie en el camino y se ha negado a desviarse o apartarse como han hecho otros a su alrededor.

He sido leal a tu persona (v. 158)

Lo que lo mantuvo en el camino y evitó que su pie se desviara fue su fiel lealtad a la relación que mantenía con Dios. Esta lealtad se expresa en el hecho de que se pone de parte de Dios y no de sus enemigos.

La lealtad a Dios se expresa siempre de dos maneras: 1) obediencia a la Palabra de Dios, y 2) repudio a los enemigos de Dios. La lealtad relacional es una calle de doble sentido. El salmista puede apelar a Dios para que actúe con amor leal hacia él porque ha sido leal a Dios en sus propias relaciones terrenales.

Este principio es enunciado por Santiago en el Nuevo Testamento en los términos más gráficos cuando se nos dice que la amistad con el mundo es enemistad con Dios (Stg. 4:4). De hecho, a los que dicen ser hijos de Dios pero eligen la amistad y la alianza con el mundo se les llama adúlteros. El salmista no ha hecho tales alianzas. Por el contrario, ha sido leal a Dios y esta lealtad se convierte en una poderosa razón para su valiente apelación a Dios en tiempos de angustia.

He amado tu voluntad y tu camino (v. 159)

Anteriormente en la estrofa, el salmista suplicó a Dios que tomara nota de sus circunstancias (v. 153). Ahora le pide que se fije en su carácter. Ha amado y honrado los preceptos de Dios. El término «precepto» es una de las ocho palabras utilizadas en el salmo para referirse a distintos aspectos de la Palabra de Dios. Este término se refiere en particular a las declaraciones de Dios sobre Su voluntad y Su camino: lo que desea que los hombres hagan y lo que quiere que sean.

En lugar de rechazar el deseo revelado de Dios en estas áreas, el salmista ha abrazado con entusiasmo lo que Dios ha dicho y ha intentado hacer y ser en consecuencia. Además, invita a Dios a tomar nota de su compromiso en este ámbito.

Imagina las profundas implicaciones de esta petición. Saber muy bien lo que Dios ha declarado respecto a lo que un hombre debe hacer y ser e invitar a Dios a examinar la vida de uno en estas áreas solo puede hacerse cuando un hombre ha prestado atención cuidadosa y consistente a conformar su vida y moldear su carácter para satisfacer las expectativas declaradas por Dios. Este tipo de vida proporciona una profunda confianza a quien ha vivido de este modo y abre el camino para orar a Dios con confianza y valentía. Por otra parte, saber que uno no ha dado la talla o que ni siquiera ha hecho un intento coherente de vivir según las expectativas de Dios, se convierte en un gran obstáculo para la oración en tiempos de necesidad desesperada.

Su profunda confianza (159-160)

La sección anterior podría llevarnos a concluir erróneamente que el salmista se basó en sus propios esfuerzos y compromisos para hacer su llamamiento a Dios. Sería un profundo error. Aunque el salmista señalaba su vida fiel, no era el fundamento final de su confianza.

Lo que dio paz al salmista en la tormenta fue su confianza en Dios y no en sus propios méritos o acciones, por muy fieles que hubieran sido. En lugar de apoyarse en su propio carácter, se apoya en las perfecciones, las promesas y la protección de Dios. En otras palabras, su oración se dirige a Dios y se apoya en Dios y no en sí mismo. Su oración se centra más en Dios que en el hombre.

Descansó en el carácter de Dios y no en el suyo propio

El salmista expresa su profunda confianza en la Palabra de Dios utilizando el término «conforme a». El término se refiere a la medida de algo o a lo que contiene o describe. A menudo se refiere a la capacidad de algo o de alguien. En esta estrofa, el salmista basa su confianza según tres cosas muy concretas que son verdad sobre Dios.

Nuestro peregrino confía en la liberación de Dios porque tal liberación está de acuerdo con la promesa de Dios: lo que Dios ha dicho (v. 154). Además, su confianza está de acuerdo con las justas leyes de Dios (v. 156). En otras palabras, como Dios se ha obligado a sí mismo en muchos lugares de Su Palabra, los que guardan esas leyes pueden esperar con razón que el Dador de esas leyes actúe en consecuencia y traiga la liberación. Por último, su confianza en la liberación divina está en consonancia con el carácter amoroso de Dios revelado en Su Palabra (v. 159).

El pueblo de Dios puede anticipar la protección e intervención personal de Dios en su favor porque Dios le ha hecho tales promesas, porque Dios se ha obligado a sí mismo a actuar de esta manera, y porque es la naturaleza amorosa de Dios hacerlo.

Decansa en la perfección de la Palabra de Dios más que en su actuación

La confianza en Dios se basa en el carácter de Dios y todo lo que se puede saber sobre el carácter de Dios está contenido en la revelación que Él dio en Su Palabra. Por lo tanto, aunque en última instancia nuestra confianza descansa en Dios, de inmediato esa confianza tiene su fuente en la Palabra de Dios.

El salmista refleja esta verdad en el verso final de esta estrofa, señalándonos dos realidades permanentes que resumen la esencia de la Palabra de Dios.

En primer lugar, el salmista reflexiona sobre la ***verdad de la Palabra de Dios*** como fuente de confianza en Dios. Como un todo unificado, todo lo que Dios ha dicho en Su Palabra es completamente cierto. La suma total de la Palabra de Dios es completamente verdadera y totalmente confiable. Es confiable en todos los aspectos. La Palabra de Dios tiene autoridad porque viene de Dios. También es completamente exacta porque es el discurso de Dios. Al dar esta revelación en forma de proposición, Dios ha hecho su verdad accesible y disponible para los hombres. En resumen, la suma de la Palabra de Dios es la verdad, y quienes apliquen sus enseñanzas se formarán de tal manera con esa verdad que sus vidas responderán a las expectativas de Dios.

En segundo lugar, el salmista reflexiona sobre la ***permanencia de la Palabra de Dios*** como fuente de su confianza en Dios. No es solo la suma total de la Palabra de Dios lo que el salmista considera verdadero. Cada una de sus partes o componentes individuales también están marcados por esta cualidad. Cada uno de los juicios de Dios es justo. Tienen relevancia atemporal (eternos). Pedro señaló que la Palabra de Dios contiene promesas específicas que proporcionan a los creyentes todo lo que necesitan para la vida y la piedad (2 P. 1:3-4). En cada una de sus partes individuales, la Palabra de Dios es eterna e imperecedera. Lo que representa en su totalidad es autoritativa y confiable. Lo que afirma en sus partes específicas es permanente y eternamente relevante para todos los peregrinos que recorren el camino de la Palabra, independientemente del siglo o la cultura en que peregrinen. La Palabra sigue siendo una guía eterna, fiel y confiable para el camino.

La profunda y personal confianza que tiene el salmista en Dios y en Su Palabra produjo tanto una estabilidad interna (emocional) como una estabilidad mental (objetiva), que surgió de una vida dedicada a practicar consistente y constantemente las verdades de las que ha sido convencido y a las que ha confiado su camino.

Para los peregrinos necesitados que están atrapados en los torbellinos de la vida, la Palabra de Dios emana una fiabilidad inagotable que permite a los siervos de Dios soportar y perseverar en medio de las pruebas y tribulaciones que les plantea un mundo hostil.

¡Gozo en medio del viaje!

Estrofa 21 - Versículos 161-168

Príncipes me persiguen sin causa,
Pero mi corazón teme Tus palabras.
Me regocijo en Tu palabra,
Como quien halla un gran botín.
Aborrezco y desprecio la mentira,
Pero amo Tu ley.
Siete veces al día te alabo,
A causa de Tus justas ordenanzas.
Mucha paz tienen los que aman Tu ley,
Y nada los hace tropezar.
Espero Tu salvación, SEÑOR,
Y cumplo Tus mandamientos.
Mi alma guarda Tus testimonios,
Y en gran manera los amo.
Guardo Tus preceptos y Tus testimonios,
Porque todos mis caminos están delante de Ti.

Cuanto más cambian las cosas, más permanecen igual. Este proverbio moderno resume una realidad que la mayoría de nosotros experimentamos en nuestro viaje por la vida. Cuanto más avanzamos por el camino, más familiar nos resulta. Los tramos pasados del camino se parecen al camino presente que tenemos ante nosotros y, a veces, la vida parece una serie de ciclos repetidos solo que con nombres y lugares diferentes. Tampoco es algo nuevo: nuestro salmista peregrino también experimentó la naturaleza cíclica de la vida.

De hecho, muchos comentaristas se esfuerzan por encontrar algún sentido de progresión en las estrofas que componen el salmo debido a su naturaleza cíclica y repetitiva. El salmista parece entrar en un ciclo continuo de alabanza optimista seguida de alguna dificultad o crisis que lo lleva al desánimo o a la desesperación, lo que lo hace clamar a Dios y lo lleva a la contemplación de Dios y de Su Palabra, que desemboca en la afirmación y la alabanza, lo que conduce a una renovada resolución y compromiso por parte del salmista. Unas estrofas más tarde, el ciclo vuelve a empezar.

Sin embargo, yo diría que esto no es exactamente lo que ocurre en el Salmo. En lugar de un ciclo, el salmo describe en realidad una espiral que lleva al salmista tanto a una comprensión más profunda de Dios como a una resolución más profunda de seguir el camino de Su Palabra. En otras palabras, los sucesos repetidos están ahí para ayudarnos a ver el cambio en el salmista más que en sus circunstancias. Las repetidas circunstancias que encuentra a lo largo del camino sirven como telón de fondo para mostrar la transformación que está ocurriendo en su interior. Sus circunstancias no cambian, sino que le sirven de catalizador para cambiar y crecer. Y el progreso de su crecimiento se ve cuando se reencuentra con una circunstancia afrontada anteriormente en el camino.

Tal es el caso de esta estrofa, en la que vuelve a encontrarse con hombres poderosos (príncipes) que pretenden hacerle daño. La naturaleza en espiral del salmo es ciertamente evidente al considerar a los poderosos príncipes que han venido de nuevo contra él. Sin embargo, hay una diferencia significativa entre el encuentro anterior y su aparición aquí. Antes, estos príncipes conspiraban contra él, pero aún no habían puesto en marcha sus nefastos planes. Ahora el antagonismo tramado se ha convertido en persecución practicada.

Quizás no haya nada que desafíe más nuestra estabilidad espiritual interior o la coherencia de nuestro camino espiritual que la persecución injustificada o injusta, sobre todo cuando viene de la mano de alguien a quien se ha prestado un gran servicio o se ha extendido una bondad providencial. Hay que recordar que los enemigos del salmista eran, con probabilidad, hombres con los que tenía una asociación íntima. Si el salmista es en realidad Daniel, entonces tal vez estos hombres eran sus compañeros magos que se habían beneficiado inmensamente de la vida y el ministerio de Daniel. De hecho, debían su vida y su posición ante el rey a la intervención de Daniel. Por otra parte, si el salmista era David o uno de los descendientes reales de David, entonces los poderosos enemigos eran compatriotas israelitas. En cualquier caso, el sentimiento de traición está muy presente en el pasaje. En el contexto de la traición devastadora destaca la presencia de un auténtico gozo interior expresado en la alabanza personal a Dios. Esto se convierte en evidencia tangible del progreso espiritual del salmista. Y su progreso espiritual está trazado por una serie de cualidades importantes que han llegado a marcar permanentemente su vida y su carácter. Las siguientes seis cualidades son las que se destacan en los comentarios de George Zemek sobre esta estrofa en su pequeña y maravillosa obra sobre el Salmo 119.[42]

Se caracteriza por una confianza continua en la Palabra de Dios (vv. 161-163)

Aquí volvemos a encontrarnos con los enemigos que antes conspiraban contra nuestro peregrino (v. 23). Sin embargo, ahora han puesto en práctica su plan. Su persecución es despiadada e implacable y, para colmo, totalmente injustificada por parte del salmista. En tiempos como estos, la mayoría de nosotros nos sentimos tentados a tomar represalias. Los más espirituales podrían incluso recurrir a alguna forma de oración imprecatoria contra los opresores. Sin embargo, la respuesta del salmista revela un profundo crecimiento espiritual desde su primer encuentro con estos enemigos. En lugar de miedo o incluso justa indignación, se llena de confianza firme en Dios a través de Su Palabra.

En lugar de temblar de miedo ante las acciones y la hostilidad de sus enemigos, el salmista tiembla de temor al contemplar la Palabra de Dios. La verdad que proclama esa respuesta es profunda: el temor correcto (de Dios y de Su Palabra) vence al temor incorrecto (del hombre y de sus palabras).

El temor apropiado a Dios no solo pone la vida en la perspectiva adecuada, ¡transforma la respuesta interna del corazón de un hombre, del temor al gozo! De hecho, el salmista compara su alegría por las palabras de Dios con la alegría exuberante de un hombre que regresa victorioso de la batalla con un gran botín. Es curioso que el propio salmista se encuentra en medio de un peligroso conflicto y asediado por poderosos enemigos, circunstancias poco propicias para la alegría o la confianza. Sin embargo, ¡de su corazón brota una alegría exuberante!

El temor reverencial a Dios y la alegría exuberante por Sus palabras encuentran expresión en la práctica personal del salmista. Su amor por la ley de Dios contrasta con su odio y aborrecimiento de la falsedad. En otras palabras, su pasión por Dios ha producido en él un corazón como el de Dios. Un corazón que ama la verdad tal como la expresan las palabras del Dios que es verdad y define la verdad. En consecuencia, el salmista aborrece o detesta lo que no es como Dios o lo que no está a la altura de Sus palabras.

Con frecuencia nuestras vidas (y nuestros labios) están en desacuerdo con nuestro corazón. Como creyentes que realmente conocen al Señor y han sido transformados por Su gracia, instintivamente sabemos la diferencia entre los caminos verdaderos y los falsos. E internamente anhelamos ser marcados por lo que es verdadero. Sin embargo, en nuestra práctica a menudo nos encontramos lamentablemente por debajo de algún aspecto u otro de la legítima y razonable expectativa de Dios. ¿Qué debemos hacer? Seguramente debemos confesar cuando hemos fallado y hacer todo lo que esté en nuestra mano para rectificar cuando sea posible. Sin embargo, ¿cómo nos convertimos en amantes de la verdad y hacedores en nuestro corazón? ¿Cómo interiorizamos lo que expresa el salmista cuando afirma: «Aborrezco y desprecio la mentira»? La respuesta puede sorprendernos. El cultivo de este tipo de disposición interna es el resultado de lo que amamos y recibimos más que en lo que nos oponemos y rechazamos. Cultivamos el odio al mal amando lo que es correcto. El salmista da testimonio de que «ama» la norma de Dios. Un comentarista lo expresó de esta manera:

> *Los que aman a Dios también desarrollan un odio feroz hacia lo que está mal: «Los que aman al Señor aborrezcan el mal» (Sal. 97:10). En el amor a Dios no caben medias tintas. Puesto que Dios se opone totalmente a todo lo malo, el hombre que lo ama debe oponerse también implacablemente al mal. El amor a Dios no puede coexistir con el amor al mal. El mismo hecho de que el creyente ame a Dios significa que se dedica a erradicar el mal.*[43]

Está marcado por la alabanza gozosa en medio del conflicto (vv. 164)

La confianza en Dios y en Sus palabras debe encontrar expresión en nuestra vida de adoración. Fuimos creados para la alabanza de Su gloria y, como tales, debemos expresar nuestra alabanza a Dios en todo momento y en toda circunstancia. Para el cristiano, toda la vida es una oportunidad para exaltar a Dios y expresarle nuestra alabanza. Esta realidad es claramente evidente en nuestro peregrino cuando da testimonio de su intensa e intencionada alabanza a Dios en medio de circunstancias difíciles.

En circunstancias aplastantes, el salmista expresa una satisfacción que dista mucho de ser normal por el cuidado y la provisión providenciales de Dios. El término alabanza en este versículo implica una profunda satisfacción y agradecimiento por el objeto de la alabanza. Al expresar su alabanza a Dios, el salmista está demostrando su satisfacción en Dios y declarando su agradecimiento a Dios a pesar de las tumultuosas circunstancias que lo azotan.

Esta actitud de alabanza no está reservada para los momentos señalados del culto corporativo, sino que reviste toda su vida. La expresión «siete veces al día» no se refiere principalmente al número concreto de ocasiones en que el salmista expresa su alabanza. Por el contrario, la frase llama la atención sobre la alabanza intencionada e intensa que emana continuamente del salmista en todo momento.

Lo que produce esta alabanza es lo que expresa la alabanza: la justicia o «rectitud» de Dios, específicamente Sus juicios. El salmista reconoce que todas las circunstancias de la vida dependen de Dios. Solo Él determina el curso de nuestra vida y las circunstancias cotidianas que encontramos. Porque vienen de Él, son justas y buenas, independientemente de lo que parezcan a nuestros ojos. La justicia es un atributo fundamental de Dios. Marca quién es Él y cómo es Él. Caracteriza todo lo que Él dice y hace. Todo lo que viene de Dios está marcado por esta cualidad. Por lo tanto, mientras experimentamos lo que Dios ha ordenado para nuestras vidas diarias, podemos y debemos expresar ¡nuestra alabanza a Dios por Su dirección justa, correcta y buena de nuestros pasos!

Cuando nos damos cuenta y abrazamos la verdad acerca del carácter de Dios, entonces todo lo que experimentamos de Su providencia se convierte en una oportunidad así como en una responsabilidad para expresar un contentamiento agradecido y una satisfacción gozosa en Él. Esa es la verdadera alabanza.

Está marcado por la estabilidad espiritual (v. 165)

Aunque se enfrenta solo a sus enemigos, el salmista se identifica con la gran comunidad de creyentes fieles. Las personas de este grupo comparten un amor común por la ley de Dios que ha sido el sello distintivo de la propia vida del salmista.

Amar la ley de Dios en este texto es mucho más que simplemente tener afinidad por la Palabra de Dios. El término utilizado para ley es Torá e implica toda la instrucción de Dios. En otras palabras, la Torá representa la sabiduría de Dios. Esta sabiduría es el objeto de la devoción de nuestro peregrino y de sus compañeros de camino.

Pero ¿qué significa amar la sabiduría de Dios? En este contexto, el amor no se limita a una respuesta emocional a la Palabra de Dios. El término va más allá de la afirmación o incluso del afecto y representa un compromiso profundo y duradero de ordenar la propia vida y los propios caminos de acuerdo con esta sabiduría de Dios.

Los que eligen vivir según esta sabiduría y se esfuerzan constantemente por hacerlo en la práctica disfrutan de la paz como consecuencia de ello. Obviamente, la paz no es la idea de armonía relacional o quietud circunstancial. La paz no es necesariamente la ausencia de conflictos o pruebas. Nuestro peregrino se encuentra obviamente en medio de un conflicto agresivo. El término empleado aquí se refiere a la seguridad o protección en medio de circunstancias difíciles o peligrosas.

Los que se comprometen a ordenar su vida según la sabiduría de Dios siguen un camino que les conducirá con seguridad a través de los tramos peligrosos del camino. Amar a Dios se manifiesta comprometiéndose con Su sabiduría y es esta sabiduría la que protege, a quienes la abrazan, de los peligros y locuras que amenazan con deshacerlos y que han deshecho a tantos otros viajeros.

Se caracteriza por su paciente resistencia (v. 166)

La estabilidad espiritual se manifiesta en la obediencia continua ante la presión o la aflicción constantes. Las pruebas que perduran a menudo ponen a prueba la fe y la fidelidad de los peregrinos cansados y agotados por el camino. A menudo empezamos bien y somos capaces de obedecer y permanecer espiritualmente fieles durante la primera parte de una prueba o conflicto. Sin embargo, a medida que la prueba o el conflicto avanzan y no hay alivio a la vista, nos cansamos y nos volvemos propensos al desánimo. En ese momento, a menudo tropezamos y nos apartamos del camino que hemos elegido por algún acto de desobediencia o por alguna palabra o acción insensata. Los peregrinos presionados son propensos a pecar.

Dada nuestra tendencia a desanimarnos bajo una presión prolongada, las palabras de nuestro peregrino dan esperanza a nuestros corazones. Se dirige a Dios en el contexto de la relación de pacto que mantiene con Yahvéh. Esta relación es la base de su confianza profunda y duradera. En este contexto, la esperanza es más que una anticipación: es una espera confiada. Esta confianza se fundamenta en la relación que mantiene con Dios, y esa relación motiva su compromiso permanente de poner en práctica los mandamientos que Dios le ha dado.

Al reflexionar sobre el compromiso de Dios con él, el salmista se compromete cada vez más a agradar a Dios en sus decisiones cotidianas.

Se caracteriza por una obediencia consecuente (vv. 167-168)

El sentimiento interno del salmista hacia la Palabra de Dios resulta en un compromiso apasionado y consistente de vivir en obediencia a lo que Dios ha dicho. Esta obediencia comprometida es rendida voluntariamente y de todo corazón por un amor sumamente apasionado por la Palabra de Dios.

Su constante adoración y aprecio de la Palabra de Dios produjo un patrón consistente de caminar en obediencia a la voluntad de Dios expresada en la sabiduría revelada en las páginas de las Escrituras.

La obediencia dedicada que rinde brota de una pasión sentida por Dios y de un deseo profundo y genuino de agradar al Señor en todos sus caminos. Pero el salmista también reconoce una realidad adicional: Dios conoce íntima y profundamente todos los caminos del salmista.

Esta realidad nos recuerda que el verdadero amor a Dios se traduce en una relación íntima y presente. El salmista parece caminar solo, pero en realidad hay otra presencia que recorre el camino con él. Esa presencia es Aquél ante cuyos ojos nada está oculto. Todos nuestros caminos están abiertos a Él. Cada paso que damos en el camino está abierto a la mirada penetrante de Dios. Nada de lo que pensamos, hacemos o decimos está oculto a la vista de Dios. Y esta comprensión nos alejará de Dios con temor o, como en el caso de nuestro salmista peregrino, nos llevará a Dios con deleite.

Está marcado por una vida victoriosa (v. 162)

Esta estrofa describe y define cómo es una vida cristiana victoriosa. No es una vida sin luchas ni conflictos. No es una vida de comodidad espiritual. Es más bien un tipo particular de respuesta interior que se manifiesta en las múltiples pruebas y tribulaciones de la vida. Y esta respuesta se cultiva intencionadamente.

En esta estrofa vemos el gozo y la estabilidad del salmista en medio de grandes turbulencias. Esta estabilidad surge de una devoción interna a Dios cimentada y desarrollada a través de una confianza continua y un compromiso permanente con la Palabra de Dios.

A Dios solo se le puede conocer a través de Su Palabra. Amar la Palabra de Dios no es el fin último del creyente. Más bien, es el medio por el que profundizamos en nuestra intimidad con Aquel que se reveló en esa Palabra. Cuanto más conocemos a Dios y cómo es, más crece nuestra confianza en Él y más estable se vuelve nuestra vida en la tierra.

En verdad, conocerlo es amarlo y amarlo es vivir apasionadamente para Él y para Su gloria. Este es el núcleo de la estrofa. La obediencia sin alegría al final no dará en el blanco. La verdadera vida victoriosa está marcada por algo más que la mera obediencia, por muy constante que esta sea. La vida victoriosa surge de la alegría en Dios y esa alegría alimenta la vida obediente. La obediencia no produce alegría en Dios. ¡El gozo en Dios (un gozo profundo, del alma) busca vivir obedientemente para complacer a aquel en quien nos deleitamos! Eso es victoria. ¡Eso es vida!

El camino continúa

Estrofa 22 - Versículos 169-176

Que llegue mi clamor ante Ti, SEÑOR;
Conforme a Tu palabra dame entendimiento.
Llegue mi súplica delante de Ti;
Líbrame conforme a Tu palabra.
Que profieran mis labios alabanzas,
Pues Tú me enseñas Tus estatutos.
Que cante mi lengua de Tu palabra,
Porque todos Tus mandamientos son justicia.
Que esté pronta Tu mano a socorrerme,
Porque Tus preceptos he escogido.
Anhelo Tu salvación, SEÑOR,
Y Tu ley es mi deleite.
Que viva mi alma para alabarte,
Y que Tus ordenanzas me ayuden.
Me he descarriado como oveja perdida; busca a Tu siervo,
Porque no me olvido de Tus mandamientos.

Hace veintidós estrofas conocimos al salmista como un joven que se embarcaba en un viaje que duraría toda su vida. La Palabra de Dios le marcó el camino que eligió. Inusitadas bendiciones de Dios acompañaron a quienes recorrieron el camino delante de él. Y, como hemos sido testigos, la bendición ha marcado también la vida de nuestro peregrino. La bendición para este peregrino no significó un viaje fácil. Todo lo contrario. A menudo, el camino condujo a nuestro salmista por lugares difíciles. Frecuentó la casa del dolor y comió el pan de la aflicción en más de una ocasión. Sin embargo, a pesar de todo, el Señor demostró ser su porción y nunca se le negó nada bueno a lo largo del camino.

Ahora que llegamos al final del relato de su viaje, el salmista aún no ha llegado a su destino. Hay más camino por delante. El sendero se eleva delante de él y el camino sigue siempre adelante. Al concluir las páginas de su historia, su testimonio es este: ¡una larga caminata en la misma dirección! Su compromiso continuo con el viaje se expresa mediante temas conocidos que se encuentran a lo largo de las estrofas anteriores.

Esta estrofa expresa las últimas observaciones, peticiones e intenciones de nuestro peregrino mientras se dirige hacia el horizonte y se pierde de nuestra vista. El sentimiento de la estrofa es de alabanza confiada. Esta alabanza se ofrece en el contexto de una crisis personal continua. La confianza del salmista sigue basándose en la realidad y la intimidad de su relación personal con Dios. Dios ha entrado en una relación de pacto con nuestro peregrino y la naturaleza de esa relación garantiza que Dios siempre actuará con lealtad amorosa hacia el salmista. La realidad de esta relación, así como sus beneficios, han quedado bien atestiguados en las estrofas anteriores. En consecuencia, la vida del salmista sigue irradiando alabanzas y súplicas mientras afronta el camino que se abre ante él.

Imagínate al salmista apoyado en su bastón en un lugar sombreado por algún arbusto o árbol adyacente al camino. Bebe un poco de agua fresca de su odre, se ciñe la túnica, mueve los dedos de las sandalias para quitarse la arenilla de entre ellos y, al despedirse de nosotros, nos deja con una profunda declaración final en la que resume toda su experiencia como testimonio para los que seguimos sus pasos. Los pensamientos contenidos en su declaración final fueron adquiridos a lo largo de una vida de andar el camino y contienen una riqueza de sabiduría para otros peregrinos como nosotros. Estos ocho versículos finales nos exhortan a comprometernos de por vida en tres ámbitos concretos.

Un compromiso con la petición imperante - «Conforme a» (vv. 169-170)

Cuando el salmista llega al punto culminante de su viaje, vuelve a orar desesperado, deliberado y lleno de pasión. Los dos versículos que abren la estrofa contienen un par de peticiones valientes: que mi clamor llegue hasta ti (v. 169); que mi súplica entre en tu presencia (v. 170). La gramática que emplea (verbos yusivos) es la gramática de la oración: una súplica fuerte, ferviente, valiente y personal a Dios por algo. Nuestro peregrino no presume de Dios ni le dicta nada. Su oración tampoco está marcada por un espíritu de indiferencia. Necesita con desesperación lo que pide y, aunque acude con respeto, lo hace con insistencia.

Utiliza dos términos para describir su apelación: grito y súplica. El término «clamor» expresa normalmente una gran alegría o exuberancia. A menudo refleja un sentimiento de júbilo. Aquí, sin embargo, es una petición o un fuerte lamento. El término «súplica» expresa una petición urgente de favor o gracia. Estos dos términos utilizados juntos expresan la urgencia que siente el salmista: Dios debe intervenir o él perecerá.

Su petición se basa en el ruego apasionado de que su petición entre en la presencia misma de Dios. En algunos contextos bíblicos, el término «llegar» se asocia con estar cerca de (acercarse) a Yahvéh con un sacrificio u ofrenda. En el centro del término está la idea de acceso a la presencia inmediata de Dios.

El salmista está presentando una súplica ferviente a Dios y su deseo es que esta petición tenga acceso a la presencia misma de Dios y reciba su atención inmediata. En su comentario, George Zemek señala acertadamente: «Aunque formulada en términos muy delicados, no cabe duda de que se trata de algo muy valiente por parte del salmista».[44]

¿Qué es lo que suplica con tanta pasión? El salmista necesita con desesperación que Dios le imparta comprensión y entendimiento de Su Palabra, que lo guíe con seguridad a través de esta difícil porción del camino. Además de la comprensión, el salmista pide con valentía la liberación divina. El término liberación se asocia comúnmente con el concepto de rescate. Implica literalmente la idea de «arrancar» o sacar. En este caso, el salmista se encuentra en graves apuros y necesita con desesperación que Dios lo saque de circunstancias imposibles.

Su valiente llamamiento se fundamenta con confianza en lo que el salmista sabe que es verdad acerca de la Palabra de Dios. Como hemos visto en estrofas anteriores, la expresión «según» indica la medida de algo. En este caso, el salmista se atreve a pedir comprensión y liberación porque son cosas que Dios le ha prometido en las Escrituras. Pero aquí puede haber más de lo que se desprende de una lectura inmediata y superficial.

¿De dónde viene la comprensión? ¿Cuál es su fuente? ¿Cómo imparte Dios realmente la sabiduría y el entendimiento que promete dar a Su pueblo? ¿Dónde encontramos la liberación de nuestros problemas? ¿Cómo guía Dios nuestros pensamientos, nuestras palabras, nuestras respuestas y nuestros pasos para que seamos capaces de sortear circunstancias imposibles con seguridad? En la mayoría de los casos, la liberación proviene de la comprensión. El entendimiento se obtiene por Su Palabra. Su Palabra es la forma en que Dios nos da la sabiduría y la percepción que necesitamos para navegar por la vida con seguridad y protección. Cuando seguimos lo que Él ha dicho, nuestros pasos son dirigidos a la seguridad que Dios ha prometido proveer.

Un compromiso con la exaltación apasionada - «A causa de» (vv. 171-173)

Además de la oración imperante, el salmista sigue empeñado en una exaltación apasionada de Dios. Este ha sido un sello distintivo de su vida a lo largo de la estrofa anterior y ciertamente está presente aquí en términos certeros.

A lo largo del viaje, incluso en la parte más difícil del camino, el salmista se compromete a alabar a Dios con los labios. Tan importante como su súplica de ayuda es para el salmista su deseo e intención de alabar a Dios verbalmente. En el v. 171, el término alabanza evoca la idea de un bullir de adoración y acción de gracias al Señor. En el siguiente versículo (v. 172), el objeto específico por el que el salmista alaba a Dios es Su Palabra. Cada uno de estos dos versículos concluye con una razón declarada para su exaltación apasionada de Dios y Su Palabra. En primer lugar, alaba a Dios porque Dios lo ha instruido personalmente sobre Sus estatutos o expectativas permanentes. El término para enseñar utilizado aquí en esta estrofa es uno que ha aparecido regularmente en las estrofas anteriores. A lo largo de la vida del salmista, Dios lo ha instruido y enseñado. Dios le ha dado al salmista una guía consistente y constante a lo largo de su viaje.

Esta guía e instrucción ha venido por medio de las declaraciones o mandamientos de Dios. Esos mandamientos han sido sumamente justos en el sentido de que reflejan el carácter y la naturaleza de Dios. Por lo tanto, son guías enteramente confiables para el viaje de la vida. El salmista los ha encontrado como sus amigos y maestros en cada vuelta del camino y ni una sola vez lo han desviado.

Tales palabras y tal sabiduría merecen el elogio y la exaltación que les concede el salmista. Su valor y su alabanza han sido temas constantes en su conversación a lo largo de todo su viaje y es apropiado que estos temas se expresen en esta parte final de su viaje.

Nuestra vida debe estar marcada tanto por la petición como por la alabanza. De hecho, la petición que no va acompañada de alabanza es la marca de una persona que ha malinterpretado fundamentalmente el papel de Dios en su vida. Nuestra necesidad desesperada nos lleva, con razón, a la petición insistente. Pero a medida que interactuamos con Aquel a quien pedimos, nuestra petición debería convertirse rápida, natural e instintivamente en alabanza y exaltación cuando consideramos los atributos de Aquel a quien dirigimos nuestras peticiones. Las vueltas de la vida se convierten en el crisol en el que nuestras peticiones se transforman en oportunidades para el culto personal y la adoración de nuestro Dios. Mientras lo adoramos en medio de nuestras dificultades, aprendemos a confiar y a depender solo de Él.

Debido a que el salmista ha elegido constantemente la sabiduría de Dios y sus caminos (v. 173), ha aprendido a depender solo de Dios para obtener ayuda en tiempos difíciles. Su petición de que la mano de Dios lo sostenga y lo libre poderosamente de la angustia se basa en una vida que ha sido moldeada por un compromiso constante con la voluntad de Dios expresada en la Palabra de Dios. Se ha negado a seguir el consejo de los impíos, a ponerse en el camino de los pecadores o a sentarse en la silla de los que se burlan y desprecian a Dios y Su Palabra. Este compromiso con Dios se ha traducido en una confianza en el compromiso recíproco de Dios con el salmista, y por eso puede apelar con tanta valentía a Dios para que intervenga directa y de manera inmediata en su favor.

Un compromiso con la intención personal - «Y» (vv. 174-175)

Al contemplar el tramo final del camino, el salmista expresa su deseo apasionado de la liberación de Dios. Veinticuatro veces en este salmo, nuestro peregrino se ha dirigido directamente a Dios utilizando Su nombre personal, Yahvéh (Señor). Este nombre divino en particular señala la relación de pacto de Dios con Su pueblo y la obligación que ha asumido voluntariamente de intervenir y actuar en su favor.

El anhelo de liberación del salmista se presenta a la luz de otro anhelo profundo: un deleite en la ley de Dios. Como el hombre bendito del Salmo 1:3, la «*torá*» o sabiduría de Dios ha sido el deleite supremo de nuestro peregrino. Hemos sido testigos de su continua meditación sobre esta Palabra a lo largo de toda su peregrinación. Ha sido una fuente confiable de consuelo y un pozo siempre presente de refrigerio espiritual para su alma. En verdad, la ley de Dios ha sido una lámpara para sus pies y una luz para el camino.

Su intención personal de alabar a Dios y de seguir con alegría el camino marcado por la Palabra de Dios es la base de su petición de vida en el valle de sombra de muerte (v. 175). «¡Que viva mi alma!» es el contenido de su petición. Ya lo había pedido en estrofas anteriores con otras palabras: «¡vivifícame!». La idea aquí es mantener y avivar la vida en medio de la escasez y la falta de vida. Los juicios de Dios son los que le proporcionarán este aliento o ayuda espiritual. El término se refiere aquí a las sentencias y decisiones justas de Dios inscritas en la Torá. Estas declaraciones son totalmente justas y permanecen por la eternidad. Por ellas son guiados y protegidos los cansados peregrinos. En ellas hay fuerza y ayuda para el viaje.

Observación final (v. 176)

Nuestro peregrino está a punto de perderse de vista a medida que el camino desaparece en el horizonte. Justo antes de doblar la curva y perderse de nuestra vista, hace una última y profunda declaración: «Me he descarriado como oveja perdida: ¡busca a tu siervo!».

Tú y yo hemos viajado con este siervo piadoso durante 175 versículos; lo hemos visto capear las tormentas, soportar las pruebas y navegar sabiamente por las partes peligrosas del camino. En todos los casos, ha sido más piadoso que nosotros, si fuéramos el tema de este salmo. Su vida ha estado marcada por la fidelidad a Dios y la obediencia a Su Palabra. Se ha negado firmemente a desviarse por caminos más fáciles. Ha resistido la tentación de volverse y unirse a las multitudes que van en dirección contraria en el camino. En todo caso, parece que esta «oveja» ha seguido fielmente el camino trazado por el Pastor. Entonces, ¿en qué sentido puede describirse a sí mismo como una oveja perdida que se ha extraviado?

Al iniciar el viaje de vuelta en la primera estrofa, el salmista indicó su deseo de seguir el ejemplo de otros hombres piadosos cuyas vidas estaban marcadas por la aprobación divina (vv. 1-3). Esta aprobación era el resultado de una obediencia constante a los caminos de Dios (v. 3). A la luz de su ejemplo, nuestro peregrino tomó su propia decisión de seguir sus pasos en el camino marcado por la Palabra de Dios (vv. 4-8).

Por firmes que hayan parecido sus pasos a nuestros ojos, él mismo conoce la no constancia de su propio corazón, así como su tendencia a apartarse del camino cuando este se hacía difícil. Que no se haya apartado externamente es un testimonio del poder de la Palabra de Dios para guardar su corazón y guiar sus pasos.

En otras palabras, se trata de un autoexamen honesto del propio salmista. Tú y yo podríamos describirlo como el peregrino modelo, basándonos en lo que hemos visto y en cómo ha recorrido el camino a lo largo del tiempo. Sin embargo, el rendimiento externo no siempre es el mejor indicador de la imagen completa. Tampoco nuestra evaluación de su peregrinación, por muy positiva que sea, es el veredicto que importa. A fin de cuentas, el salmista nos revela que su corazón es como el de cualquier otro peregrino en el camino: un corazón propenso a extraviarse.

Y cuando nuestros corazones son propensos a desviarse del camino no pasará mucho tiempo hasta que nuestros pies lo sigan. Entonces, ¿qué ha mantenido al salmista en el «camino recto»? Y lo que es más importante, ¿qué nos mantendrá a nosotros en el buen camino? Ciertamente no nuestro corazón, dada su tendencia a desviarse del camino. La respuesta es nuestro gran y buen Pastor. Él conoce nuestros corazones y busca a cada oveja que se desvía del camino. Su Palabra nos sirve de vara y cayado, no solo para guardarnos en el camino, sino para guiar nuestros pasos por él.

Y, al final, el salmista nos deja con una afirmación final de lo que ha sido verdad en su vida todo el tiempo: «No me olvido de tus mandamientos». Su dependencia de Dios se manifiesta en su conformidad con las expectativas reveladas por Dios. Lo que Dios ha dicho, el salmista se compromete a obedecerlo. Esta ha sido su protección como oveja descarriada. En lugar de señalar con orgullo lo que ha logrado en el camino, señala con total dependencia al Pastor que busca y cuida a todas las ovejas que eligieron seguir el camino de Su Palabra.

Que ese sea también nuestro corazón.

Conclusión

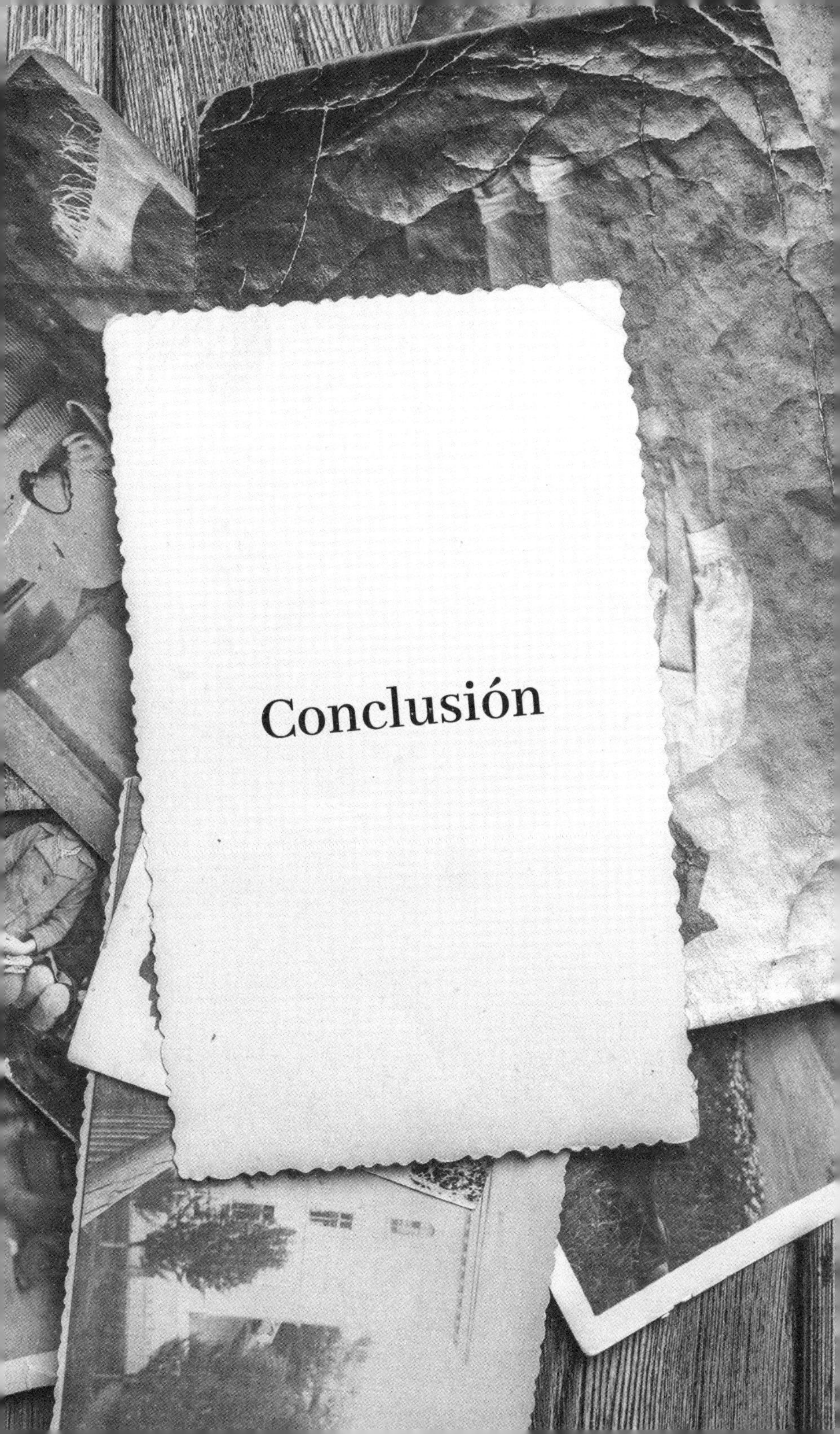

Poemas, oraciones y promesas

Empezar un viaje es emocionante; terminarlo es satisfactorio. Nada supera la sensación que surge en una persona cuando por fin termina un viaje largo y difícil y su pie cruza el umbral de su destino. Ya habrá tiempo para contar el viaje; el momento de la llegada, sin embargo, no es ese momento. Por el contrario, es el momento de disfrutar del destino y deleitarse con la satisfacción de llegar sano y salvo. Las preguntas del tipo «¿Cómo ha ido el viaje?» reciben respuestas breves como «Bien. Ha sido un viaje largo. Me alegro de estar aquí».

Entonces, ¿qué podría decirnos nuestro peregrino sobre su viaje cuando da una mirada atrás? Creo que querría que comprendiéramos, aunque de manera breve, ¡que el destino valió la pena!

Hace varias décadas, un cantante *folk* escribió una balada titulada *Poemas, oraciones y promesas* para describir los altibajos de la vida, tal como él la entendía. No me imagino al salmista rondando alrededor del fuego con una pipa y contemplando el cansancio vespertino con amigos y conocidos. Pero puedo imaginar que hablaría de cosas en las que creía. Con mucha pasión. Y de hecho, lo ha hecho en un poema que contiene oraciones y promesas.

El salmo en sí es un extenso poema elaborado con cuidado en veintidós estrofas, cada una de las cuales contiene ocho versos. Esta disposición estructural nos alerta de que lo que el salmista afirma en este poema es de suprema importancia. Representa una verdad fundamental para el éxito del viaje. En sus versos se encuentra el «A-B-C» de caminar por el camino de la Palabra.

Este maravilloso poema contiene poderosas oraciones que han salido del salmista en cada porción del camino. En todas las circunstancias imaginables y en presencia de sus enemigos, el salmista ha respondido sistemáticamente primero, en oración. Gran parte del salmo está redactado en un lenguaje directo. La vida del salmista es una vida de oración constante. En resumen, a lo largo de todo el viaje habla con Dios. Con pasión. Con humildad. Con valentía. De forma directa. Con desesperación. Con amor. Habla con Dios y, al hacerlo, nos anima a unirnos a la conversación.

Además de las oraciones pronunciadas por el salmista, este poema sagrado contiene promesas hechas por él. A lo largo de su viaje, el salmista basa sus oraciones en promesas que ha hecho y cumplido. Pide más vida para poder seguir obedeciendo a Dios como lo ha hecho en el pasado. Pide liberación divina y refrigerio sobre la base de su fidelidad a Dios y a Su Palabra en el pasado y en el presente. Hasta el final de su viaje, el salmista continúa haciendo nuevos compromisos y promesas a Dios renovadas sobre su intención de continuar su amor, fidelidad y obediencia.

Su canción es, de hecho, nuestra canción. La reclamamos como nuestra cuando elegimos recorrer el camino que el salmista recorrió hace tantos siglos. Su poema registra el viaje y traza el camino que debemos seguir. Sus oraciones se convierten en nuestras oraciones y nuestros labios pronuncian las mismas promesas y nuestros corazones asumen los mismos compromisos que se reflejan en estas estrofas. Se ha alimentado en la mesa que Dios le ha tendido en presencia de sus enemigos. En verdad, su copa está rebosando, y lo que rebosa de esa copa es la bondad y la misericordia de Dios.

Durante muchos años, nuestro peregrino ha vagado por el árido y quebrantado mundo que lo rodea. Aunque ha anhelado los pastos verdes y las aguas tranquilas descritas en el Salmo 23, su camino lo ha llevado constantemente por senderos desiertos y, en más de una ocasión, se ha encontrado caminando por el valle marcado por la sombra proyectada por la muerte. Esa es también nuestra experiencia en nuestro propio camino.

Sin embargo, nuestro salmista peregrino también da testimonio agradecido de la vara y el cayado que su Pastor ha usado para consolarlo y guiarlo en el camino. A cada paso del camino, la Palabra de Dios lo ha guiado, protegido, sostenido y saciado mientras meditaba fielmente sus preceptos y obedecía sus mandatos. Se ha alimentado en la mesa que Dios le ha tendido en presencia de sus enemigos. Quiere que sepamos que, incluso en los días más duros y en los lugares más oscuros del camino, su copa ha rebosado de la bondad y la misericordia de Dios.

Y ahora, al otro lado del horizonte, está la casa del Padre, donde morará con Dios para siempre. Pero aún no ha llegado allí... queda una última etapa del viaje. Y se ha comprometido a recorrerla con la misma fidelidad y confianza con que ha recorrido los tramos anteriores descritos ¡en este registro del viaje!

En verdad es el canto de un peregrino y, puesto que somos peregrinos, es también nuestro canto. Que encontremos en ella la misma alegría que descubrió este peregrino. Que nuestros pies sean guiados con seguridad al seguir sus pasos. Que nuestros corazones encuentren la dulzura y la plenitud de vida que él encontró. Que, como él, ¡volvamos sanos y salvos a casa!

NOTAS

1. O. Palmer Robertson propone que el Salmo 119 fue escrito durante el exilio babilónico como un medio por el cual Israel podría continuar adorando a Dios de manera aceptable en ausencia del templo, y después de la destrucción de Jerusalén. ¿Cómo podría Israel seguir adorando sin la posibilidad de realizar los rituales asociados con el templo o subir a Jerusalén para celebrar los festivales sagrados tal como Dios lo había ordenado? Robertson señala que durante este período de exilio, el estudio de la Torá de Dios sustituyó al sistema de sacrificios y a la observación de las fiestas de Israel. En esencia, el propio salterio sustituyó al Templo y el estudio de la Torá sustituyó a la observancia de los sacrificios y las fiestas que se habrían ofrecido y observado en sus recintos. El Salmo 119 funciona como el clímax de tres salmos de la Torá en el salterio (Sal. 1, 19 y 119). El Salmo 1 introduce la importancia de la Torá como identificador clave de aquellos individuos que permanecieron fieles y leales a Dios. El Salmo 19 presenta el increíble poder santificador de la Torá como el medio por el que Dios limpia, restaura, refresca y fortalece a quienes buscan su verdad, se atienen a sus expectativas y la valoran por encima de cualquier otra cosa en la vida. El Salmo 119 funciona como testigo del poder y la presencia de la Torá en todos los aspectos de la vida de un fiel seguidor de Yahvéh. Robertson observó: «La época de la composición del Salmo 119... apunta a la era del exilio. Era la época en que no había templo, sacrificio ni sacerdocio en la antigua Jerusalén. Entonces, ¿qué deben hacer los piadosos desplazados? ¿Cómo pueden continuar con su culto? Es muy posible que este salmo se desarrollara en parte como sustituto del culto en el templo de Jerusalén. La Torá ocupó el lugar del templo. El estudio de la ley sustituyó a la ofrenda de sacrificios». *The Flow of the Psalms: Discovering Their Structure and Theology* (Phillipsburg, NJ: P&R Publishing, 2015), 208-209.

2. Derek Kidner, *Psalms 73-150: An Introduction and Commentary*, vol. 16, Tyndale Old Testament Commentaries (Downers Grove, IL: InterVarsity Press, 1975), 452.

3. Willem A. VanGemeren, «Psalms», en *The Expositor's Bible Commentary: Psalms (Revised Edition)*, ed. Tremper Longman III y David E. Garland. Tremper Longman III y David E. Garland, vol. 5 (Grand Rapids, MI: Zondervan, 2008), 859.

4. Estoy en deuda con las ideas de Mark Futato sobre la naturaleza de la Torá como enseñanza y la identificación de esa enseñanza como el Pentateuco y el Salterio. Se puede encontrar un análisis más detallado en su excelente artículo sobre los «Salmos» en *A Biblical-Theological Introduction to the Old Testament,* ed. Miles V. Van Pelt (Wheaton: Crossway, 2016), 341-355.

5. George J. Zemek, *The Word of God: Exegetical, Theological, and Homiletical Reflections from the 119th Psalm* (Eugene, OR: Wipf & Stock, 2005), 45.

6. Kidner, *Psalms 73-150: An Introduction and Commentary*, 454.

7. Zemek, *The Word of God in the Child of God: Exegetical, Theological, and Homiletica Reflections from the 119th Psalm*, 59.

8. Esta idea la resume maravillosamente George Zemek, quien afirmó: «En el salmo, todos los fundamentos de la santificación personal se integran de diversas maneras en el currículo de la vida real: Dios, el maestro misericordioso; el salmista, el discípulo dependiente; y el libro de texto, la palabra suficiente de Dios». *Ibid.*, 85.

9. VanGemeren, «Psalms», 858.

10. Joseph F. Thrupp, *An Introduction to the Study and Use of the Psalms* (Cambridge: Macmillan, 1860), 2:244-45. Esta fuente fue citada en Zemek, *The Word of God in the Child of God: Exegetical, Theological, and Homiletical Reflections from the 119th Psalm* (Eugene, OR: Wipf & Stock, 2005), 13-14.

11. La importancia programática de los Salmos 1 y 2 para la configuración de todo el salterio ha sido señalada por comentaristas y estudiosos del salterio. En esencia, el salterio comienza con un salmo de la Torá que introduce el lugar y la función esenciales de la Torá en la vida corporativa de Israel, así como en la vida individual de cada

israelita leal a Dios. El lugar asignado a la Torá dividía a todas las naciones y, de hecho, a toda la humanidad en una de dos categorías ante Dios: justos o injustos. Los justos no lo eran por su perfección sin pecado, sino por su postura ante la Torá de Dios. O. Palmer Robertson señala: «De importancia primordial en la estructura del salterio son los dos «pilares poéticos» que escoltan al lector al templo del libro de los Salmos: los Salmos 1 y 2. Tomados en conjunto, estos dos brevísimos salmos son la base del salterio. En conjunto, estos dos brevísimos salmos anticipan temas importantes que impregnan los cinco libros. El primero de estos temas es el contraste entre justos e impíos, que son juzgados en función de su respuesta a la Torá revelada por Dios, la ley, la enseñanza, la instrucción del Señor... El segundo gran tema que se encuentra en estos dos pilares poéticos y que recorre todo el libro de los Salmos es la persona del Mesías de Dios, su dinastía perpetua y su morada permanente... En conjunto, estos dos salmos definen la esencia de todo lo que seguirá a lo largo del resto de los Salmos. El primer salmo declara el carácter crítico de la ley; el segundo salmo presenta al Hijo designado por el Señor que, en última instancia, extenderá el reino mesiánico hasta los confines de la tierra. Torá y Mesías, ley y evangelio: ambos son igualmente esenciales para el cumplimiento de los pactos de Yahvéh y el avance del reino de Yahvéh». *The Flow of the Psalms: Discovering Their Structure and Theology* (Phillipsburg, NJ: P&R Publishing, 2015), pp. 13-15; 52.

12. George J. Zemek, *The Word of God in the Child of God: Exegetical, Theological, and Homiletical Reflections from the 119th Psalm* (Eugene, OR: Wipf & Stock, 2005), p.73.

13. Allen Ross observa que el salmista no busca la impecabilidad, sino más bien vivir de una manera coherente que le haga irreprochable, ya sea porque le permite resistir la tentación pecaminosa o porque Dios lo absuelve de los pecados que ha confesado y abandonado. *A Commentary on the Psalms: Vol 3 (90-150)* (Grand Rapids, MI: Kregel Publications, 2016), 476.

14. Zemek, *The Word of God in the Child of God*, 85-95.

15. George J. Zemek, *The Word of God in the Child of God: Exegetical, Theological, and Homiletical Reflections from the 119th Psalm* (Eugene, OR: Wipf & Stock, 2005), 86.

16. *Ibid.*, 101.

17. Allen P. Ross, *A Commentary on the Psalms: Vol 3 (90-150)* (Grand Rapids, MI: Kregel Publications, 2016), 483.

18. George J. Zemek, *The Word of God in the Child of God: Exegetical, Theological, and Homiletical Reflections from the 119th Psalm* (Eugene, OR: Wipf & Stock, 2005), 107.

19. Derek Kidner, *Psalms 73–150: A Commentary on Books III-IV of the Psalms* (Downers Grove, IL: IVP, 1975), 424.

20. Allen P. Ross, *A Commentary on the Psalms: Vol 3 (90-150)* (Grand Rapids, MI: Kregel Publications, 2016), 485-486.

21. Zemek señala que estos reproches son como una pesada carga para el salmista, que incluye las burlas y reproches externos que sus enemigos le lanzan, así como la carga interna de la humillación de ser objeto de la hostilidad de poderosos adversarios. *The Word of God in the Child of God: Exegetical, Theological, and Homiletical Reflections from the 119th Psalm* (Eugene, OR: Wipf & Stock, 2005), 109-110.

22. Zemek capta la idea de esta manera: «Aunque los que tienen autoridad se sientan en consejo e idean planes para su ruina, él sigue mediando en los estatutos de Jehová». *The Word of God in the Child of God: Exegetical, Theological, and Homiletical Reflections from the 119th Psalm* (Eugene, OR: Wipf & Stock, 2005), 111.

23. Charles Bridges, *An Exposition of Psalm 119*, p. 58.

24. Zemek, *The Word of God in the Child of God*, p. 122.

25. Bridges, *An Exposition of Psalm 119*, p. 125.

26. Zemek, *The Word of God in the Child of God*, p. 164.

27. Bridges, *An Exposition of Psalm 119*, p. 161.

28. Zemek, *The Word of God in the Child of God*, p. 193.

29. Los puntos principales y secundarios de este esquema pueden encontrarse en el comentario de George Zemek, *The Word of God in the Child of God*, p. 194.

30. Zemek, *The Word of God in the Child of God*, p. 203

31. Delitzsch, C. F. y F. Delitzsch, «Psalms» en el *Commentary on the Old Testament*, Vol 5. William B. Eerdmans Publishing Co., Grand Rapids, Michigan. P. 253

32. Los puntos principales y secundarios de este capítulo reflejan la manera en que George Zemek describió esta estrofa en su comentario, *The Word of God in the Child of God*, p. 194.

33. Wilcock, Michael. «The Message of Psalms» en *The Bible Speaks Today*, editado por J. A. Motyer. InterVarsity Press: Downers Grove, Ill. p. 205.

34. Zemek, *The Word of God in the Child of God*, p. 212.

35. Bridges, *An Exposition of Psalm 119*, pp. 260-61

36. Zemek, *The Word of God in the Child of God*, p. 248.

37. George Zemek hace la observación del material extraído de A. A. Anderson Comentario en este salmo. *The Word of God in the Child of God*, p. 309.

38. Barnes, A. «Psalms» en *las notas de Barnes sobre el Antiguo y Nuevo Testamento*, Vol. 3, p. 218.

39. Zemek, *The Word of God in the Child of God*, p. 318.

40. William VanGemeren, «Psalms» en la Biblia *Expositor's Commentary*, p. 884

41. Zemek, *The Word of God in the Child of God*, p. 332.

42. Zemek, *The Word of God in the Child of God*, pp. 349-61

43. Citado por Zemek de Leon Morris' «Testaments of Love: A Study of Love in the Bible», *The Word of God in the Child of God*, p. 355

44. Zemek, *The Word of God in the Child of God*, p. 370.